아무도
데리러 오지 않았다

이 책은 방일영문화재단의 지원을 받아 저술·출판되었습니다.

아무도 데리러 오지 않았다

6·25전쟁 귀환 국군포로 9인이 들려주는 이야기

글·사진 **이혜민**

일러두기

1 귀환 국군포로 중 익명을 요구하신 어르신의 경우 이 책 목차 순서에 따라 A, B, C, D 등 알파벳으로 이름을 대신했다.

2 대화 형식으로 이야기를 나누다 보니 입말이 많이 나올 수밖에 없어 지나친 입말은 삭제했으며, 문어체로 전환이 필요한 일부 표현은 입말을 문어체로 바꿨다.

3 어떤 사건이 일어난 연도나 사건명 등은 사실 확인을 거쳐 정확히 표기했다.

4 본문 내용은 귀환 국군포로 어르신 또는 유족의 최종 확인을 거쳤다.

5 어르신들이 대화 도중 언급한 인물의 경우 오해의 여지가 있어 '성'은 그대로 두고 '이름'만 모두 약물 '○○', '□□' 등으로 처리했다. 단, 누구나 알 만한 인사들은 실명을 그대로 실었다.

6 본문 시작 부분에 들어간 각 이름 또는 '국군포로', '포로'라는 글씨는 귀환 국군포로 어르신들이 직접 쓰신 것이다. 실명을 공개한 분은 이름을, 익명을 원한 분은 '국군포로' 또는 '포로'라는 글자를 쓰셨다.

프롤로그

아들을 품에 안고 있으면,
누군가의 아들인

국군포로들이 어른거렸다

군대를 다녀오지 않은 여기자가 10년 동안 귀환 국군포로들을 궁금해한 이유는 뭘까? 나도 내 마음을 잘 모르겠다. 2013년에 이 문제를 취재해보겠다고 결심했는데, 시간이 흘러서인지 초심이 기억나지 않는다. 아마도 다양한 경험을 하면서 그런 마음이 들었을 것이다. 이 글을 쓰면서 전쟁과 군인에 대한 기억을 떠올리며 그 이유를 찾고 싶다. 영웅 행세를 하려는 것이 아니다. 그저 지나온 여정을 나누며 진심을 전하고 싶다.

전쟁 세대가 아닌 나는 전쟁의 흔적만 느끼고 자랐다. 1982년 경기도 여주에서 태어나 그곳에서 유년기를 보내며 가끔 군인들을 봤다. 얼굴에 뭔가를 칠한 (훈련 중인) 군인이 나무 뒤에 숨어 있어서 깜짝 놀란 적이 있다. 마을에 아무 일도 생기지 않았기에 그 공포는 오래 가지 않았다. 북한에서 보낸 것으로 추정되는 '삐라전단'도 이따금 산에서 찾았다. 아빠가 예비군 훈련을 다녀오면서 사다 주신 건빵을 먹고 '우리 아빠도 군인이었다'는 걸 알게 됐다.

반공교육은 1989년 서울 송파구에 있는 초등학교로 전학을 온 뒤 받았다. 나이 지긋한 여선생님이 전쟁 경험을 들려줄 때면 심장이 오그라들었다. 매년 6월 호국보훈의 달을 기념해 포스터를 그리고 독후감을 쓸 때는 북한의 만행을 떠올려야 했다. 책에는 공산당(당원) 얼굴이 교활하게 그려져 있어서 나도 모르게 북한 괴뢰군이 무서워졌다. 할머니가 "피란 중에 아기가 죽은 줄도 모르고 업고 다녔다"는 이야기를 하신 터라 생명을 앗아간 전쟁이 그저 싫었다.

고등학생 때 조정래 작가의 《태백산맥》을 읽고 북한에 대한 막연한 적개심을 거두었다. 북한 사람들이 악당인 줄 알았는데 그렇지 않을 수 있겠다 싶었다. 월북한 사람에게도 그 나름 이유가 있겠거니 생각했다. 국어사전에서 '이데올로기'의 뜻을 찾아봤다. '사회 집단에 있어서 사상, 행동, 생활 방법을 근본적으로 제약하고 있는 관념이나 신조의 체계.' 이것 때문에 남과 북이 싸웠다는 걸 알게 됐다. 소설을 읽고 '북한이 사상을 현실에 잘 적용했다면 더 좋은 나라가 되지 않았을까' 생각했다.

대학교 1학년 때 값싸게 여행할 수 있는 나라를 고르다 폴란드에 갔다. 유럽에서 아름다운 도시로 꼽힌다는 크라쿠프를 찾아 낭만을 즐겼다. 그러곤 길에서 만난 사람의 권유로 근처에 있다는 아우슈비츠수용소에 들렀다. 나치가 유대인을 학살하기 위해 만든 그곳에서 유대인, 동유럽인 등 400만 명이 희생됐다고 한다. 수용소 한켠에 가득 쌓인 구두만 봤는데도 학살을 목격한 기분이 들었다.

대학교 2학년 때 북한이라는 나라에 대해 다시 생각했다. 북한인권시민연합 한겨레계절학교에서 2주 정도 통일연구원에 머물며 탈북 어린이들의 사회 적응을 도왔다. 나는 그곳에서 또래보다 심하게 왜소한 아이들을 보고 충격을 받았다. 아이들은 앞다퉈 북한이라는 나라에 대해 적나라하게 알려줬다. 북한에서 인민으로 살아가는 일은 녹록지 않아 보였다.

대학생 때 만난 진덕규 교수님은 수업시간에 매번 '약자를 보살피는 삶이 얼마나 가치 있는 일인지'를 알려주셨다. "타인에게는 관대한 사람이 돼라. 베풀어라. 세상에 진 빚을 갚기 위해서는 늘 베풀어야 한다. 너희는 수혜자다. 사회에서 엄청난 이득을 누리고 있다. 이곳에 앉아 있다는 것은 그만큼 책임이 있다는 거다." 그때만 해도 출세하고픈 욕망이 강한 인간이었는데, 교수님의 말씀을 들으며 내 안의 나를 타일렀다.

사회를 고루 살피는 기자라는 직업이 마음에 들어 언론사 입사 시험을 준비했다. 그사이 〈한겨레〉 인턴기자가 되어 자이툰 부대에 파병됐다가 돌아온 이들을 만났다. 취재는 이라크 파병에 비판적인 시각을 가진 사람들을 찾는 과정이었는데, 내가 만난 대다수는 영장이 나오는 게 부담스러운 평범한 대한민국 청년이었다. 이라크 파병에 대해 남다른 생각을 하고 있지도 않았다. 나는 징병제 국가에서 살아가는 남자들의 고충을 들었다.

3년 준비 끝에 2007년 동아일보사에 입사했다. 〈신동아〉, 〈주간동아〉에서 '사회 변방에 있는 사람들의 목소리를 사회에 전하는 것이 나의 사명'이라고 여기며 줄기차게 사회 저변을 취재했다. 그러던 중 2010년 3월 말, 천안함 실종자 가족들을 만났다. 경기도 평택시 해군 제2함대사령부 앞에서 서성이던 나는 한 촌부에게 다가가 "실종자 가족이냐?"고 물었다. 그분이 나를 빤히 쳐다보다가 화를 내거나 눈물을 흘리지도 않은 채 말씀하셨다. "아들이외다. 큰아들. 하사." 나는 그때 돌아오지 않은 군인을 아들로 둔 부모의 얼굴을 봤다.

시간이 지나면서 언젠가부터 전쟁 이야기에 마음이 갔다. 이희자 태평양

전쟁피해자보상추진협의회 회장, 정혜경 대일항쟁기 강제동원 피해조사 및 국외 강제동원 희생자 등 지원위원회 조사과장과 이야기를 나누며 강제동원 문제에 관심이 생겼다.

2011년 아들을 낳고 생명의 가치에 눈뜨면서 그 마음은 더 깊어졌다. 2012년, 전쟁이 끝난 뒤에도 국가의 무관심 탓에 조국으로 돌아오지 못하고 사망한 러시아 사할린 강제동원 피해자들을 취재하고자 그들의 무덤가를 거닐었다. 그날 그 무덤가에 흩날리던 빗방울이 피해자들의 눈물처럼 보였다. 이들의 흔적을 찾지 못해 헤매던 중 내가 머문 민박집 사장님이 사진첩에서 이분들의 사진을 꺼내주셨을 때 '영혼이 구천을 떠돌고 있다'는 느낌을 받았다. 천주교인인 나는 엄마가 암송하던 '구원을 비는 기도' 구절을 자주 떠올렸다. "예수님, 저희 죄를 용서하시며, 저희를 지옥 불에서 구하시고, 연옥 영혼을 돌보시며, 가장 버림받은 영혼을 돌보소서."

그즈음 팔라우(공화국)를 찾아 위안부 취재를 시도했다. 그곳 시내를 열심히 걸으며 피해 당사자는 물론, 목격자를 수소문했다. 피해자 대부분은 사망한 상태라서 차선책으로 현지인의 증언을 바탕으로 기사를 작성할 수밖에 없었다. 나는 '피해자가 사과를 받지 못하는 현실'보다 '실태조사가 미흡한 현실'이 더 슬펐다. 이 지역의 실태를 조사한 연구자들의 노력을 폄하하는 것이 아니다. 연구 인력과 실태조사에 대한 관심이 부족한 상황이 안타까웠다.

2013년 귀환 국군포로를 만났다. 국군포로를 취재하면서 이들의 증언집이 없다는 사실을 알게 됐다. '사이판과 팔라우에 살았던 위안부를 비롯해 사할린 억류자들을 취재한다지만, 피해자 대부분이 사망한 상황에서는 할 일이 없다'며 절망하던 나는 희망을 찾고 있었다. 생존해 있는 귀환 국군포로들을 인터뷰해 연재기사를 쓰고 그 기사를 묶어 책으로 내면 좋을 것 같았다. 나는 몇 차례 기획회의 시간에 "국군포로 인터뷰 시리즈를 쓰고 싶다"고 이야기했다.

기획안은 통과되지 않았다. 나도 안다. 정전협정일[7월 27일]이나 전쟁기념일[6월 25일]이라면 모를까. 급박한 사안이 매일 발생하는 상황에서 이들에게 지속적으로 관심을 주는 언론사는 거의 없을 것이다. 그럼에도 생존자가 사라져가고 있으니 이들의 삶을 기록해야 했다. 아들을 품에 안고 있으면, 누군가의 귀한 아들인 국군포로들이 눈앞에 어른거렸다.

귀환 국군포로 인터뷰 시리즈를 쓸 수 없는 현실을 한탄하는 내게 한 선배가 "대학원에 가서 논문을 써보라"고 조언했다. 그해 둘째를 낳고 2014년 육아휴직을 받아 고려대학교 일반대학원 석사과정에 들어갔다. 이듬해 복직한 뒤에는 밥벌이에 매달렸다. 논문 계획안을 작성하려고 2016년 서울은 물론, 경기도 이천과 안산에 사는 귀환 국군포로들을 찾아가 인터뷰했다. 나는 혼자서 50여 명에 달하는 국군포로 생존자를 만날 엄두가 나지 않았다. 그사이 2016년 진행한 인터뷰 녹음파일도 잃어버렸다. 데이터가 없어지자 그야말로 자포자기했다. 두 아이를 돌보면서 일하기도 버거우니 논문을 쓰겠다는 계획을 접었다. 이때는 국군포로도 생각하지 않았다.

그러다 일본 군함도에 강제동원된 사람들을 취재하게 됐다. 영화감독이 영화 〈군함도〉, 소설가가 소설 《군함도》를 쓰니, 기자가 논픽션 '군함도'를 써보자는 마음이었다. 생존자가 6명밖에 되지 않아 취재하기도 수월할 것 같았다. 사실 이것도 하지 않으려고 했는데, 우에무라 다카시 일본 기자가 "취재를 왜 꼭 돈을 받고 해야 하느냐?"고 반문하기에 '상황만 탓하고 움직이지 않는' 나 자신이 부끄러워 취재하기로 했다. 평생에 걸쳐 조선인 강제

동원 문제를 취재했다는 하야시 에이다이 작가의 추모식에 참석하면서 그분의 삶의 태도를 '잠시' 본받기로 했다. 학자들의 도움을 받아가며 군함도 내용을 취재해 2018년 첫 책 《기록되지 않은 기억 군함도》를 썼다.

나는 이 책을 내고 귀환 국군포로를 취재할 시간을 얻게 될 줄 알았다. 책날개에 '귀환한 국군포로 40여 명의 한국 사회 적응 연구를 위해 고군분투한다'고 적어둔 것은 누군가 이 문제를 취재할 기회를 주리라고 기대했기 때문이다. 그런데 취재를 다닐 수 없을 정도로 건강이 나빠져 2019년 회사를 그만뒀다. 기자라는 직업을 첫사랑만큼 좋아했기에 퇴사한 뒤 한동안 실의에 빠져 지냈다. 이따금 아들을 보며 국군포로를 떠올렸다.

석사과정은 입학 후 6년 이내 논문을 써야 한다는데 그 기한이 다가오고 있었다. 육아휴학을 한 적이 있어 1년이라는 시간이 더 주어진 상태였다. 대학원 학비라는 본전 생각도 났다. 코로나19 사태가 한창인 2020년 민폐인 줄 알면서도 고령인 국군포로들을 다시 수소문했다. 그렇게 2020년 2월 20일부터 9월 25일까지 8개월 동안 귀환 국군포로 7명, 국군포로 자녀 2명, 국군포로 아내 1명, 국군포로 관련 시민단체 활동가 2명을 만나 가까스로 논문을 썼다. 녹음파일을 잃어버리는 실수를 하지 않으려고 구술조사 과정을 디지털카메라로 녹화하고, 휴대전화로 녹음했다.

오랜만에 만난 어르신들은 나를 기억하고 마음을 열어주셨다. 격려도 해주셨다. "때가 너무 늦은 감이 있지. 그래도 해볼 마음이 있다면 해봐요. 2016년 11월에 왔는데 3년 후에도 찾아온 걸 보면 끝까지 할 만큼 용기가 있는 분이네요." 어르신 몇 분을 인터뷰했다고 하자, 다른 분들이 마음의 빗장을 쉽게 여셨다. "연락처를 어떻게 알았느냐?"며 불쾌해하는 분도 있었다. 몇몇 분의 자녀는 "북에 가족이 남아 있어 절대로 만날 수 없다"며 취재를 거절하셨다. 어떤 어르신들은 나의 섭외 전화를 받고 거칠게 욕을 하셨다. 이런 일에 아랑곳하지 않고 담대하게 나아가야 하는데, 그때마다 일을 손에서 놓았다.

논문을 쓰는 막바지에 사단법인 물망초가 2019년 발간한 《탈북 국군포로 증언집》을 찾았다. 일찌감치 이 자료를 봤더라면 논문을 안 썼을 텐데, 뒤늦게 알았다. 누군가가 내가 하고 싶었던 일을 하면 뭔가를 빼앗긴 기분이 들기 마련이지만, 나는 오히려 무거운 짐을 함께 들어줘서 고마웠다. 앞서 북한인권정보센터가 국군포로 구술조사를 진행했으나 구술자의 신변 보호를 위해 구술조사 원본을 비공개하는 상황이었기에 증언집이 만들어진 것만으로도 기뻤다. 물망초는 자료를 제공하면서 "국군포로들의 안전을 위해 책을 비매품으로 발간하고 공개를 미루고 있으니 책을 연구 목적으로만 활용해달라"고 당부했다. 나는 이 자료를 논문 작성에만 활용했다.

돌이켜 보면 물망초 덕분에 국군포로 취재를 이어온 듯하다. 2013년 귀환 국군포로 두세 분을 처음 취재할 때도 박선영 물망초 이사장님이 도와주셨다. 전화상으로 인터뷰를 한두 차례 거절한 어르신을 다시 설득할 수 있었던 것 역시 물망초 덕분이다. 2016년에 열린 물망초 행사장을 찾아가 재차 부탁드리는 나를 보며 어르신들은 조금씩 마음을 여셨다. 그때만 해도 20명 남짓한 어르신이 행사장에 흰 모자를 쓴 채 앉아 계셨다.

나는 귀환 국군포로 어르신들을 10년 동안 느릿느릿 인터뷰하면서 늘 이렇게 말씀드렸다. "저에게 해주신 말씀을 잘 정리해 사람들에게 알리겠습니다." 시간이 지날수록 어르신들과 한 약속을 지키고 싶어졌다. 가족의 안위를 걱정해 이름도, 얼굴도 공개하지 않는 어르신들과 한 약속은 외면하기 어려웠다. 도리어 그 약속을 어기려면 용기가 필요했다.

지금 생각해보면 '어르신들이 고통 속에서 살아간 동료들 때문에 나에게 이 일을 증언한다'는 사실을 확인했기에 그 마음을 저버릴 수 없었던 것 같다. 하지만 취재 내용이 자못 폭력적이라 취재 가는 걸 자주 미뤘다. 그리고 어르신들의 이야기만으로는 내용의 진위 여부를 가릴 수 없어 부담스러웠다. 고령으로 기억력이 떨어져 지명이나 연도를 잘못 말씀하시기도 했는데, 이 일은 배경지식이 부족한 내가 알아내기 힘들었다. 어르신들이 오래된 기억 탓에 잘못 말씀하신 부분은 추후 관련자 인터뷰를 진행하고 자료를 찾으면서 바로잡으면 좋겠다.

그동안 나는 귀환 국군포로 11명을 만났는데 그중 9명에 대한 이야기만 책에 실었다. 한 분은 취재한 녹음파일을 잃어버려서 기록하지 못했고, 또 한 분은 소통하기가 어려워 사연을 자세히 듣지 못했다. 기록을 하지 못한 2명에 대한 추가 취재는 꼭 진행하고 싶다. 그리고 기회가 된다면 생존한 귀환 국군포로는 물론, 국군포로 유가족들에 대한 취재를 이어가며 국군포로의 실상에 더 가까이 다가가고 싶다.

현재 우리는 돌아오지 못한 국군포로의 정확한 수조차 모르는 실정이다. 그 수를 내가 만난 귀환 국군포로들은 5만~10만 명으로 추산하는데, 다른 그룹들은 또 다르게 예측하고 있다. 1953년 8월 7일 유엔군사령부가 발표한 〈휴전에 관한 특별보고서〉에는 국군포로와 실종자가 8만 2,318명으로 기록돼 있다. 우리 정부는 1997년 10월, 4만 1,971명에 달하는 〈6·25참전 행불자(실종자) 명부〉를 작성했는데, 이 인원에 미귀환 국군포로가 포함됐을 것으로 보인다. 한편 북한은 1950년 12월 30일 평양방송을 통해 국군 및 유엔군 포로가 6만 5,000명이라고 밝혔다. 그중 1만 3,469명이 송환됐으니 미귀환 국군포로는 5만 1,000여 명이라고 볼 수 있다. 중국은 〈항미

원조전사〉를 통해 중공군이 개입한 후 생긴 포로가 4만 6,523명이며 그중 국군포로는 3만 7,815명이라고 집계했다. 또한 중국 현대사 권위자인 션즈화沈志華 중국화동사범대학교 종신교수는 그 규모를 1만 3,094명으로 파악하고 있다.

대한민국에서 아들을 둔 사람은 대부분 아들을 군대에 보낸다. 그럼에도 내가 "국군포로를 취재한다"고 하면 대다수 사람은 "너무 오래된 주제, 아무도 관심 없어 하는 주제를 취재하는 것 아니냐?"고 물었다. 나는 사람들에게 국군포로는 '지금 여기 살아 있는 사람들의 이야기'이자, '내 아들이 경험할 수도 있는 이야기'라고 말하고 싶었다. 그래서 그분들의 생이 다하기 전에 가공하지 않은 목소리를 책에 썼다.

즐기면서 일해야 능률이 오른다고 하는데, 나는 그렇게 일하지 않았다. 부채감으로 취재하고 기록했다. 부채감이 어디에서 비롯됐는지 모르겠다. 군대를 가지 않아서 그런지, 수많은 사람의 죽음을 접해서 그런지 알 수 없다. 어르신들의 이야기를 듣고, 정리하는 일은 쉽지 않았다. 어두운 내용을 취재할 때마다 가슴이 답답해졌다. 하지만 그분들의 어머니가 느꼈을 고통을 생각하면 그만둘 수 없었다. 나 역시 아들을 둔 어미이기 때문이다.

대학원을 가보라고 충고했던 선배는 당시 "논문도 쓰고 방일영문화재단에서 저술지원금을 받아 책도 써보라"고 권했다. 고마운 선배의 말이 씨가 됐는지 운 좋게 지원자로 선정됐다. 저술지원금을 받는 것보다 2023년 5월까지 책을 써야 한다는 마감 기한이 생겨서 좋았다. 2022년 5월 지원자로 선정된 뒤 상업성이 부족한 책을 세상에 내줄 출판사를 찾으려고 여러 곳의 문을 두드렸다. 마음을 졸이며 기다리고 또 기대했지만 좋은 소식은 들리지 않았다. 그사이 국군포로 몇 분이 돌아가셨다.

마냥 출판사의 답변을 기다릴 수만은 없었다. 오랜만에 기회를 잡았는데 놓치면 후회할 것 같았다. 그래서 관점을 바꿔 저술지원금을 출판사 창업 지원금으로 쓰기로 했다. 첫 책의 교열과 디자인을 각각 재능 기부해준 류민 선생님, 강부경 선배가 감사하게도 다시 손을 잡아주셨다. 출판사 대표가 되어 책 제작비를 떠안으니 마음은 도리어 가벼워졌다.

내가 게으름을 피우는 사이 6·25전쟁 귀환 국군포로 생존자는 2023년 5월 현재 13명으로 줄어들었다. 애초에 나는 국군포로의 손을 잡고 그분들의 목소리를 세상에 전하고 싶었다. 그런데 시간이 흐르고 보니 어르신들이 나를 세상으로 이끌어주셨다는 걸 알게 됐다. 그분들에 대한 책을 쓰고 싶었던 기자가 꿈을 실현하려다 병이 나 백수가 됐는데, 그 꿈을 이루며 깊은 바다 돌고래 출판사 사장이 됐기 때문이다. 기자 10명이 일주일이면 해낼 일을 10년에 걸쳐 띄엄띄엄 했을 뿐인데 이런 말을 해서 쑥스럽지만 어쩔 수 없다. 사실이다.

책을 기획하며 책 앞부분에 '돌아오지 못한 국군포로들에게 이 책을 바친다'는 말을 쓰고 싶었다. 하지만 어르신들의 처참한 이야기를 듣곤 '책을 헌정한다'는 것조차 사치스러운 행위라는 생각이 들었다. 내가 일할 수 있게 응원해준 가족과 친구들에게 고맙다는 인사말도 쓰지 못하겠다. 소중한 자식과 동료들을 가슴에 묻고 외롭게 살아가는 어르신들을 뵙고 나니 마음이 무거워졌다. 나는 그저 "나 같은 사람이 또 생기면 되겠느냐"며 기꺼이 인생 이야기를 들려주신 6·25전쟁 귀환 국군포로들에게 이 책이 작은 위로가 되길 바랄 뿐이다.

이런저런 나의 경험과 생각을 정리하자면, 나는 폭로하기 위해 귀환 국군포로들을 만난 것이 아니다. 실상을 고발하는 기사는 넘쳐난다. 보수주의자로서 국가를 위해 헌신한 영웅을 알리고 싶어서 취재한 것도 아니다. 진보주의자도, 보수주의자도 아닌 한 인간으로서 전쟁 피해자들의 삶을 듣고 기록했을 뿐이다. 이런 일이 다시 생기지 않길 바라면서 말이다.

  이 책을 펼친 눈 밝은 독자 여러분에게 마음 깊이 감사드린다. 이토록 무겁고 어두운 주제의 책을 읽는 독자가 존재한다는 것만으로도 큰 힘이 된다. 책 전체를 읽기가 부담스럽다면 귀환 국군포로 9명 가운데 마음이 가는 단 한 분의 이야기라도 읽어보라고 권하고 싶다. 아무쪼록 독자 여러분이 돌아오지 않은 아들을 그리워하다 세상을 떠난, 국군포로의 어머니들을 기억하며 이 책을 천천히 읽었으면 좋겠다.

2023년 찬란한 봄날
이혜민 드림

목차

프롤로그…05

아들을 품에 안고 있으면, 누군가의 아들인 국군포로들이 어른거렸다

1장 내무성 건설대 출신 탄광 노동자

---

01 **故 한재복**…20
"비전향 장기수 보낼 때 국군포로와 교환이라도 했어야지, 맞교환이라도"

02 **국군포로 A**…40
"남한 정부가 인민군 포로를 석방해 우리가 못 왔습니다"

03 **국군포로 B**…62
"북한 땅에서 청춘을 다 보낸 게 너무 억울합니다. 인생이라고 말할 수도 없어요"

04 **유영복**…84
"(국군포로) 하나도 안 데려왔지. 끝내 국가가 그걸 못 하더라고"

2장 내무성 건설대 출신 목공·공장 노동자

---

05 **이대봉**…108
"자식이 아버지를 원망해. 내가 항상 마음에 가책을 받는단 말이오"

06 **최기호**…126
"(군대를) 안 갈 수 있는 기회가 두 번 있었단 말이야. 내 솔직히 양심껏 온 거야"

3장 교화소 출신 탄광 노동자

07 **김성태**⋯148
"교화소에 있는 13년 동안 이 한 번 안 닦은 거 같네"

4장 인민군 출신 농업 노동자

08 **故 국군포로 C**⋯168
"자다 일어나서도 아들 생각에⋯ 그걸 계속 후회하지"

09 **국군포로 D**⋯188
"아들이 북한에 있어서 못 만나요. 그게 가장 슬프지"

부록⋯208
6·25전쟁 귀환 국군포로 관련 연표

참고문헌⋯216

1장

내무성 건설대 출신
탄광 노동자

01 故 한재복

(2020년 8월 13일, 2021년 1월 21일, 2022년 6월 10일 취재)

"비전향 장기수 보낼 때
국군포로와 교환이라도 했어야지,
맞교환이라도"

"밥은 먹었어요?" 6·25전쟁 귀환 국군포로를 만날 때마다 자주 듣는 말이다. 배고픈 설움을 아는 분들이라 그런 듯했다. 어르신은 직접 밥까지 챙겨주셨다. 밥때가 지난 시간에 찾아갔는데도 집 근처 식당으로 나를 데려가셨다. 2022년에는 따님이 "아버지가 건강 때문에 나가실 수가 없다"면서 아버지 대신 대접을 해주셨다. "우리 일에 관심을 가져줘 고맙다"며 소년처럼 웃던 어르신은 북에 남은 가족들 얘기를 할 때면 고개를 돌리셨다. 병마를 이기지 못하고 2023년 2월 8일 폐암으로 소천하신 어르신의 명복을 빌며 그 목소리를 옮겨본다.

"빨갱이 새끼들이 그렇게 찔러 죽였다고"
/
내가 1934년생인데 북한에 있는 동안 전사자 처리가 됐더라고. 신분이

1934년 2월 15일	전라북도 정읍군 출생(양력)
1951년 4월	입대, 7사단 5연대 1대대 2중대 수색소대 배치
1951년 12월 29일	강원도 회양에서 포로로 잡힘 내무성 건설대 제대 후 고건원탄광 등에서 동발공 생활
2001년 8월	탈북
2001년 11월	남한 정착

다 소멸돼버렸어요. 그러다 (탈북해) 50년 만에 나타났으니까 호적을 살려야지. 우리 형님이 혼자 고향에 가서 1935년생으로 떡 해놨어요. 고향은 빨갱이가 많이 있던 전라도, 전라북도 정읍시야. 우리 부친이 1949년에 돌아가셨어요. 우리 형제가 육남매인데 내가 셋째예요. 동생들이 다 세 살, 네 살 이럴 때 큰형은 1948년 국방경비대에 나가고 없었고.

고부국민학교 4학년까지 다니다가 어머니하고 부안군 줄포면에 가서 생선을 사 와 집집을 다니면서 팔았지. 돈 없는 집은 곡식으로 준단 말이야. 그럼 그걸 먹어치우면 그게 또 빚이 되는 거야. 그래서 (곗돈을) 2년 치는 못 준 거 같아요. 빚이 많았지. 계를 같이 하는 사람들이 문짝이 닳을 정도로 찾아왔어, 돈 달라고. 그때 어머니가 거의 한 달 동안은 집에 못 들어왔어요. 요새 말로 하면 가출이야 가출.

내가 열다섯 살 후반이나 됐을까, 동생들이 먹을 게 없었어요. 그때만 해도 집안사람들을 만나기가 힘들었지. 제일 가까운 사람으로 육촌 한 명이 덕촌면에 살았는데, 나한테는 작은아버지뻘이었어요. 근데 작은엄마가 상당히 못됐어. 우리가 가면 작은아버지가 작은엄마한테 "걔들 뭐 좀 줘서 보내"라고 시켜요. 그럼 보리, 쌀 이렇게 줘서 들고 와 먹고⋯. 그러다 어머니가 오니까 계를 같이 하는 사람들도 아무리 뭐 해봤자 나올 데가 없으니 잠잠해지더라고.

그 후 어떤 사람한테 도움을 받아서 군산에 유리 만드는 공장에 갔어요. 그때는 차도 없고 돈도 없고 하니까 걸어가야 하는데, 걸으면 꼬박 하루가 걸려요. 거기에서 유리를 사서 어머니가 절반을 이고 또 절반은 내가 지고 하니까 조금씩 뭐가 남는 거 같아, 팔면은.

내가 열일곱 살쯤 됐을 때인데, 사실 북한놈들이 와서 죽인 것보다 남한에 있는 빨갱이 새끼들이 사람을 더 많이 죽였어요. 전라도는 대나무가 많잖아. 죽창이 사실 쇠보다 더 강해. 구워서 공구리^{콘크리트} 바닥에 내리쳐도 탕탕 튀지. 그런 걸 가지고 다니면서 배때기 쿡쿡 찌르고 했어. 길바닥에 그놈들이 왔다 가면 죄다 시체인 거야. 빨갱이 새끼들이 그렇게 찔러 죽였다고. 걔네가 습격해 오면 변소에 들어가 숨어 있고 그랬다니까. 그놈의 새끼들이 가고 난 뒤 길바닥에 나가면 죽창으로 찔러서 배알^{창자}이 나와 있고, 동네 사람들이 수습해서 묻어주고…. 걔네가 우리 있는 데 7월 10일쯤 들어왔어요. 9월 중순에는 후퇴해서 나가버렸고.

어르신은 소파에, 나는 바닥에 앉아 인터뷰를 진행했다. 카메라와 삼각대는 내 앞에 설치해놓았다. 아내분이 방에서 나오더니 카메라 주변을 두리번거리다 거실을 천천히 도셨다. "이 사람이 40대 때부터 신경쇠약에 걸려서 사람을 잘 못 알아보고 지금 북한에 사는 줄 알아. 참 어진 사람인데. 내가 저 양반네 도움을 많이 받았지. 나야 외톨이에 아무것도 없었으니까." 아내가 밖으로 나가려고 하자 어르신은 완강하게 제지하곤 말씀을 이어가셨다.

"열두 놈이 지구사령부 찾아가 자원입대했지"

빨갱이들이 날치니까 걔들이 가고 나서는 치안을 유지해야 하잖아. 국가도 그러니까. 그래서 대한청년단이라는 게 생겼고 청년들이 조를 짜 곳곳에서 경비를 섰어. 주재소 소속이고 경찰서 서장이 관리했다고. 경비를 서고 나면 밥은 그 사람들이 해줬단 말이야. 지금처럼 사상 그런 것보다 청년들이 모둠 같은 걸 하니까 멋있지. 열여덟 살 초나 됐을 거야. 그리고 직위가 없었어. 기본이 경비니까 옷도 집에서 입은 그대로 사복 차림이고. 고부 주재소에 나랑 같은 성씨가 있었는데, 그 양반이 편입시켜준 거야. 거긴 얼마 안 있었어요.

그러다가 정읍경찰서에 13명을 추려서, 지금은 전주가 도청 아니에요? 전주경찰서. 그때는 경찰국이라고 했는데, 시험을 쳐서 합격하면 정식 경찰이 됐어요. 근데 한 사람만 딱 당선되고 12명이 미끄러진 거야. 정읍에 들어왔더니 군대를 모집한다 그러더라고. 그래서 "우리 차라리 군대나 가자"고 해서 열두 놈이 지구사령부를 찾아가 자원입대했지 뭐. 1951년 4월 초순에 말이야.

훈련소가 군산 옥구면에 있는데 650명쯤 됐나. 목총 그런 거 가지고 5개월간 훈련했어요. 그다음 대전에 오니까 군복도 주더라고. 대전에서 한 20일 있었는데, 군복을 받고 총도 받고 총 쏘는 법도 배우고 분해하는 것도 배우고…. 1951년 추석날 집에 안 가고 돼지고기 몇 점에 저녁을 먹은 다음 (9월) 16일 오후 3시에 대전에서 차를 탔지, 빵통차 화물차를. 짐만 싣는 지프차인데 강원도 춘천역에 새벽 5시에 내리더라고. 주먹밥 한 덩이씩 먹고 9시가 되니까 미군 트럭이 들이댔어요.

트럭을 타고 가는데 포 소리가 벙벙 나는 거야. 맘이 이상한데. 7사단이 있는 양구에 가서 신병 훈련을 했지. 거기도 마찬가지야. 밤에 유격훈련을 기본으로 하고 사격훈련을 하고. 20일간 그렇게 하고 나니까 5연대에 배속

됐어요. 9월 13일이 정식 입대일로 돼 있더라고.

2중대에 배치돼 며칠 안 있었어요. 독감이 딱 걸려버렸단 말이야. 대대 위생병들이 연대 군위소에 입원시켰어 열이 39도, 40도 그러니까. 가서 20일간 입원하고 있었지. 일반 가옥들은 피란 가고 없어서 집이 많이 비었거든. 거기에 군대들이 주둔했는데, 그때 한 열흘 치료받으니까 나았어요. 한 열흘은 공밥 먹은 거 같아.

귀환 국군포로 중에는 "중공군이 국군포로를 중립적으로, 인간적으로 대했다"며 중공군을 칭찬하는 경우가 많았다. 어르신도 마찬가지였다. 어르신은 "중공군은 그래도 도덕은 있는 사람들이야. 지금도 고마워"라고 말씀하셨다.

"'저 새끼들 뭐 하러 밥을 먹이나, 다 죽이지' 그래"

(복귀하니까) 수색대로 보내는 거야. 가장 전면에서 경비를 서는 거였지. 그러다 1951년 12월 28일 새벽 2시에 습격을 받았어요. 강원도 회양군 문동리에서 총 쏘고 하니까 1분대, 3분대가 협조해줘야 하는데 없어서 가운데로 총 쏘고, 수류탄을 자꾸 던져서 터뜨리고….

우리(2분대)는 방공호로 들어갔단 말이야. 추우니까 불을 피워야 하잖아. 가장 안쪽에 임○○라는 친구가 들어가고, 그다음 내가 들어가고, 그다음 분대장이 들어가고 해서 셋이 있었어요. 근데 방망이 수류탄이 불발이 많이 돼요. 첫 번째 던진 게 불발이 돼서 우리가 살았지. 두 번째 던진 게 안이 아닌 밖에서 터져서 파편이 안으로 들어와 이렇게 (이마에) 맞은 거예요. 그렇게 잡혔지 3명이. 하나는 죽었어. 직통으로 맞았어, 수류탄을. 걔를 데려오지 못하니까 쏴 죽이더라고 우리 보는 데서. 이름이나 알았으면 현충원에 찾아가겠는데….

그래도 중국 사람들은 도덕은 있는 사람들이야. 피가 나고 하니까 자기들이 꿰매주고 했거든. 중공군 연대본부 가서 조사를 받았는데 병력 배치, 그 다음 출신성분을 물어보더라고. 보름 동안 있으니까 1952년이 됐어요. 1월 초순이었을 거야. 홀동광산에 갔는데 우리 국군포로가 100명은 넘었고 유엔군이 7명 있었어. 집결소다 보니까 교육만 시켰지. 관대정책인지 뭔지 아나? 누구 나오라 나오라 해서 보니까 27명 있더라고요.

걔네 트럭 2대로 (자강도) 우시군에 들어가니까 한국군 포로수용소가 딱 하나 있었어요. 그때부터 포로 생활을 했지. 본격적인 교육이야. 걔네는 금요일까지 일과를 다 하고 일요일은 쉬고 토요일은 대청소를 한다거나 해요. 우리는 중국 사람들한테 잡힌 게 행운이었지. 간혹 나무도 하러 다니거든. 인민군이 지나가면서 "저 새끼들 뭐 하러 밥을 먹이나, 다 죽이지" 그래. 그래도 중국 사람들은 국제법에 따라 관여했어. 자기네하고 차별 없이 먹이고, 정전될 때까지 확성기를 달아놓고 매일 방송해줬다고. (1953년) 7월 27일에 (전쟁이) 종식하지 않았어요? 그 사람들은 방송하더라니까.

(7월) 28일에 내무성에서 파견지도원이라는 두 놈이 와서 그런 소리를 하는 거야. "너희 조국과 인민에 총부리를 들이대고 죽을죄를 졌는데, 너희는 다시 나가면 우리한테 총부리를 들이대지 않을 거냐?" 가지 말라는 소리는 안 했어. 그 새끼들이 사람들을 불러내길래 홀동에서 (온) 27명 그대로 점심을 먹고 짐을 싸서 나오니까 트럭 2대를 대더라고. 아니 3대를 댔지.

양강도 낭림군에 칠평리라는 데가 있는데, 거기 가니까 인민군이 관리하는 포로수용소가 있는 거야. 도착하니까 밤 9시가 됐어. 일어나 보니 경비 인원이 두 배로 불었지. 기본 부대와 1,500미터가량 떨어졌고, 일반 가옥을 개조해 따로 격리시킨 거야. 10월 초순에 결국 연합총회를 하고 우리를 합류시키더라고. 그때 정전을 선포한 거야. 그러고는 부대가 칠평에서 평안남도 강동까지 가는 데 걸어서 사흘이 걸렸던 거 같아. 10월 초순에 거기서 내무성 건설대가 조직됐어요. 내무성 건설대가 9대까지 있었거든. 우리가 맨 마지막에 갔지. 1, 2, 3, 4, 5, 6, 7, 8, 9, 맨 마지막에 조직된 게 1709부대야.

1953년 7월 27일 정전협정이 체결돼 6·25전쟁이 끝나면서 전쟁 포로들은 각자 자리로 돌아가는 듯했다. 실제로 국군포로 8,343명이 남한으로, 북한군포로 7만 6,119명이 북한으로 돌아갔다. 하지만 어르신처럼 한국 사회로 돌아가지 못한 국군포로가 1만~10만 명에 달한다. 6·25전쟁 미귀환 국군포로는 1994년부터 한국 사회로 자발적으로 귀환하기 시작해 2023년 현재까지 총 80명이 돌아왔다. 한 연구에 따르면 한국 사회로 돌아온 국군포로의 절반가량이 내무성 건설대를 경험했다고 한다. 내무성 건설대에 속해 1953년 10월부터 1956년 6월까지 탄광 등지에서 강제노동을 한 것이다. 어르신도 그랬다.

"포로수용소를 넘어서 감옥이지"

이때부터 강제노동을 한 거야. 1956년 내무성 건설대가 해산될 때까지. 신창탄광 구봉갱에 갔는데, 전쟁 때 죄수들이 관리하던 갱이야. 거기서 바로 탄광 노동을 했어. 구봉갱에는 오래 있지는 않았어요.

5월 1일 궁심탄광으로 옮겼는데, 거기도 전쟁 때 죄수들이 운영하던 탄광이지. 전부 벽돌집에 철창을 다 해놓고 문도 다 열쇠로 채우게 돼 있고…. 초반이니까 걔들이 8시간 이상은 안 시켜요. 대대가, 1709부대 전체가 들어가는 거야. 포로수용소를 넘어서 감옥이지. 감옥 생활을 한 거야, 3년 동안. 궁심탄광에는 몇 개월 있었어요.

어쨌든 9월 말쯤 이동해서 간 게 고건원탄광이야. 기업소 사정에 따라 개네도 생산량을 늘리는데, 포로들이 젊다 보니까 자꾸 옮기는 거지. 고건원탄광은 1급 기업소로 노동자가 한 7,000명 됩니다. 북한은 특급, 1급, 2급, 3급, 4급 기업소까지 있거든. 궁심탄광은 3급 기업소라 노동자가 1,000명 미만이었고, 신창탄광은 1급 기업소고.

19세기에 흑인 노예들을 묶어서 갔잖아요. 나는 지금도 그게 자꾸 연상되는 거야. 우리가 말만 내무성 건설대지, 이름을 바꾼 포로수용소였다고. 울타리 치고 네 귀퉁이에 무장 포수를 세워. 물론 700명이 다 탄광에 들어가는 건 아니에요. 교대해서 들어가는데, 탄광이란 게 워낙 다양한 직종이 있잖아요. 나는 동발공이야. 계속 동발만 하는 거지. 굴이 무너지는 거 방지하는 일.

그런데 갈 때는 무장경비가 따라간단 말이야. 나갈 때도 열 서서 쭉 가면 총을 멘 놈들이 옆에서 같이 가. 1개 중대에 3명. 걔네 총은 따발총이나 연발총인데, 그 탄창 몇 개만 풀면 1개 중대 그까짓 거 순식간에 없어져. 1개 중대는 120명 정도 될 거예요. 처음 일하러 갈 때 정문에서 인원 점검을 합니다. 국군포로는 인원 점검만 해도 된단 말이야. 큰 탄광은 입갱 인원이 1,000명 정도고, 몇백 명씩 들어가요.

어르신은 2016년 10월, 동료와 함께 북한군에 포로로 잡혀 내무성 건설대에서 강제 노역을 했다며 북한 정부와 김정은 국무위원장을 상대로 손해배상 청구 소송을 제기해 2020년 7월 승소했다. 재판부가 "이들에게 각각 2,100만 원을 지급하라"고 판결한 것이다. 북한이 국군포로에게 배상할 의무가 있다고 밝힌 첫 재판이었다. 이후 국군포로 측에서 북한의 저작권을 위임받아 법원에 공탁 중인 남북경제문화협력재단을 상대로 추심금 청구 소송을 제기했지만 재판부는 북한은 피압류채권을 가지는 주체가 아니라면서 청구를 기각했다. 어르신은 목에 핏대를 세우며 내무성 건설대 시절을 이야기하셨다.

"(재판은) 국방부가 해야 할 일 아니에요?"

내가 이 이야기는 꼭 해야겠어. 소송은 사실 국방부가 주인이 돼서 해야 되는데, 국방부는 현재 한마디 말이 없잖아요. 그리고 국군포로가 아직도 북한에 있는데 그 사람들은 전역식을 안 했어요. 현역이라는 얘기지. 그럼 현역이 몇만 명이라고 하면 사단으로 치면 몇 개 사단이 되거든. (재판은) 국방부가 해야 할 일 아니에요? 그렇죠? 그런데 국방부가 손 놓고 있잖아. 내가 언젠가 가니까 그 사람들 (남한 정부가) 회담을 하면 계속 제기는 한다는데, 북한에서는 국군포로가 없다는 허튼소리를 하잖아요. 그럼 80명이 온 건 귀신들이 왔나?

우리 같은 사람은 그런 일에 엄두를 못 내요. 어떻게 우리가 북한을 상대로 소송을 제기하겠어요. 그런데 물망초 (박선영) 이사장님이 우리한테 그런 소리를 하더라고. 그 양반이 다 했단 말이야. 사실은 이사장님 덕이지. 우리는 돈 몇 푼 바라고 한 게 아니야. 우리가 북한 땅에서 50년 동안 고생하고 온 사람이고, 명예가 다소나마 회복되지 않았어요? 대한민국 법 기관이 강제노동을 배상하라고 판결한 게 우리한테는 얼마나 영광스러운지 몰라.

그렇게 고생한 내무성 건설대도 얼마 되지 않아 끝났어요. 1953년 9월 초순에 내무성 건설대가 조직되고 1956년 6월 13일 해산됐지. 그 뒤 우리도 사민이 된 거야. 부대장이 "조선민주주의인민공화국의 공민이 됐으니 당만 믿고, 수령만 믿고 통일되는 날까지 열심히 일해라" 그런 설득을 하더라고. 숙소는 내무성 건설대에 있을 때 우리가 쓰던 집으로 이미 배정해줬어요. 부대가 쓰던 식당도 있으니까 탄광에서 취사 노동을 하던 사람들을 배치해 밥해주고. 그때부터 우리는 벌어먹고 살아야 했어요.

사람은 어떻게든 살아가기는 살아가나 봐. 그래저래 정이 들어서 노친(나이가 지긋한 부인)도 만나고 새끼도 낳았지. 결혼은 빨리 했어요. 장모가 소개해줘서. 공민증 받고 사민이 됐는데도 감시는 더 심하더라고. 그렇게 북한 사회가 유지되는 거야. 포로 중에서도 몇 사람이 (남한에) 왔습니다. 우리를 감시하던 안전부 끄나풀들 말이야. 궁심탄광에 있을 때 1중대에 장교 출신이 있었는데, 아무 말이나 자꾸 하고 다니는 사람이 있으니까 그 끄나풀 놈이 다른 놈하고 화장실 뒤로 데려가서 때려 죽였어. 그렇게 악독한 놈도 있어요.

일반적으로 국군포로가 한국 사회로 돌아오면 전역식을 하는데, 그 끄나풀은 동료인 국군포로들에게 한 짓이 알려져 전역식을 하지 않았다고 한다. 어르신은 "그런 임무가 주어지면 안 할 수 없었을 거야"라면서도 "동료를 죽인 그들을 이해할 수 없다"고 하셨다.

이야기는 많은 사람의 목숨을 앗아간 '무궁화 청년단' 사건으로 옮겨갔다. 무궁화 청년단 사건은 국군포로 장교들의 탈출 사건으로, 이를 증언해줄 사람은 어르신뿐이다. 다른 국군포로가 이 사건에 대해 언급했다고 해서 몇 차례 접촉을 시도했지만 인터뷰를 거절하셨다. 두 분 모두 고인이 되셨으니 이 이야기에 대한 증언을 듣기는 어려운 실정이다.

"83명 중 하나도 살아 돌아온 사람이 없단 말이야"

내무성 건설대가 해산되니까 자꾸 사고가 나는 거야. 탄광 안에 들어가면 완전히 용광로예요. 작업복을 몇 번씩 짜 입을 정도라고. 사람인지, 짐승인지 구별 못 해. 입었던 옷을 건조라도 시켜야 하는데, 입었던 거 그대로 보따리에 쌌났다가 다음 날 그대로 입거든. 그 냄새 맡으라고 하면 기절할 거야. 건조하는 시설이 없으니까.

우리가 얼마나 인권 모욕을 당하고 얼마나 많은 사람이 죽었는지 몰라요. 거의 대부분 말실수 때문에 안전기관에 신고가 되거든. 일하고 나오면 땀투성이에 냄새나는 옷을 입은 상태니까 목욕이라도 시키고 데려가면 얼마나 좋겠어. 그대로 체포해 가는 거야. 가면 끝이지. 한 100명은 끌려갔을 거야.

이 이야기는 선생이 꼭 써야 해요. 안○○ 씨라고, 이 양반이 공군 중위입니다. 1957년 가을이에요. 당에서 가라고 하면 무조건 갑니다. 고건원역에서 용북탄광으로 가는 철길. 갔는데, 천막에서 이동재판소가 재판을 한다 하더라고. 1956년 소련 애들이 이름도 투백공삼T-103 원자 뭐인가 비행기를 만들었는데, 이 양반이 미국의 B-29만 못하다는 취지로 말을 한 거 같아. 북한놈들은 코에 걸면 코걸이, 귀에 걸면 귀걸이거든. 죄목이 몇 개 되더라고. 공개심판을 하는데 "공산주의 반대! 사형!" 아, 그러더라고요. 몰랐는데, 둑에다가 뭔가를 하게끔 말뚝을 해놓았더라고. 사형 선고가 떨어지니까 안전원 놈들이 입에다 재갈을 물리고 눈을 가린 채 끌고 가더니 막대기에 꽉꽉 묶고 사형수 세 놈이 사형을…. 그걸 보고 일주일 동안 밥을 못 먹었어요. 그리고 그다음 해 2월이구나. 조○○ 씨하고 남○○ 씨 두 양반은 북한 지주 출신이야. 둘 다 (국군포로) 소위인데 사형을 당했어, 반동분자라고. 우리 앞에서 처형했다고 그 장소에서.

 (무궁화 청년단의) 아오지탄광 본부는 거기 사람들이 주최가 돼서 했는데, 우리 국군포로가 많았단 말이야. 그러니까 그 양반들을 보면 학포탄광이라고 그러죠, 학포탄광. 그다음에 그쪽으로 올라와서 온성탄광이 있어요, 온성탄광. 그다음에 위에 올라와서 하면탄광이 있고, 그 위로 올라와서 고건원탄광이 있거든. 그다음에 아오지 은덕이란 말이야. 대장, 부대장, 무슨 참모장 하여튼 조직체계는 아주 잘 꾸려놨어요.

 그런데 묘하게 발각이 됐단 말이지. 내부에 변절자 놈이 있었던 거야. 그래 가지고 1958년 8월에 개들이 소탕 작전을 했어. 83명이 몽땅 체포되지 않았겠어요. (내가 있던) 고건원에서도 7명인가 체포됐거든. 근데 살아 돌아온 사람이 하나도 없단 말이야. 그 무궁화 청년단 사건이 우리 국군포로가 북한에 있으면서 겪은 가장 큰 사건이었어요. 거사도 몇 날 몇 시에 하자고. 북한은 리마다 분주소가 있거든, 우리로 치면 경찰서. 그런 데를 대상으로 무기를 탈취해 탈출하는 계획을 다 세우고 이랬거든요.

 (이런 모의는) 1956년 내무성 건설대가 해산돼 각자 있었으니까 가능했지. 우리 동료끼리는 다 안단 말이야. 우리는 당시 소문으로 들었거든. 확실한 건 강○○ 씨라고 있어요. 군 내무성 보안원이었는데, 제대 후 하면탄광에서 직맹위원장을 했지. 그 사람이 더 구체적으로 얘기하더라고. 강○○이한테는 1980 몇 년도 퍽 오래 지나서 들었어. 83명에 대한 소탕 작전 지휘를 최○○이가 했다는 거야.

그리고 별건이 있어요. 자강도 전천탄광이라고 있는데, 1956년 8월에 (고건원에서) 70명을 보낸다는 소문이 났거든. 그런데 17명이 갔단 말이야. 그때 간 게 몽땅 장교였어. 김○○ 씨가 책임지고 갔는데 12월에 우리 일하는 데로 왔더라고. 여기 탄광에 있던 문건이 틀린 게 있어서 바로잡으려고 왔다면서. 그 사람이 왔다 가고는 소식이 없거든. (탈북한 뒤) 전천탄광으로 간 17명 좀 알아보라고 내가 명단을 다 줬어. 물망초가 언론에 공개했더니 김○○ 동생이 나를 찾아왔더라고.

(국가 차원에서 조사가 진행됐는지 묻자) 내가 이렇게 말해도 소용없어. 우리가 말해도 하지 않고 듣는 둥 마는 둥 하지. 다 마찬가지야. 국가기관이니까.

국군포로 어르신들이 나의 진정성 때문에 나를 만나주시는 줄 알았다. 하지만 시간이 갈수록 동료들에 대한 부채감 때문에 나에게 과거 이야기를 해주신다는 생각이 들었다. 어르신은 이야기 도중에 "선생이 이건 꼭 써야 합니다", "이 이야기는 꼭 알아야 합니다"라고 강조하면서 동료들의 사연을 자세히 들려주셨다. 사라진 동료들을 떠올리며 침묵하기도 하셨다.

"아, 우리 동지들이 얼마나 죽었는지 몰라요"

고건원탄광에서 한 10년 있었지. 고건원탄광은 가스 탄광이에요. 메탄가스가 많거든. 메탄가스라는 건 불꽃만 튀면 무조건 폭발이에요. 1개 작업소에 보통 30명씩 들어가요. 1개, 2개가 아니에요. 몇 개씩 되거든 작업소가. 한 번 입갱하는 인원이 1,000명이 된다고 그래요. 그럼 절반 이상은 직접

공이라는 얘기야. 탄 캐는 사람은 메탄가스 냄새만 들이켜도 무조건 죽어요. 그래서 가스 탄광이 제일 무섭지.

간혹 일하다가 대소변이 마려울 수 있잖아요. 소변 같은 건 사람들이 둘레둘레 보다가 아무 데나 싸는데 대변은 그러지 못하잖아. 그래서 폐갱 같은 데 들어간단 말이야. 그런데 가스는 위로 뜨는 게 아니라 가라앉아요. 그렇게 죽고, 폭발해 죽고, 굴이 무너져 죽고. 아, 우리 동지들이 얼마나 죽었는지 몰라요. 이렇게 죽은 사람이 몇십 명은 되는 거야.

한 번은 내가 급성대장염이 와서 피똥을 싸고 하니까 병원에서 조금 쉬라고 해. 병원에서 진단만 떼면 기업소에서는 무조건 휴식을 취하게 시키거든. 거기서 1년 동안 휴식을 주더라고. 한 몇 개월 쉬니까 나았어요. 그때 애기가 둘이 있었지. 그래서 탄광 노동과에 가서 "일하겠습니다" 하니까 "군 노동과에 전화해줄 데니까 가라"고 그래.

행운은 행운이데. 군 노동과 특급지도원이 고건원탄광에서 안전지도원을 한 사람이더라고. 안면은 있잖아요. 그러니까 "당신 잘 왔다. 지방 산업 탄광이 있는데 지금 군에서 운영하는 탄광으로 가라"고 그래. 거기로 갔지. 국영기업소 같은 데는 그날 생산 계획을 (달성하지) 못하면 시간 연장을 해요. 10시간, 12시간 막 이렇게. 노동 강도가 얼마나 세겠습니까. 하지만 지방 산업 탄광은 그런 게 없단 말이야. 거기에 가서 산 거야. 그게 하면탄광이에요. 정년이 될 때까지 일했지, 만 60세까지.

직장에 다닐 때는 생활비라도 타잖아요. 배급을 정상적으로는 안 주지만, 배부르게 못 먹어도 죽이라도 먹잖아. 북한도 공로자 우대가 있어요. 그러니까 이제는 살아야 한단 말이야. 도둑질을 하든, 산을 뒤지든. 그래서 식료 공장에서 경비를 섰지. 경비를 서면 농사지어 먹으라고 땅을 조금 준다고.

남한으로 도망 올 때까지 1,000평 이상을 (관리했으니까). 그리고 땅 좀 주면 거기에 (내가) 강냉이를 심지 강냉이. 그게 주식이니까 북한에서는.

어르신은 정년 후 찾아온 빈곤에 대해 언급하셨다. 북에 가족을 두고 탈북을 감행한 결정적 이유가 바로 빈곤 때문은 아니었을까. 어르신이 차분한 목소리로 탈북 과정을 설명하셨다.

"올 때 아들하고 둘이 넘어왔어요"

그러다 탈북을 한 거야. 참 귀인이라고 해야 하나. 그 양반 아버지가 분주소 직원이었어. 근데 2001년 8월 초순에 내가 경비를 서는 곳에 찾아왔어요. "아바이, 고향에 가고 싶은 생각이 없는가?" 경제가 파탄 나고 하니까 중국에서 밀수가 엄청 들어오던 때예요. 저 새끼가 무슨 수작이야, 뜨끔하더라고. 근데 몇 번을 왔어요. 그다음에 아들이 가서 걔를 만났나 봐. 하나 넘겨주면 브로커가 돈을 받잖아요. 그때가 국군포로 (탈북이 많아지는) 초기야. 2001년 전에 온 사람이 몇 명 되더라고. 그리고 그다음에 걔가 왔어. 말을 꺼냈으니까 빨리 해치워야 하거든. 그러면 빨리 할 수 있냐 하니까 오늘이라도 된다는 거야. 그래서 약속했어요. 2001년 8월 17일 아침 6시에 (함경북도) 훈융에서 만나기로.

올 때 아들하고 둘이 넘어왔어요. 그때만 해도 100미터마다 초소가 있었는데, 약속은 걔네가 미리 한다고, 브로커들이. 그럼 우리가 넘어갈 시간에는 초소가 비어요. 그리고 훈융에서 오면 (중국) 훈춘하고 이쪽하고 한 2,000미터야. 가까워. 두만강까지 갔는데, 그때 중국 브로커 때문에 속이 탔던 거 생각하면…. 중국 브로커하고 몇 시에 만나자고 연락했는데 나타나지 않더라고. 나중에 브로커는 왔는데 배는 못 끌잖아. 그러니까 고무 다이아(타이어)를 쓰더라고. 나는 고무 다이아에 앉은 채로 두만강을 건넜어. 걔네는 헤엄치면서 밀고. 탈북 초기다 보니까 걔네는 (탈북에) 신경을 안 써.

그렇게 브로커가 아는 어느 집에 들어가니까 주인이 저녁을 차려주는데 쌀밥에 돼지고기야. 우리 손녀딸들이 생각나니까 넘어가질 않아. 근데 브로커가 "아바이, 이제는 안심하고 빨리 고향 갈 궁리나 하면서 북한에 있는 아이들을 도와주세요" 하더라고. 그리고 어쨌든 배는 고프니까. 사람이라는 게 참 무정한 거야. 배고프니까 목구멍으로 넘어가더라고. 중국에 두 달 반, 거의 석 달 있었어요. 브로커들이 시간이 많이 걸리거든. 한 명은 우리 형제를 찾는 일을 하고, 한 명은 정부하고 연결하고.

그 후 우리 형하고 동생이 왔더라고. 50년 만의 상봉이지. 형제가 넷이니까 십시일반으로 얼마씩 낸 거 같아요. 우리 동생이 이거랑 통일부하고 국방부에서 주는 '여비'를 합쳐서 한 8,000달러를 가져왔더라고. 동생이 "여비를 다 형님 드릴 테니 이걸 가지고 북한으로 넘어가서 가족하고 같이 살래요? 혼자 나가면 또 이산가족이 생기는데 형님이 판단해요" 그러는 거야. "내가 가면 굶어 죽기야 하겠냐" 하니까 동생이 "가족을 더 데려와요" 그래서 아들을 들여보냈지. 아들이 다음 날 오기로 했는데, 15일이 됐을 때 가족을 데려왔어요.

그 후 브로커가 심양(선양)까지 와서 넘겼고, 심양에서 나를 받은 게 국가정보원에서 보낸 아이들이야. 걔네가 관리해서 호텔에서 자고, 다음 날 기차 타고 대련(다롄)으로 갔지. 아무 소리 하지 말고 여권 내밀어라. 군대가 두 줄로 몇 미터 쫙 서 있는데, 무섭데. 아, 속이 어찌나 떨리던지. 다행히 배 안에 들어가서는 휴, 살았다 싶었어. 배에 들어가서 1등석에 딱 누우니까 편하니 좋데.

　국군포로들은 북한 당국이 국군포로 자녀의 교육, 취업 기회를 제한한 것에 대해 울분을 토했다. 이 일로 자녀들과 불화를 겪는 경우가 비일비재했다. 어르신도 예외가 아니었다. "자녀와의 갈등 때문에 탈북했느냐?"고 묻자 "그런 것 같지"라고 에둘러 대답하셨다. 자녀와의 갈등으로 자살한 동료 사연을 전하며 어르신은 한동안 말을 잇지 못하셨다.

"내가 없어지는 게 상수다"
/

　(남한에 와서) 대성공사에 거의 한 달간 있었던 거 같은데, 거기서 나올 때 7사단에 가서 전역식을 하고 정식 대한민국 국민이 됐어요. 그런 거 보면 김대중이가 좌파지만 나는 김대중을 그렇게 욕 안 해요. 국군포로를 많이 배려한 사람이야. 국군포로가 몇백만 (원) 받아서 되겠어요? 안 되겠으니까 그런 법을 만든 모양이야. 5억 탄 사람도 있고 4억 탄 사람도 있고 3억 탄 사람도 있고.
　나는 4억 조금 넘게 (받았지). 그걸로 집 사고, 연금으로 묶인 돈은 1억 넘는 거 같아요. 2001년 11월부터 (군인)연금을 받았는데 지금 (연금이 매달) 160(만 원) 돼요. 국가보훈처에서 주는 (국가)유공자비는 (월) 35만 원 돈이고, 합하면 200(만 원) 가까이 되지. 국가보훈처가 포로라고 더 주는 건 1년에 1,000만 원씩 의료비 지원 그거밖에 없어요. 1년에 두 번씩 관광을 시켜주는 게 있는데, 코로나^{코로나19} 때문에 못 갔고. 그래도 (국방부) 군비통제과가 우리를 관리하잖아요. 북한인권정보센터 그 사람들이 한 달에 한 번씩 가정방문을 해요. 걔네는 국방부에서 월급을 주잖아.
　나도 뭔가 이렇게 살아온 게 제일 원통하고 분한 게, 세상에 자기가 낳은 새끼가 애비를 원망하는 그런 사회에서 고통을 받았으니까 생각만 해도 지긋지긋하지요. "너는 포로 자식이라 군대도 못 가, 대학도 못 가" 하니까 걔들도 애비를 원망할 수밖에 없지. 그러니까 마지막 선택은 그저 '내가 없어지는 게 상수다' 하고…. 이 얼마나 불쌍하고 원통합니까. (내가 탈북한 이유도) 그런 거 같지. 인○○이라는 양반은 아들이 그런 고통을 이기지 못해 창고에서 목매달아 죽었잖아요, 하면탄광에서. 죽으면 그런 소리 안 듣잖아.

전쟁이라는 게 너 죽고, 나 살고, 잡혀가고 이런 게 불가피하잖아요. 그러고 왔는데, 과도한 욕심인지 모르겠지만 미국은 그렇지 않다고 하더라고. 우리도 대우를 받긴 받지. 근데 미국에 비하면 새 발의 피란 말이야. 생각하면 괘씸하거든. 나뿐 아니라 우리 사람들이 다 마찬가지야. 그러고 왔으면 훈장이라도 하나씩 줘야 할 거 아니야. 미국은 다 준다 하거든. 미국 소리를 안 들어야 되겠는데, 미국 소리를 들으니까 자꾸 반감이 생기네. 정부도 참 개판이야. 자기 군대가 몇 명이 실종됐는지도 모르는 정부가 어디 있어요?

어르신은 한국 정부가 2000년 9월 비전향 장기수 63명을 송환하면서 국군포로 귀환을 추진하지 않은 점을 강도 높게 비판하셨다. 부하를 돌보지 않은 지휘관의 책임을 논할 때는 삿대질을 하면서 언성을 높이셨다.

"남한놈들 생각도 안 했지, 우리 생각은"

(국군포로 규모는) 7만이 정확한 숫자야. 지금 가만히 생각해보면 내무성 건설대가 9대까지 있거든. 그걸 합치면 얼마 안 돼요. 그런데 소련으로 간 게 몇만 명이야. 전쟁 초기에 포로가 된 사람이 그렇게 많단 말이지. 미

처 수용을 못 하니까 소련 정부가 자기네한테 넘겨 보내라고 해서 시베리아 쪽으로. (이 얘기를) 우리는 전쟁 시기부터 들었는데, 걔네들이 원자폭탄 실험실에 그 사람들을 넣었는지 모르지. 북한에 있는 포로들은 다 알아요, 7만 명 된다는 거. 군대에 있었으면 명부에 다 남았겠지, 안 그렇습니까? 정부는 (실종된 국군포로) 숫자를 모른다지만, 우리가 얘기한 걸 기준으로 잡아서 알아요.

제일 분한 건 비전향 장기수 넘겨받는 거 있잖아요. 막 가슴이 치고 올라오더라고. 통곡하게 되더라고 그때는. 북한이 비전향 장기수 63명을 김일성광장에 10만 명을 모아놓은 채 환영하고 훈장을 막 달아주고 그럴 때 생각이 다 같았을 거야. 솔직히 그놈들은 결국 다 죄 지은 놈들이잖아. 내가 국회에서도 얘기했지만 거기에 진짜 북한놈은 일곱 놈밖에 없어요. 신문에서 내가 경력을 봤거든. 남한놈들이 비전향 장기수라고 다 넘겨 보냈다고. 다 반역자들 아니야. 대한민국이 처리해야 할 놈들을 북한에 넘겼으니 그때 정말 분통이 터졌지. 남한놈들 생각도 안 했지, 우리 생각은. 순 공명주의자들. 자기 업적만 남겨놓고 어떻게 해보려고. 교환이라도 해야지 맞교환이라도. 간부가 많잖아요. 1709부대에도 간부가 많거든. 이런 사람들이라도 얼마든지 맞교환할 수 있잖아.

지휘관도 그래요. 내가 7사단에 있었는데, 채○○이 우리 연대장이었거든. 채○○을 만나려고 그렇게 노력했는데 만나지 못하고 죽어버렸어. 한번 만나서 좀 항의하려고 말이야. (탈북해) 전역식을 할 때도 사단장한테 얘기했는데, 우리가 사실 소대장만 있었어도 포로가 됐겠어? 가보니까 소대장이 없어요. 수색대는 전쟁 최전방에 나가야 하니 지휘관이 오지 않으려 한대요. 그때 계급으로 이등상사인가 뭔가가 소대장 대리를 하고 있었는데 한 일주일 지나니 그놈이 안 보이네. 1분대장이 (소대장) 대리를 했거든. 그 후 밤에 중국놈들한테 기습을 받았단 말이야. 근데 지휘관이 없다 보니까 총소리 몇 번 나고 이놈들이 다 도망가 버려서 포로가 된 거지. 중대, 소대 이런 데는 소대장이 한두 명 없어도 별일이 없지만, 독립 소대에 지휘관을 배치하지 않은 걸 연대장이 모르겠어요?

근데 이제는 죽을 날이 가까워서 그런지 옛날 꿈을 자주 꿔. 북한에서 탄광 일을 하던 때 꿈을. 그다음 어려서 고향에 있었던 그런 꿈도 꾸고. 참 생각만 해도 북한놈들 이가 갈려요, 이가 갈려. 같은 민족이고 출생지만 다를 뿐인데 사람을 어찌 그리 업신여기고…. 아, 나는 그것만 생각하면 지금도 북한놈들을 씹어 먹고 싶은 생각이야.

더 궁금한 건 다음에 이야기할 테니 또 와요, 다음에….

생전에 한재복 어르신이 자주 착용하시던 시계와 안경.

한재복 유족 제공

02 국군포로 A
(2020년 8월 24일 취재)

"남한 정부가 인민군 포로를 석방해 우리가 못 왔습니다"

어르신은 2020년 경기도 화성에서 뵈었다. 2022년에 다시 연락드렸지만 "이제 더는 내 이야기를 하고 싶지 않다"고 하셔서 뵙지 못했다. 어르신을 찾아뵌 날, 어르신은 반바지 차림이었다. 발이 바늘로 찌르는 것처럼 아파서 통증을 줄이고자 하루에도 몇 번씩 얼음물에 발을 담근다고 하셨다. 어르신은 거실 소파에 앉으시고, 나는 바닥에 앉은 채 다과를 먹으며 대화를 이어갔다.

"6·25전쟁 3년을 다 참가한 사람입니다"
/

(귀환 국군포로 중) 조창호[1994년에 돌아온 1호 귀환 국군포로] 씨가 제일 먼저 나오지 않았습니까. 그 사람은 훈장[보국훈장 통일장]을 줬단 말이야. 그런데 우리는 안

1930년 8월 20일	경상남도 울주군 출생(양력)
1950년 8월 15일	입대, 미 24사단 21연대 1대대 C중대 배치
1953년 7월 14일	강원도 김화에서 포로로 잡힘 내무성 건설대 제대 후 하면탄광에서 차도공 생활
2006년 5월	탈북
2006년 6월	남한 정착

준단 말이지. 내가 정부를 상대로 많이 싸운 사람입니다. 국회에 가서도 몇 번 토론하고, 이번에도 국방위원회에 가서 위원장하고 막 싸움을 했다고. 어째 우리는 안 해주는가?

그래 나는 낙동강전투부터 참가한 사람입니다. '강을 사수해 북진해야 된다'고 해서 낙동강진투가 그렇게 심했단 말이야. 또 장마가 져서 황톳물이 넘쳐나지 않습니까. 그런 낙동강이었지. 1950년에 보트 타고 건너갈 때 인민군대가 주둔하고 있거든. 그러니까 보트에서 내리지도 못하고 매달려서, 떠내려가면서 많이 죽었어요. 그래 거기서부터 전투한 사람은 정말 보배입니다. 6·25전쟁이 3년인데 나는 3년을 다 참가한 사람입니다.

1953년 7월 27일에 휴전이 되지 않았습니까. 7월 14일이 6·25전쟁 마감 전투 날입니다. 거기서 파편이 딱 때렸는데 (왼손에 맞아서 손가락이) 끊어졌단 말이에요, 중간이. 북한에서는 치료하기 시끄러우니까 이 마디를 뽑아 판 거지. 그래서 손이 이래요. (어르신은 왼쪽 셋째, 넷째, 다섯째 손가락이 절단된 상태였다.) 수류탄 파편이 아직도 많습니다. 다리도 뼈가 골절됐어요. MRI를 찍어보니 쌀알만 한 파편이 2개 있습니다. 요 다리에 2개 있고.

1930년 8월 20일 경상남도 울주군에서 출생했습니다. 거기서 군대 가고. 동생이 있었는데 남동생, 사망했더란 말이에요. 여동생이 또 하나 있어요. (내가) 맏이야.

아, 그런데 우리 정부가 어떤 조치를 취했는가 하니까 1970년까지 안 돌아온 국군포로 7만 명을 전사 처리를 해치웠거든. 국군묘지에 비석까지 있다는 거야. 사람이 살아 있는데 그런 법이 어디 있단 말입니까. 북한에 (국군포로가) 10만 명이 있는데, 어째서 전사 처리를 해치웠는가? 가족을 위해서 그랬다는 거야, 전사비 주느라. 우리 집도 전사비를 좀 탔더란 말입니다. 우리 아버지, 엄마가 땅을 800평 샀어요.

그러다 보니까 조카하고 제수가 내가 나오는 걸 반대하더란 말입니다. 그래 내가 아주마이^{아주머니} 전화를 빌려서 걸어봤다고. "중국까지 숨어서 나왔는데 한국에 나갈 길이 없다. 나를 좀 도와줄 수 없겠는가?" 그랬더니 "어째 자꾸 시끄럽게 전화를 거는가? 영사관이나 대사관에 가서 문제를 해결할 것이지!" 아, 친척이 반대를 하는구나.

한국에 와 국정원에서 한 달만 생활하면 내보냅니다. 친척이 데리고 가요. 국방부에서 주는 돈^{정부지원금} 4억, 5억 가지고…. 우리 아들 하나 데리고 왔는데 하나원에 갔으니까 없고, 부장이 여기서 생활하라 그래서 넉 달간 생활했습니다. 그래도 면회 한 번 안 온단 말이야 우리 친척이. 이게 무슨 문제가 있었냐면 우리 부모가 경작하던 땅, 이 문제 때문에 그렇더라고. 내가 장남이니까 땅을 빼앗을까 봐 나오는 걸 반대했더란 말입니다.

고향에서 크게 환영회를 하고 큰 잔치를 벌였습니다. 그때 동네 아주마이가 말하는데 제수가 다니면서 "(아주버니가) 북한에 오래 살았으니까 빨갱이가 다 됐다. 어떤 사람이 와서 우리 집을 물어도 절대 대주지 마라" 그런

선전을 했더란 말이에요. 지금 완전히 등지고 삽니다.

어르신은 '하고 싶은 이야기'를 먼저 꺼내셨다. 이제부터 '북한 정부가 국군포로를 돌려보내지 않은 내막'을 알려주겠다고 하셨다. '인터뷰 기회를 어렵게 얻었는데 어르신 인생사는 듣지 못하고 갈 수도 있겠다' 싶어서 어린 시절 이야기를 먼저 청했다.

"(일본 군수공장을) 2년 다녔어요"

일본에 살다가 해방돼서 우리 가족이 나왔단 말입니다. 몽땅. (내가) 아홉 살에 일본에 들어가 살다가 열여섯 살에 돌아왔어요. 일본 효고현 니시노미아라는 데야. 아버지는 노동을 했어요. 토목 노동. 그다음에 2차 전쟁 제2차 세계대전이 발발했단 말이에요. "피난 삼아 촌으로 가자" 그래서 히로키라는 데로 이사했다고. 오래돼서 기억은 안 나는데, 거기서 초등학교 다 나오고 고등 2학년인지까지 다니다가….

그때만 해도 고등학교 학생들을 군대에서 뽑았습니다. 그러니까 노무자로 뽑았단 말이야. 동남아시아로 막 뽑아 갔어요. 히로키에서 30리쯤 가면 세사아마라는 데가 있는데, 그게 뭐고 하니, 걔네들은 기름이 없으니까 소나무 기름을 짜서 비행기 기름으로 썼단 말입니다. 그러다 보니 거기가 군수공장이 된 거예요. 군수공장 다니는 사람은 (군대에) 안 간다 그래서 2년 다녔어요.

일본 군대들이 나오면서 중국, 조선에 확 들어갔습니다. 죽기도 많이 죽었어요, 일본 애들. 그러다 보니까 일본에 사는 조선 사람들에게 복수를 한단 말이에요. 그래서 우리 식구들이 나왔어요. 열여섯 살에 나와서 아버지와 같이 농사를 협조하고….

1950년에 6·25전쟁이 일어나지 않습니까. 스물한 살에 군대 나온 게 낙동강전투예요. 영장이 나왔지. 자원입대도 몰랐어. 영장이 나와도 도피하는 사람이 많았습니다. (적이) 낙동강까지 왔으니까 어떻게 되겠습니까. 경상남도만 남았단 말이에요, 제주도하고.

(입대는) 1950년 8월 15일. 8·15가 국가적인 명절이지만 난리통에 행사 그런 건 하지 않았어요. 근데 갑자기 울산 울주군 두서면 국민학교로 모이라고 해서 가보니까 군대들이 보초를 서 있더라고. 자동차 화물도 갖다 놓고. 우리를 운동장에 세워 놓더니 "앞으로 가, 손들어 봐, 됐다, 군대 가" 하는 겁니다. 무슨 병이 있는지도 모르지. 그런 식으로 입대했어요.

입대해서 미 24사단 21연대 1대대 C중대 거기서 보병을 했습니다. 미군이 탱크도 있지, 비행기도 있지 하니까 인민군대가 어디 견디겠습니까. 그래서 신의주까지 쳐들어갔단 말이에요. 10월 25일에는 눈이 와서 막 춥다고. 그때 중국군이 참전했기 때문에 "삼팔선까지 후퇴하라" 그래서 후퇴했어요. 후퇴해서 삼팔선 밀고 당기고 전투를 많이 했습니다.

어르신은 국군포로가 북한에 억류된 원인을 설명하고 싶어 하셨다. "매해 호국보훈의 달에 기자들이 와서 브리핑을 하는데 아, 한국 사람이 국군포로에 대해 모릅니다. 그 문제의 근본 원인을 알아야 합니다." 어르신에게 6·25전쟁 참전기를 마저 들려달라고 청했다.

"(포로가 되고) 정전이 됐지 13일 만에"

그러다 1951년 3월에 사단 교대를 했어요. 6·25전쟁에 제일 먼저 참전해서 피해도 많이 봤어요 24사단이. 그래서 일본에 있는 7사단하고 교대를 하더란 말입니다. 그러면서 우리 쪽 사람들을 한국군에 편입시켰어요. 그때 대구에 보충대로 넘겼습니다. 그 생활을 한 3개월 했습니다. 소속이 없지. 그래서 가만히 있었지 뭐, 할 일이 없으니까.

이상하다, 하는데 탱크학교. 그때 정말 한국군에 탱크가 한 대도 없었어요. 탱크 자체가 영어를 조금 아는 사람들이 갔단 말입니다. 거기에 뽑혀서 1개 중대가 광주 보병학교에 가서 6개월간 공부했어요. 보병학교 내에 탱크학교가 있어요. 최우등으로 졸업하고 1등 중사, 지금으로 하면 하사가 되는데, 탱크장을 시키더란 말입니다. 원래 상사가 하는 편제야. 탱크 한 대에 성분이 5명인데 거기 책임자지. 탱크장이면 책임이 무겁습니다. 전술도 알아야지, 포 쓰는 거 다 공부해야 합니다.

1952년일 거야. 아마 6월쯤인지, 7월쯤인지 그렇게 돼. 강원도 김화 육군 수도사단에 배속됐어요. 그때는 뭐 방어전이니까 앞에는 모두 중공군이더란 말입니다. 그래서 최전방 산꼭대기에 사격장을 만들어놨더라고. 거기서 복무하는 게 아니라 이쪽에 산 너머 반토굴을 만들어서 거기서 사람이 다 생활한 겁니다. 차로 실어다 주면 보급받아서 생활하고.

수도사단 26연대 대대본부 관측소에서 전방을 계속 관측했단 말입니다. 어떤 목표물이 나타나면 전화가 와요. 탱크장은 무전기가 있어서 그걸 짊어지고 고지로 올라가야 해요. 가서 탱크하고 내가 지금 올라가 있는 거리를 눈으로 '몇 미터다' 보는 겁니다. 무전기로 탱크에다 명령을 준단 말입니다. (내가) "거리 얼마 준비하라", (상대가) "준비 다 됐다" 오면 명령하는…. 산 너머에서 쏴서 목표물을 맞힌단 말입니다. 세 발만에 명중 못 시키면 자격 없어요 탱크장이.

그래서 했는데 아, 7월 14일에 갑자기 중공군이 내려오는 바람에 포로가 된 겁니다. 석 달밖에 안 된 신병을 받았단 말이에요. 운전수하고 포수하고 탱크 위에서 뚜껑 열어두고 기다리고, 나까지 세 사람이 반토굴 안에 있는데 타지 못하고…. 막 탱크 향해서 총알이 날아가는데, 그래도 타야 되겠어서 내가 그랬지 "내 뒤 따라오라".

나는 탱크에 수영하는 식으로 (들어가) 머리부터 떨어졌단 말입니다. 근데 관통이 됐다고. 탄알이 여기에, 팔이 섬뜩하더라고. 피가 쏴아…. 붕대 나 있겠어요? 내의를 뜯어서 막 동여매고. 마감에 신병은 나오다가 포로가 돼서…. 병실 앞으로 해서 포로수용소로 가는데 아, 신병이 죽었더란 말입니다, 총에 맞아서. 얼마나 울었는지 몰라요. 한 사람이 죽고 나머지 4명이 갔어요, 평안남도 강동포로수용소로. 수용소 가서 13일 만에 정전 담판이 됐습니다. 정전이 됐지 13일 만에. '포로는 됐지만 정전이 됐으니까 교환돼서 고향에 배치되겠구나….'

"'국군포로가 북한에 있다. 북한은 나쁜 놈이다. 그래서 안 보낸다' 이게 아니라는 겁니다." 어르신은 본인이 포로가 된 과정을 설명하면서 국군포로가 돌아올 수 없는 원인을 분석하셨다. "어째서 현재까지 송환도 못 되는지 이걸 알아야지. 내가 그걸 이야기하겠습니다. 이제부터."

"《노동신문》하고 시계를 바꿨습니다"

전쟁이 끝나면 전쟁 포로는 이제 국제법에 따라 쌍방이 다 고향으로 보내게 돼 있습니다. 나는 그걸 안단 말입니다. 아, 가슴이 얼마나 타는지…. 외국 군대군인도 있더라고요. 깨끗한 양복으로 갈아입고, 농구도 하고, 배구도 하고, 면도도 하고 그래요. 근데 못 가게 한단 말입니다 우리 국군포로들은. 그래서 가만히 가봤어요. 미국 아이들 보고 언제 교환해서 가는가 했더니 "이제 간다"는 거야.

우선 정보를 아는 게 중요하단 말입니다. 포로수용소 안에서 〈노동신문〉을 구해 본다는 게 정말 힘들지 않습니까. 그런데 소 우차 한 대가 있어요. 총 멘 경비원 따라 다니는 게 있어요. 오전에 한 차, 오후에 한 차 가서 무연탄을 타 오는데, 포로수용소 안에서 구멍이라고 하는 게 그거밖에 없단 말입니다. 탄 캐러 가는 저 사람들밖에 구멍이 없다!

내가 미국 시계를 하나 가지고 있었어요. 그때만 해도 시계 하나에 한 10만 원 그랬습니다. 그때 돈으로 10만 원이면 대단했지요. 뺏길까 봐 감춰서 다녔는데 탄 캐는 사람 하나를 알았습니다. 〈노동신문〉 속지에 국내 정세, 국제 정세가 있으니 그 속지를 봐야 된단 말입니다. "담배를 말아 피우려 하는데 속지를 구할 수 없나? 시계를 줄 테니." 속지를 몇 장 구해다 줘서 바꿨습니다.

변소에 가서 봤는데 포로 귀환이 지금 진행되고 있다는 겁니다. 1953년 6월 18일 이승만 대통령이 인민군포로[2만 7,388명]를 석방했단 말입니다. 나는 그걸 포로가 되기 전에 이미 알고 있었어요. 그러니까 김일성이가 중지해서 정전은 됐지만 복구하고 그래야 되는데 인적 자원이 없단 말입니다. 그래서 "인민군포로 석방한 인원 내놔라. 국제법 위반이다" 한 겁니다.

사실은 '위반'이에요, 우리 정부가 석방했기 때문에. 우리 정부는 "본국으로 안 가겠다고 해서 석방했다"는 구실을 붙였습니다. 송환위원회에서는 어떻게 말하냐면 "국제법 위반이다". 안 가겠다고 하면 중립국으로 보내야 되고, 인도적 원칙으로 3개월간 교육시켜서 해야 되는데 안 보낸 겁니다.

이게 기본입니다. 송환위원회에서 "석방한 인원을 수집해서 중립국으로 보내야 된다. 중립국으로 보내라." 근데 안 보냈단 말이에요.

포로를 알려면 이걸 알아야 합니다. 그래서 오늘날까지 우리 정부가 국제 사회에 가서 "국군포로가 북한에 있다, 송환시켜달라"는 말을 못 해요. 국제법을 어겼기 때문에. 내가 이 문제를 국회에 나가서 토론도 하고 많이 했습니다. 이건 국내 문제라서 정부가 아무 말도 안 합니다. 대한민국이 두 번이나 법을 위반했기 때문에 말을 못 한다 이겁니다. 처음에 석방했지, 그러면 국제법 위반이 아니에요. 하지만 해산시킨 거, 중립국으로 보내라는 그것도 안 했다는 거 아닙니까. 송환위원회에 한국도 처음엔 참여했습니다. 하지만 그 바람에 참여를 못 했습니다. 먼저 그렇게 해놓고 어떻게 달라고 하겠는가 말입니다.

어르신이 국군포로 송환이 이뤄지지 않은 '원인'에 이어 '결과'를 설명하셨다. "북한에서 10만 명에 달하는 국군포로를…. 그래서 우리가 돌아오지 못하고 포로 생활을 했습니다. 탄광, 광산에 밀어 넣어서 노예처럼 부려 먹었거든." 어르신은 격정적인 말투로 이야기하셨다.

"그래서 탄광에서 56년간 살았습니다"

/

몽땅 실어 갔어요 포로들을. 기차에다 싣고 남쪽으로 가는 게 아니라 북쪽으로 가는 겁니다. 1953년 7월인데 하여튼 북으로 가겠는가, 남으로 가겠는가 그런 (선택의) 자유가 하나도 없어요. 그때 나는 중환자였고, 환자가 29명 있었습니다. 부상자들을 29명조라고 했어요. 그래서 마지막에 실어

갔습니다. 가서 (내무성 건설대에) 배치를 했다는 걸 알게 됐습니다.

가보니까 하면탄광이더라고. 빵통차^(화물차)로 갔어요. 사람이 아니라 물건을 싣는. 온밤을 갔습니다. 기차가 밤에 섰길래 아, 괜찮구나 도시다 그렇게 생각했는데 내리고 보니까 탄광이더란 말입니다. 광차가 다니지 않습니까. 조명을 달았단 말이에요. 그걸 보고…. 그래서 탄광에서 56년간 살았습니다.

거기 건설대에 가보니까 옛날에 교화소를 하던 자리야. 건물이 크지. 그런 게 많더란 말입니다. 그리 들어가서 생활했습니다. 800명이 중대별로. 4개 중대가 (각각) 1개 병동을 차지했어요. 단층이지. 그쪽 철조망에서는 경비가 총을 멘 채 경비를 서고.

그게 뭔가 하니까 반노동, 반교육. 하루라도 빨리 교육을 시켜서 북한 사람으로 만드는 게 걔들 임무란 말입니다. 그래서 계속 한 주 교육을 받으면 다음 주에는 탄광 일하고…. (동료는) 거의 국군포로입니다. 사회 사람들도 죄를 짓고 하면 주로 탄광에 배치되긴 합니다.

굴 안에도 철길 광차가 다닌단 말이에요. (나는) 그 철길을 만들었어요. 보수도 하고 시설도 하고, 차도공이라고 하지. 그냥 하다 보니까 기능공이 돼서 계속했습니다. 차도공은 한 조가 두 사람입니다. 기술이 좀 있는 사람이 선상에서 하고 기술이 없는 사람이 후상에서 하는데, 두 사람이 기찻길을 계속 검열해요. 오르막길 내리막길 탈선하는지.

탄광에는 월 계획이 있습니다. 분기 계획도 있고. 그걸 해야 종합적인 기업소로 상금이 적립된단 말입니다. 일주일 정도는 일체 안에서 자면서 밥을 날라다 먹고 새카만 데서…. 여맹조직이 후원 사업을 합니다. 식사를 어디로 날라서 전체적으로 한다던가 하는…. 석탄에 과제가 부과돼 있는데,

다 못 하면 계속 비판이나 받고 그래요.

 탄광이라는 게 굴이 둘입니다. 공기가 들어가 돌아서 이쪽으로 빠지는데 공기가 들어가는 게 본선, 나가는 게 연선이에요. 연선은 완전히 화장실입니다. 완전히 똥이라 발을 올려놓을 데가 없어요. 그런데 이쪽에서 일할 수도 있습니다. "동발이 썩어서 붕괴될 위험이 있다. 가서 보수하라." 그럼 똥냄새를 맡으며 거기서 일해야 하는 겁니다.

 항상 갱 입구에 들어서면 벌써 썩은 내 같은 게 납니다. 쾌한 게 목이…. 그런데 안에서는 발파를 하거든. 구멍을 뚫고 폭약을 넣어서 터뜨린단 말입니다. 그러면 공기가 굴 안에 다 이렇게 차고, 연선으로 해서 빠질 때까지 있으면 시간이 다 가버려요. 그래서 그 안의 공기가 뽀얀데, 들어가서 웃옷을 벗어 부채질을 한단 말이에요. 빨리 빠지라고. 나도 그래서 허리 디스크 왔지, 허리 협착증 왔지, 기관지 천식 걸렸지.

 근데 나는 1년을 못 했어요, 아파서. (왼손이) 앞으로 잡는 신경은 되는데 펴는 신경이 안 돼요. 손목도 앞으로 하는 건 되는데 뒤로 하는 건 이렇게 해야 되고. 그래도 계속 일했습니다. '61세까지 일해야 한다.' 노동 규정이 그래요.

 힘든 거? 국군포로는 말 한마디 잘못하면 어느새 잡혀갑니다. 탄광에서 가스가 폭발해 사고가 난다거나 굴이 붕괴되면 시끄럽습니다. 국군포로를 먼저 조사한단 말입니다. 고의적으로 무슨 사고를 냈나, 보위부 가서 조사를 받아요. 만약에 1개 작업반이 다섯 사람이라면 이 중에 누가 보위부 밀정인지 모른단 말이에요. 많이 잡혀갔지…. 밤에 사람들 몰래.

 공산주의 체계라는 게 완전히 무섭습니다. 북한은 한마디 자유도 없어요. 인권의 자유가 하나도 없어. 드문드문 (김일성) 초상화 검열을 한단 말입니다. 솜을 가지고 와서 초상화에 먼지가 있는가. 초상화를 잘못 건사해서 잡아가는 경우가 있습니다. 하여튼 잡아갔다는 건 틀림없어요.

이야기는 2000년 6월 남북정상회담을 이끈 김대중 대통령으로 옮겨갔다. 김대중 대통령은 아시아의 민주주의와 인권, 한반도의 평화를 높인 공로를 인정받아 2000년 노벨평화상을 수상했다. 하지만 귀환 국군포로들은 김대중 대통령을 비판했다. 2000년 9월 남한 정부가 비전향 장기수 63명을 북한으로 보낼 때 '국군포로 송환'을 요구하지 않았다는 이유에서다. 어르신은 국군포로 송환에 소극적이었던 전 대통령들을 격한 어조로 비판하셨다.

"우리 국군포로는 개새끼만 못하다"
/

김대중 대통령이 평양을 방문해 북한하고 회의한다고 그러니까, 테레비^{텔레비전}가 없는 사람은 남의 집에 가서 욕을 얻어먹으며 계속 봤단 말입니다. '어떻게 좋은 소식이 있는가' 하고. 국군포로에 대한 건 한마디도 없어. 그러니까 북한이 한국 정부에 장기수 63명을, 북한 김정일이가 "석방해서 보내주십시오" 하니까 조건부 없이 "네, 보내겠습니다" 이랬어 김대중이. 그러니 우리 심정이 어땠겠습니까. '포로라도 교환하지 어찌 그냥 보내는가. 아, 틀렸다.'

김대중 대통령이 평양을 방문할 적에 전라남도 진도 강아지를 두 마리 선물했거든, 김정일이한테. 김대중 대통령이 돌아올 때 북한에 양강도 풍산개라고 좋아요. (김정일이) 그 풍산개 강아지 두 마리를 줬단 말입니다. 개 이름을 지었습니다 김대중이. 하나는 우리라고 짓고, 다른 한 마리는 둘이라고 짓고. '우리 둘이 통일시킨다'는 뜻이거든. (이 내용은) 〈노동신문〉에 게재됐으니까 알지. 그러니까 '우리 국군포로는 개새끼만 못하다'고 모두 평가했단 말입니다.

이명박 대통령의 2009년 남북비밀회담을 압니까? 노무현 10년여 동안 지원을 물 붓듯이 해줬단 말이에요. 그러다 이명박 정권이 들어서면서 천안함 피격 사건, 연평도 포격 사건, 금강산 관광객 피살 사건이 나서 5·24 조치^{대북 제재 조치}가 취해졌거든. 정권이 그렇게 해주다 이명박 정권에 와서는 완전히 그러니 (북한이) 곤란하게 됐단 말입니다.

그래서 싱가포르에서 비밀회담이 시작됐습니다. 이명박 정권 노동부 장관이 책임지고 거길 갔습니다. 가서 회담을 들어보니까 "국군포로하고 납북자를 전원 한국으로 보내주겠다. 100억 달러 범위에서 북한 산업은행 하나 만들어달라" 그랬답니다.

100억 달러 주고 국군포로 전원하고 납북자 전원을 석방시켜서 데려왔다면 대한민국 국민이 어떻게 평가했겠어요? 숨기고 있다가 박근혜 정권과 교대 당시 언론에 공개됐는데, 모르는 사람이 많아요. 대한민국의 자유민주주의를 위해 피로써 싸웠는데, 이 100억 달러가 비싸다고 흥정했단 말입니다. 내가 국회 가서도 (얘기)했습니다, 물망초 가서도. "송환할 수 있는 조건이 구비됐는데도 우리 정부가 안 했다."

어르신이 언급한 보도는 〈동아일보〉 2013년 2월 18일자 기사다. '이명박 대통령이 독일 프라이카우프 방식처럼 국군포로 및 납북자 송환을 조건으로 한 대북 경제적 지원, 북한 내 국군 유해 발굴 등까지 사실상 합의했던 것으로 알려졌다. 이를 받아줄 것인지를 놓고 정부 내에서도 강온파 사이 의견 차가 커지면서 결국 정상회담은 무산됐다.' 어르신은

"이명박 대통령마저 이렇게 했다"며 비통해하셨다. 뒤이어 어르신은 탈북 과정을 이야기하셨다.

"잘사나 못사나 항상 머릿속엔 그저 '내 고향'"

탄광 일을 오래 했기 때문에 (은퇴한 뒤 하루) 700그램을 타는데, 식량이 있어야 배급이 되지. 거기서 나온 다음에 양 목장 건물 경비원으로 들어가 주변 땅을 부쳐서 먹고 그런 일을 했습니다. 한 4년 했는데 하룻밤에 강도가 들었어요. 내가 이렇게 묶였다고. 우리 집에 있는 식량, 감자, 담배 농사한 거 가뜩 실어서 도망갔는데 못 찾았습니다. 아주마이까지 있단 말이에요. 단둘이 지키는 거라고. 먹는 건 좀 괜찮았습니다. 그런데 강도가 들어와서 딴 데로 옮겼지.

잘사나 못사나 항상 머릿속엔 그저 '내 고향'이 정말 딱 자리 잡고 있어요. 가서 고향 땅 한 번 밟아보고, 부모 산소 한 번 돌아보고, 친척들 다 만나보고, 고향 땅에 가서 삼일 살다 죽어도 원이 없겠다 그런 심정이었지…. 붙들리면 총살입니다. 그러니까 죽을 각오를 하고 떠나야지. 그러다 브로커하고 아들하고 연락이 됐습니다.

북한 브로커가 아주마이인데, "돈 300(만 원)만 선대를 해달라". 북한 돈 300이면 아무것도 아닙니다. 그래서 아들하고 나하고 갔습니다, 삼봉이라는 데를. 산을 탔지. 어느 지점에 가니까 젊은 사람이 대기하고 있더란 말입니다. 그 아주마이의 사위야. 그리 만나서 화물차 꼭대기에 탔습니다. 초소마다 세워서 검열을 하는데, 만약 걸리면 "청진 딸네집 간다" 그렇게 구실이 돼 있다는 겁니다. 올라와서 나를 부르더라고. 한 두어 번 걸렸습니다.

저녁 때 도착했는데 "브로커 아주마이 집에서 자고 내일 저녁 8시에 강을 건너겠다" 그래요. 브로커네 가니까 중국 물품도 많고 중국 사탕, 과자도 막 내놓고… 잘살더라고. "기차역에 기차 건너는 길이 있는데 거기서 대기하고 있으면 된다. 그 사위가 데리고 간다"고 그래.

(다음 날 사위가) 아들하고 데리고 가서 "그 사람을 따라가면 된다"고. 조금 있으니까 인민군대 분대장 하는 놈이 (왔어). 큰길에서 강둑 방향으로 가는데 보니까 두만강 경비대 소대 병실이야. 병실을 지나 강둑에 와서 보니까 전구를 켜놨는데 범선 같아. 사람도 없고. 전부 철수를 시켰단 말입니다. 우리 건너라고.

접견 시간이 8시인데, 시간을 보니까 8시가 거의 다 됐어요. 라이터 있잖아요. 그걸로 불을 켜지 않고 불꽃만 바짝바짝 튀면서 기다리고 있으니까, 8시가 딱 되니 저쪽에서도 불꽃이 바짝바짝 해요. 2006년 5월 12일이야. 그 전에 단복을 멋있는 걸로 샀단 말입니다. 강 건너서 입자. 신발 구두까지 해서 머리에 이었다고, 허리띠로 묶어서. 아들하고 둘이 (건넜지).

강에 들어서니까 한 길이 넘어요. 물속에 쑥 빠지다 보니까 머리에 올려놓은 단복 두 벌이 물에 젖어서 무거워 들지도 못해. 에이, 모르겠다 하고 던져버렸다는 거 아닙니까. 100미터를 건너가니까 전부 감탕이지, 진흙 같은. 발이 쑥쑥 들어가요. 추운 줄도 모르고 긴장하니까.

그렇게 건너가니 저쪽에서 "이쪽으로 오시오" 그래요. 택시가 재까닥 와서 "타시오". 어디로 가는지도 모르고 갔단 말입니다. 어떤 집에 가니까 목욕을 하라고 물을 다 덥혀놨더라고. 몸 씻고 낡은 내의랑 이런 거 내놔서 갈아입었어요. 뜨끈뜨끈하게 해놨는데 얼마나 좋은지, 누워서 대굴대굴 굴렀다고. 그 집에서 저녁에 잤단 말입니다.

아침에 일어나니까 그 사람이 양복을 하나 가져왔어요. 아들하고 내 거. 갈아입고 택시를 타고 2시간을 가야 된다고. 그래서 지금 두 사람인데 (중국) 브로커가 한 사람은 오토바이를 타고 오는가 봐요. 오토바이가 앞서고 뒤에 우리가 탄 택시가 가고.

무사히 들어갔습니다, 연길^{엔지}에. (중국) 브로커 집인데, 넓더라고. 마트에 가서 양복을 새로 사오더란 말입니다. 아, 북한에서는 먹지 못하고 그랬는데 돼지고기, 양고기, 맥주, 빵 없는 게 없지 뭐. "돼지고기 먹자" (하면) 돼지고기 사 오고. 사람 사는 거 같아.

일주일 있으니까 "오늘은 갑시다" 해서 가는데 한국 브로커한테 넘기더라고. 우리 동네에 살던 사람이 탈북해서 브로커 짓을 하더란 말입니다. 그 사람이 비닐제품 공장을 중국에 차렸는데, 노동자들하고 같이 식당에서 요리도 먹고 오래 있었습니다. 거기서 한 열흘은 더 있었나 봐.

중국 선양에 있는 대한민국영사관은 돌아온 국군포로들이 거쳐 가는 '정거장'이자 '안식처'다. 이곳에 들어간 국군포로들은 신원 확인 작업을 거친 뒤 비행기나 배에 몸을 싣고 한국으로 돌아왔다. 어르신은 그 과정을 비교적 소상히 들려주셨다.

"차 안에 들어가서 문건을 만들더란 말입니다"

하루는 "영사관 근처 ○○ 정문에 가서 만나라" 그래. 국방부가 통지를 했다고 '몇 월 며칠 몇 시'. 브로커 비닐제품 공장에 갔다가 그날 택시를 타고 거기까지 갔습니다. 처음에는 택시를 먼 데 세워놓고 운전사를 보내서 영사관에 사람이 있나 보고, 그다음에 내려서 갔단 말입니다. 가보니까 한

국영사관 사람이야. 얼마나 반가운지. 막 통곡을…. "이러지 마시오. 차 안에 들어갑시다. 남이 봅니다" 그래.

 차 안에 들어가서 문건을 만들더란 말입니다. 언제 군대에 들어가서, 이런 문건을. 어디로 데려가는가 했더니 영사관 길 건너가 여관인데, 거기다 넣더란 말입니다. "여기서 생활하시오."

 거기서 생활하는데 8명이 일행이었어요. 국군포로는 나 하나고. 여관에선 하루 두 끼밖에 안 준다고. 내 영사관에다 전화를 걸어달라 그랬습니다. 중국 공안 통해서 (전화를) 건다는 거야. "그렇게라도 해달라" 그러니까 연결했단 말입니다. 영사관 사람이 받아서 내가 얘기하니까 "여관 주인 바꿔라" 그러지. "세끼 다 잘 먹이시오. 데려갈 때 계산하겠습니다." 아무 데를 가도 내가 조용한 사람이 아니에요. 그다음 날부터 잘 먹었지.

 또 하루는 "공안에서 오게 되면 응하시오. 문건을 만들어야 갑니다" 그래서 8명이 자동차에 실려 시내로 가니까 자그마한 공항 같아. 방 안에 가두더라고, 보초 딱 세우고. 나 보고 나오라 그럽디다. 한 사람이 조사한다는 거야. "어떻게 돼서 이렇게 왔는가?" "포로 되면 국제법에 의해서 보내게 돼 있는데 북한에서 나를 안 보내줘서 도망쳐 왔다" 그러니까 "브로커 이름이 뭔가?", "당신이라면 이름을 대겠는가?" 했지. 중국 경찰인데 조선말이 좀 서툴러. 그 사람이 브로커를 잡으려고 브로커 집을 자꾸 대라는 거야. 그래 나하고 논쟁을 벌였단 말입니다. 두 정부가 해서 문건이 통해야 갈 수 있다고 했습니다. 8명이 끝나니까 여관에 넣더라고. 그 여관에서 그냥 생활했습니다. 하루는 또 영사관에서 "오늘 가는 날입니다" 그래.

 한 열흘 됐습니다. (한국) 여권 다 만들어서 그래 표 끊어서 비행기에 탔지요. 한국 비행기에 여덟 사람이 탔단 말입니다. 비행기에 몇백 명이 있었어요. 인천에 내렸는데 비행기에서 쭉 나가잖아요. 나가는데 저쪽 반대편에서 "○○○ 씨! ○○○ 씨!" 하면서 나를 부르며 들어오는 사람이 있더란 말입니다. 얼마나 울었는지. '내가 대한민국을 위해 3년 동안 피 흘리면서 싸웠기 때문에 나를 찾는 사람이 있구나' 그 생각을 하니까 눈물이… 앉아서 통곡을 했어요. '아, 그래도 나라를 위해서 (싸운) 나를 찾는 사람이…' 그 이야기만 하면 눈물이….

어르신은 한국으로 돌아오는 장면을 설명할 때 마치 그날로 돌아간 듯 흐느껴 우셨다. "가족이 탈북을 돕지 않고 모른 척했다"고 설명하는 대목에서는 서러움과 분노가 전해졌다.

'56년 만에 돌아온다. 환영한다'

찾아온 사람이 나를 부축해 나가서 자동차에 태웠는데 가보니까 국정원이더란 말입니다. 나는 넉 달간 있다 보니까 국정원 선생이 좋은 거 다 사주고, 점심시간에는 식사하는 식당에 나를 꼭 데리고 갔다고.

두 달간 생활했을 때 국정원에서 "아버지, 오늘은 고향 산소에 다녀옵시다" 그래. 자동차가 있잖아요. 국정원이 출발할 때부터 우리 부락 이장하고 전화 통화를 하면서 가는 겁니다. 그렇게 부락에 도착하니까 '○○○ 하사가 56년 만에 돌아온다. 환영한다'라고 플래카드를 써놨는데…. (울음) 그리고 마을 방송으로 "56년 만에 ○○○가 돌아온다"고 해놔서 온 부락 사람이 다 나왔더란 말입니다. 차에서 내려 죽 돌아보니까 늙은이들은 안면이 있는 사람이 많더라고.

자동차 타고 산소에 갔는데 부락 사람이 "조카는 어디 갔나? 당장 부르라" 그래. 2시 넘어서 조카놈이 와서는 대전 동생한테 전화를 걸었어요. (동생이) "일본에 살던 형제 이름을 대라"는 겁니다. 말하고 글이랑 한 60년 가까이 사용을 안 했다 보니까 못 댔단 말입니다. 그래서 막 "너희 오기만 해라 내 앞에 못 온다!" 그래 가지고 서울 오니까 7시가 됐습니다. 얼마나 감사한지 국정원이.

넉 달 만에 내 전역식을 하는데 굉장했습니다. 전역식을 하는데 강원도 탱크 사단이 없단 말입니다. 탱크 중대지. "3사단에서 하자" 그러더라고. 국정원 택시를 타고 강원도 김화 쪽으로 3사단 구역 내로 가니까 헌병 차가 착 나와서 내 앞뒤를 호위해 삐삐삐 하면서 들어가는데….

근데 사단 청사에 들어가기 전에 휴게소가 있더만. 국정원에서 그랬는지 조카네까지 경찰이 가서 연락했더라고요. 휴게소에 들어갔더니 친척이 아홉 사람 왔다는 겁니다. 내 동생이 엉엉 울면서 오는데 "야 울지 마라. 여긴 우는 데가 아니다" 그러고 말도 안 했습니다.

그렇게 있으니까 사단장이 "선배님!" 하고 인사를 해. 사단장교 열댓 명이 "선배님" 하면서 경례를 하고. 그래 실내 행사장으로 들어갔습니다. 예식장인데 술, 과자, 과일 그렇게 차려놨더라고 쫙. 음식 나르는 사람하고, 촬영하는 사람하고 전부 장교가 막…. 그래서 먼저 사단장이 축배사를 하고 나한테 하라는 겁니다. 그저 할 게 있어? 56년 만에 비행기에서 내리던 그 장면을… 그것만 생각하면 눈물이 막 난단 말입니다. 그때 내가 통곡을 했다고. 안 우는 사람이 없었어요.

그 행사에서 사단장이 전역증을 주더란 말입니다. 그다음에 야외 행사를 하는데, 계단을 내려가야 운동장인데 그 넓은 운동장에 사단 군인들이 완전무장하고 착 섰더라고. 저쪽에서는 음악대가 나오고. 나를 혼자 차에 태워서 사열하고… 굉장했어. 우리 친척들도 놀랐지.

강한 어조로 생각을 분명하게 말씀하시는 어르신이 익명을 고집하는 이유는 뭘까. 어르신은 "북에 두고 온 딸이 피해를 볼까 봐 걱정된다"며 가족 이야기는 안 하려고 하셨다.

"혼자 살아도 두렵지 않단 말입니다. 돈이 있으니까"
/

탈북하고 나서 피해가 있었지. 아들하고 나하고 탈북했는데, 딸네가 보위부에 끌려갔습니다. 그때 아주마이^{첫 번째 아내}는 사망하고 없었습니다. 1982년에 사망했지. 양 치러 갈 때는 다른 노친^{두 번째 아내}이고, 지금 노친은 (탈북해) 2006년에 만난 거고.

요즘에는 코로나^{코로나19} 때문에 안 다녀요. 척추협착증이 있단 말입니다. 더군다나 다리에 피 순환이 안 된다고. 신경이 잘 통하지 않고 혈관이 잘 통하지 않아서 열이 납니다. 그러다 보니까 얼음물에 계속, 하루에도 몇 번씩 담가놓고 있어야 됩니다. 안 그러면 혈관이 막 불어나서 한 2초마다 한 번씩 바늘로 찌르는 거 같아요.

안산병원^{안산중앙병원}은 유공자 위탁병원이란 말입니다. 위탁병원에서는 약을 주는 것까지는 돈을 안 낸다고. 주사를 맞거나 무슨 수술을 하거나 하면 본인이 돈을 내야 합니다. 그런데 국방부가 1인당 치료비 (매년) 1,000만 원을 보장해줍니다. 금액 확인서를 받아서 주면 통장에 넣어준단 말이지.

(왕래하는 사람은) 있지도 않아요. 나는 이 노친의 친척이 많습니다. (노친) 딸이 어제도 그 귀한 송이를 이렇게 사서 보냈어요. 처남댁이라든가 거기 딸린 가족이 많아요. 아들하고는 별로 안 지냅니다. 내가 이제 (나이) 91이

란 말이에요. 두려운 게 없다고. 나 혼자 살아도 두렵지 않단 말입니다. 돈이 있으니까. 한성무역에 2억 뺏겼지만(사기를 당했지만) 군인연금 받아서 잘 살고 있습니다.

몇 해 전만 해도 장례비가 없었어요. 그때 박근혜 정권이었지. 내가 국방부 장관한테 전화를 해서 "국방부 장관 당신 한 번 보자. 북한에서 이렇게 생활하다 왔는데 한 번 찾아봐야 될 거 아닌가?" 하고, 그다음에 욕을 하고 그랬단 말입니다. 그래서 (귀환 국군포로의) 장례비 400만 원을 해결 받았습니다. 한 3년 됐어요. 그렇게 (나처럼) 할 사람이 없습니다.

(더 하고 싶은 이야기는) 없어. 제일 중요한 건 그거, 이승만 (인민군포로 석방). 국군포로의 근본 문제가 내가 얘기한 그겁니다. 기자들을 만나면 "이걸 신문에 기사로 내주겠는가?" 하고 내가 막 다짐을 받았어요. 그런데 낸 것 같지가 않아. 이거 내주겠어요?

어르신이 전쟁 중 부상당한 손을 보여주셨다.

〈휴전협정문〉 일부 한글 번역본

제 3조 전쟁포로에 관한 조치

제51항 : 본 휴전협정이 효력을 발생하는 당시에 쌍방이 수용하고 있는 모든 전쟁포로의 석방과 송환은 본 휴전협정 조인전에 쌍방이 합의한 하기 규정에 따라 집행된다.

(ㄱ) 본 휴전협정이 효력을 발생한 후 60일 이내에 쌍방은 그 수용하에 있는 송환을 주장하는 모든 전쟁포로를 포로된 당시에 그들이 속한 일방에 집단적으로 나누어 직접 송환 인도하며 어떠한 방해도 가하지 못한다. 송환은 본조의 각항 관계 규정에 의하여 완수한다. 이러한 인원의 송환수속을 촉진시키기 위하여 쌍방은 휴전협정 조인전에 직접 송환될 인원의 국적별로 분류한 총수를 교환한다. 상대방에 인도되는 전쟁포로의 각 집단은 국적별로 작성한 명부를 휴대하되 이에는 성명, 계급(계급이 있으면) 및 수용번호 또는 군번을 포함한다.

(ㄴ) 쌍방은 직접 송환하지 않은 나머지 전쟁포로를 그 군사통제와 수용으로부터 석방하여 모두 중립국 송환위원회에 넘겨 본 휴전협정 부록 '중립국 송환위원회 직권의 범위'의 각 조의 규정에 의하여 처리케 한다.

(ㄷ) 세가지 글을 병용함으로 인하여 발생할 수 있는 오해를 피하기 위하여 본 휴전협정의 용어로서 일방이 전쟁포로를 상대방에 인도하는 행동을 그 전쟁포로의 국적과 거주지의 여하를 불문하고 영문중에서는 'Repatriation' 한국문에서는 '송환', 중국문에서는 '첸반'(遣返)이라고 규정한다.

제52항 : 쌍방은 본 휴전협정의 효력 발생에 의하여 석방되며 송환되는 어떠한 전쟁포로든지 한국전쟁중의 전쟁행동에 사용하지 않을 것을 보장한다.

제53항 : 송환을 원하는 모든 병상포로(病傷捕虜)는 우선적으로 송환한다. 가능한 범위내에서 포로된 의무인원을 병상포로와 동시에 송환하여 도중에서 의료와 간호를 제공하도록 한다.

제54항 : 본 휴전협정 제51항 (ㄱ)목에 규정한 모든 전쟁포로의 송환은 본 휴전협정이 효력을 발생한 후 60일의 기한내에 완료한다. 이 기한내에 쌍방은 그가 수용하고 있는 상기 전쟁포로의 송환을 가능한 한 속히 완료한다.

제55항 : 판문점을 쌍방의 전쟁포로의 인도, 인수지점으로 정한다. 필요한 때에는 전쟁포로 송환위원회는 기타의 전쟁포로 인도, 인수지점(들)을 비무장지대에 증설할 수 있다.

제56항 : (ㄱ) 전쟁포로 송환위원회를 설립한다. 동 위원회는 영관급 장교 6명으로 구성하되 그중 3명은 국제연합군사령관이 이를 임명하며 그중 3명은 조선인민군최고사령관과 중국인민지원군사령원이 공동으로 이를 임명한다. 동 위원회는 군사정전위원회의 전반적 감독과 지도하에 책임지고 쌍방의 전쟁포로 송환에 관계되는 구체적 계획을 조절하며 쌍방이 본 휴전협정 중의 전쟁포로 송환에 관계되는 일체의 규정을 실시하는 것을 감독한다. ……

출처: 행정안전부 국가기록원 아카이브

03 국군 포로 B
(2020년 9월 24일 전화 취재, 2023년 4월 28일 취재)

"북한 땅에서 청춘을 다 보낸 게
너무 억울합니다.
인생이라고 말할 수도 없어요"

잎새가 바람에 살랑대는 봄날. 대구 한 아파트 건물 앞에서 어르신이 나를 기다리고 계셨다. 먼 곳에 사신다는 이유로 3년 전 전화로만 인터뷰했다가 2023년이 되어서야 찾아뵈었다. 몇몇 분은 어르신이 '어진 사람'이라며 "한 번 만나보라"고 권하셨다. 거실에 깔린 전기장판에 어르신과 내가 마주 보고 앉았다. 아내분이 과일을 깎아 가지런하게 내놓으시고는 어르신에겐 커피를, 내겐 대추차를 권하셨다. 어르신은 탈북해 국정원에서 조사를 받을 때 외에는 자신의 인생사를 이야기한 적이 거의 없다고 말씀하셨다.

"아버지야 '잘 갔다 오라' 그 말씀하셨지요"
/
전라남도 나주군 다도면 도동리 마을에서 태어났어요. 오남매이고, 막내

1933년 9월 30일	전라남도 나주군 출생(음력)
1952년 2월 28일	입대, 2사단 31연대 59수색중대 1소대 배치
1953년 5월 30일	강원도 철원에서 포로로 잡힘 내무성 건설대 제대 후 용북탄광 등에서 적재공 생활
2001년 11월	탈북
2002년 2월	남한 정착

입니다. 산골에서 학교도 못 다니고 놀았지요. 누님이 맏이고, 넷이 남자들입니다. 열 살 때 광주로 이사 나왔습니다. 우리 큰형하고 저하고는 셋방 하나 얻어서 살고, 아버지와 어머니는 농촌 마을에서 셋방 얻어서 살고. 두 형은 어디서 일한다는 소리는 들었어요.

2년 살다가 광산군^{광주 광산구} 신도호리로 이사 가서 1년 더 살다가 해방됐어요. 고모 큰아들이 오막살이집을 내줘서 다 모여서 살았지요. 맏형님이 장가가서 아이 둘이 있었어요. 아버지 소작농사를 거들다 군대 나왔습니다, 스무 살에. 식구는 많지, 집은 비좁지, 먹을 건 없지 힘들었습니다.

1952년 2월 28일에 입대했어요. 밖에서 놀다가 집에 들어가니까 영장이 나왔다고 해서 그냥 군대 갔지요. 형들은 나보다 다섯 살, 열 살 많아서 그런가 영장이 안 나왔습니다. 우리 셋째 형은 갔다 왔어요, 일본 보국대. 내가 군대에 갈 적에 우리 마을에서 송정리역까지 한 10리예요. 어머니, 아버지가 역전까지 따라 나오셨습니다. 어머니는 우느라 말씀도 못 하시고, 아버지야 "잘 갔다 오라" 그 말씀하셨지요.

그때 신체검사는 안 했어요. 모인 것도 없습니다. 빵통차^{화물차}가 다 대기하고 있는데, 역전에 가니까 안내원이 서 있습디다. "빨리 타라, 시간 다 됐다." (인원이) 몇 명인 것도 몰라요. 기차 타고 광주에 모였다가 다시 기차 타고 여수까지 갔습니다. 여수에서 탄 배가 짐배인데, 꽉 들어차서 앉을 자리도 없었어요. 100명이 뭐야, 몇백 명 돼요.

제주도 모슬포에 가서 대기하는데, 징병 인원이 어찌나 모이던지 대기소에 밤에 잘 자리도 없어요. 우리는 훈련도 안 받고 먹고 놀았습니다. 두 달 기다리다가 이제 우리 차례가 돼서 들어가 군복 싹 갈아입고 다음 날부터 훈련했어요. 사실은 더 편했습니다. 밤에 발 쭉 뻗고 자니까. 1개 중대가 4개 소대거든요. 1개 소대에 40명씩 앉아 있는데 중대장이 나를 딱 짚더라고요. "너 오늘부터 소대장 임무 수행한다." 그렇게 소대장 생활하면서 두 달 훈련을 끝내고 그날 밤 출발하는데, 중대장이 "소대장 너희는 오늘부터 하사관학교 입대한다" 그래요. 아, 두 달 동안 하사관학교에 가라고 하니 기가 딱 차지.

그때 글 읽고 쓰고 하는 건 다 했지요. 촌에서는 밤이면 연령대별로 사랑방에 모입니다. 거기서 학교 다닌 친구들한테 가 갸 거 겨를 배우고 1, 2, 3, 4 그런 것도 배웠어요. 하사관학교에 중학교 다닌 친구도 많고 그랬으니까 저는 따라가기가 영 힘들었지요.

하사관학교 훈련을 끝마친 뒤 배를 타고 밤에 부산항에 내렸는데, 안내하는 사람이 호실을 배정하더라고요. 그래 호실에 들어가 누워서 자는데 새벽 몇 시나 됐는지 몰라요. 문을 열더니 "○○○이 배낭 들고 나와!" 그럽디다. 나오니까 저 혼자예요. 인솔한 사람이 소위더라고요. "가자" 하면서 역전으로 가더니 기차 타고 서울까지 와서, 다시 서울에서 춘천역에 가 내렸습니다. 한참 기다리다가 2사단 차를 타고 가서 대기하고 있으니까, 연대로 데려갑디다. 31연대에 갔더니 "59수색중대로 가라"고. 그때 혼자였어요, 부산에서부터 혼자. 중대장이 1소대로 배치하더라고요. 소대장한테 보고하니까 "잘 왔다"고 하면서 그날 저녁부터 출동 내보냈습니다. 하룻밤도 쉬지 않고.

거기가 강원도 철원입니다. 전쟁 붙은 건 처음이니까 내가 당황해서 총도 제대로 못 쐈어요. 그러다가 부상을 당했지요, 첫날에. 부상은 크지 않았어요. 이 (왼쪽) 팔 여기 살만 관통해 나가고, (왼쪽) 다리뼈는 안 다치고 살만 관통하고 나갔지요. 총알이 뚫고 나갔습니다. 사단 병원에 가서 임시 처치를 받으니까 서울 육군병원으로 보냅디다. 육군병원에 가서 딱 보름간 치료받았어요. 퇴원시키면서 부대에 가는 거 사흘 주더라고요.

어르신은 부모님과 헤어지는 장면을 설명하면서 안경 너머에 있는 눈을 휴지로 꾹꾹 누르셨다. 부상 치료를 받고 시간이 생겨 들른 집 안 풍경을 이야기할 때는 끝내 울먹이셨다.

"온 식구가 시라지 죽만 먹고 있더라고요"

사흘이면 집에 한 번 갔다 와도 되겠다 싶어 서울역에서 기차 타고 송정역으로 향했습니다. 내려서 우리 집까지 10리인데 걸어서 갔어요. 집에 들어가니까 저녁상들을 받고 있더라고요. 근데 온 식구가 쌀은 얼마 들어 있지 않고 맨 시라지〔시래기〕 죽만 한 사발씩 먹고 있더란 말입니다. 아, 우리 형수가 쌀을 꺼내서 밥을 새로 지어 주는데, 그걸 어찌 먹습니까 제가…. "아버지 지금 가을인데 왜 이렇게 죽만 잡숫는가?" 그러니까 "금년에 홍수가 너무 많이 져서 벼를 수확 못 했다"는 거예요. 그래서 하룻밤 자고는 그 길로 왔습니다.

그러곤 부대 생활을 했지요. 우리는 명절이나 일요일이 없습니다. 비가 오나 눈이 오나 바람이 부나 매일 수색이니까. 5시에 저녁 먹고 출동하면 아침에 먼동이 트기 전에 전초(哨所)까지 나와요. 전초에 나와서 대기하고 있다가 날이 밝으면 철수해서 들어온단 말입니다. 그러다 보니까 아침에 와서 밥 한 끼 먹고 저녁 5시에 밥 먹고 가면 끝이에요. 4월에 한 번, 9월에 한 번 한 달씩 정규 훈련을 하는데, 그때 돼야 호실에서 잡니다. 세끼도 먹어보고.

생활은 소대별로 합니다. 건물이 다 달라요. 한 호실에서 (소대가) 생활하는데 둘은 남아 있습니다. 둘은 식당에서 밥 타 오고, 물 채워놓고, 나무 해놓고, 빨래 개놓고, 구들 뜨뜻하게 해놓고 그래요. 인원이 부족하니까 장애인이 군대에 온 건데, 이 사람들이 그 일만 해도 대단한 겁니다.

연대 수색대니까 연대 구간은 우리 중대가 다 수색을 다녔지요. 중대는 3개 소대인데 우리 소대만 해도 20명 약간 넘어요. 제 인원 다 못 가지고 있습니다. 소대에서 (내가) 제일 어린데 다 중사 이상이에요. 저도 1년 되니까 이등중사로 진급시켜주더라고요.

그 부대 가서 7~8개월 뒤에 소대장님이 "너는 척후조다" 그래서 척후를 오래 했습니다. (소대원 간) 거리가 한 4, 5미터 돼요. 소대장이 언제나 중간에서 지휘하는데, 연락하면 신호로 다 압니다. 그때는 내가 주로 연락했어요, 척후조니까. 척후는 수색 나갈 적에 맨 앞에 섭니다. 5미터 뒤에 또 척후 한 명이 섭니다. 또 5미터 뒤에 소대가 쭉 따르죠. 잘 듣고 잘 보고 냄새 잘 맡고. 척후는 그래야 해요. (무기는) 다들 똑같이 M1(소총), 수류탄은 여섯 발, 일곱 발 가지고 있어요.

철원에는 드문드문 벽체가 남아 있어서 거기 지나갈 때가 제일 위험합니다. 벽체에 숨어 있다가 쏘면 꼼짝없이 당해요. 거기 지나갈 때 예리하게 관찰해야 돼요. 걔네는 수색 나와서 담배를 피운단 말이에요. 담배 냄새가 바람이 불면 옵니다. 그리고 걔들은 밀가루 전을 지져서 호주머니에 다 집어넣고 나와요. 간식으로 처먹고 그러지요. 바람이 살살 불면 (전) 기름 냄새가 싹 옵니다. 벌써 어디쯤 와 있다는 걸 다 알아요. 그럼 소대장한테 보고하면 소대장이 지시합니다. 전투는 매일 붙어요. 싸우다 급하면 돌무덤으로 피했다가 다시 도망가고… 고비도 많이 겪었습니다.

한 번은 수색을 한창 진행하는데 저 밑에서 총소리가 들리니까 소대장이 "빨리 가자!" 그래요. 산태미삼태기 형식으로 중공군이 있었어요. 중공군 통역관이 "아군이 여기 있다!" 소리쳤단 말입니다. 그러니까 우리는 그 말을 듣고 '속아서' 그 안으로 다 들어갔지요. 1개 소대가 다 들어가니까 양쪽에서 막 쏴대는 겁니다. 그러니까 소대장이 "뛰어라!" 해서 뛰었는데, 집결 장소에 모여서 보니까 소대원이 하나도 안 다쳤어요. 그러니 천운이지요.

또 한 번은 '무명고지를 점령해 중공군을 납치하라'는 전투 명령을 받았단 말이에요. 12월이니까 얼마나 춥습니까. 총을 뒤에 메고, 돌이 미끄러우니까 살금살금 개울을 건너갔습니다. 고지로 올라가는데 이것들이 기관총으로 막 쏘더란 말이에요. 우리는 물로 막 뛰어들어서 다 건너왔습니다. 건너와서 소대장님이 "뛰어!" 하는데, 물에 젖은 동복이 얼어서 뛸 재간이 없는 거예요. 그저 죽을힘을 다해 뛰다가 돌에 숨어서 뒤돌아보면 걔네들이 쫓아오면서 총을 쏘지, 그렇게 죽어라 해서 집결 장소에 가니까 다친 사람이 하나도 없어요. 두 번 그런 고비를 넘겼습니다.

어르신은 포로가 된 과정을 담담하게 설명하셨다. "철원에서 1953년 5월 30일이었어요. 저 새끼들이 우리 다니는 통로를 다 아니까 잠복하고 있었습니다. 그런 것도 모르고 들어가다 보니까, 따발총으로 공격하는 바람에 여기를 부상당해서 (왼쪽 허벅지 뼈가) 10센티 짧아요. 뼈가 다 부스러졌지요." 어르신의 이야기를 들으니 '화는 홀로 안 온다'는 말이 생각났다.

"뭐 어떻게 하겠습니까. 그렇게 다쳐놓은 걸…"

포로가 돼서 내가 딱 쓰러지니까 5명이 나한테 오더란 말이에요. (4명이) 팔, 다리 하나씩 들고, 하나는 총을 여기(가슴)에 대고. 그렇게 해서 개울을 건너 오르막길에 접어들자 사람이 업더라고요. 힘드니까 교대로 업고 방공호에 올라가니 통역관이 와 있습다. 통역관이 이것저것 물어요. 다 대답했지요. 방공호에서 대충 치료를 해줍다. 아침에 나를 담가들것로 들고 내려가는데, 밤에 비가 와서 땅이 미끄럽지 않습니까. 내려가다 넘어지고 하니까 이 새끼들이 영 개지랄을 합다. 밑에 내려가서 지원군 야전병원에 나를 입원시켰어요. 맨 중공군이지, 조선 사람은 나 하나뿐이었습니다.

마취제라는 게 여기에다 뭘 다 씌웁다. 코하고 입만 내놓고 돌아가면서 물을 뿌리더라고요. 선생이 (중국말로) 하나 하면 내가 하나 하고, 선생이 둘 하면 둘 하고… 스물다섯 하면서 정신을 잃었어요. 수술을 다 하고 정신이 드니까 병실로 옮깁다 깜깜한 데로. 한 달쯤 있었나, 2차 수술 또 하고. 뼈가 다 부스러지는 바람에 톱날같이 뾰족뾰족한 걸 다 자르니까 짧아졌어요.

병원에서 아침에는 쌀죽, 점심에는 밥, 저녁에는 만두. 세끼 다 그래요. 먹는 건 차별을 안 둬요. 그런데 걔네들이 뭐에 차이를 두는가 하면, 중국에서 위문품이 한 달에 몇 번씩 보따리로 많이 오는데 그건 안 줍니다.

나는 대소변 보기가 시끄러워서 먹지 않았어요. 붕대를 여기(오른쪽 허벅지)만 하고, 왼쪽 다리는 통으로 다 하니까 반듯이 누워만 있지, 움직이지도 못해요. 사탕이나 입에 좀 넣어서 녹이고 밥이나 만두, 죽은 그저 한두 숟가락 먹으면 다였습니다. 그래서 오줌이나 조금씩 싸고, 대변은 부상당하고 25일 만에 보고 싶더라고요. 그래서 간호사한테 "대변을 보고 싶다" 하니까 대변기를 밑에 넣어줬습니다. 근데 종내 못 봤어요. 그 뒤로 어떻게 됐는지 생각이 안 나요. 한 석 달 동안 그렇게 있으니까 다른 건 좀 참을 수 있는데 몸에 이가 생겨서 가려워 죽을 지경이었습니다.

(병원 내 인원은) 몰라요. 와글와글해. 방 안에는 열댓 명 있었나. 조선 사람은 나 하나니까 중공군들이 보러 온단 말입니다. 올 때는 사탕 아니면 과자를 들고 와요. 와서는 내 침대에다 사탕을 놓고 "이승만"이라고 그래 나를. 그저 사탕과 과자는 수두룩했지요. (마음은) 뭐 어떻게 하겠습니까. 그렇게 다쳐놓은 걸….

그렇게 석 달 있다가 쌍지팡이 짚고 걸을 만하니까 인민군대로 넘깁디다. 차로 보내주는데, 그때는 혼자였고 가니까 많아요. 황해도 홀동광산, 거기가 포로병 집결소예요. 북한 전국에 있는 포로병이 거기 다 모였습니다. 포로병을 모아서 1개 사단이 되면 보내고. (사단이) 한 700명 됐어요. 열흘 이상 거기 있었는데, 부상병은 서너 명 됐습니다. 다 경하지. 그때 미역국에 혹 불면 다 날아가는 알랑미^{안남미} 밥, 그거밖에 안 먹었어요. 나는 지팡이 짚고 계속 돌아다녔습니다.

상당수 국군포로는 포로가 된 뒤 내무성 건설대에 편입돼 1953년 10월부터 1956년 6월까지 탄광, 광산에서 강제노동을 한 것으로 알려졌다. 정재호 국군포로·납북자정착지원센터 센터장이 2014년 발표한 〈귀환국군용사의 현황과 지원정책〉 보고서에 따르면 내무성 건설대는 조사 대상자의 절반인 26명이 경험했고 인민군대식으로 1701부대, 1702부대, 1706부대, 1707부대, 1708부대, 1709부대로 구성됐다고 한다. 어르신은 부대 번호는 모른다고 하셨다.

"나 같은 게 가려니 생각도 안 했지요"

/

며칠 안 있으니까 내 이름을 부르더니, 거기도 2사단이에요. 포로 2사단. 함경북도 (회령시) 궁심탄광으로 보냈습니다. 1953년 9월, 10월 됐을 겁니다. 내무성 건설대라는 건 다 알고 있으니까 그런가 보다 하고 지냈지요. (생각이) 든 것도 없어요. (포로 교환 이야기는) 못 들어봤어요. 계속 정치 학습이지요. 김일성이가 어떻게 싸웠고, 김일성이 할아버지, 증조할아버지가 어떻게 살았고 하는….

포로 생활이니까 탄광 일을 했습니다. 탄광 입구에서 탄차가 나오면 그거 밀고 선탄장까지 가는데 거리가 상당히 멉니다. 경사가 심하다 보니까 아주 위험해요. 앞바퀴는 두고, 뒷바퀴에다 이만한 긴 나무를 딱 끼워요. 한 발은 밟고 한 발은 여기다 넣고. 양쪽에 꽉 끼워서 누르지 않으면 막 달아나니까. (사람이) 둘 다 뒤에서 눌러야 합니다. (탄차에 있는 건) 갈탄이에요. 1톤이죠. 그 일 하다가 농촌으로 모내기 지원도 나갔어요.

1개 중대는 3개 소대이고, 그때는 (중대) 인원이 200명 조금 넘었을 겁니다. 일하러 우리 소대가 가면 맨 뒤에 내무원 2명이 총 메고 따라옵니다. 보초 딱 서서 감시하지요. 우리가 갈 때는 인민들이 다 봐요. 뒤에서 총 메고 따라오는데 그게 얼마나 가슴 아팠겠습니까. (내무성 건설대가 1956년 6월

해산되기 전까지는) 계속 그랬어요. 계속 경비대가 따라다니고.

얼마 안 있다가 고건원탄광으로 왔습니다. (궁심탄광에 있던 700명이) 다 왔어요. 함경북도 샛별군 고건원탄광. 1954년 9월, 10월인 거 같아요. 오니까 우리가 묵을 건물이 없어서 고건원탄광 병원을 싹 비워 일부는 거기 들어가 생활했지요. 그다음 고건원탄광에 있는 큰 창고 두 개를 비우고 거기에 이중으로 침대를 놨습니다. 1층에 잠자리하고, 2층에도 잠자리하고. 일본놈들이 살던 주택이 열 동 되는데 거기에 있던 종업원들을 이동시키고, 그 동을 하나하나 칸막이를 쳐서 구들 다 뜯어낸 다음 새로 구들 놓고….

철조망을 쳐야 하지 않습니까, 포로들 도망 못 가게. 철조망 기둥을 세우자면 구멍을 파야 되는데 (땅이 얼어서) 팔 수가 없으니까 밤새 (땅에) 탄불을 피워요. 아침에 가서 녹은 만큼 파냅니다. 그다음 날에 탄불을 또 피우면 구덩이가 딱 돼요. 거기에다 말뚝 세우고 흙 넣고 물 부으면 꽝꽝 얼어붙지 뭐. 그렇게 철조망을 쳤으니 (건물) 귀퉁이에 보초막 세워야지, 정문에도 보초막 지어야지, 식당 만들어야지…. 그거 우리가 다 지었습니다.

고건원탄광에서 생활할 때 포로 교환 몇 번 하다가 중단됐다는 소식만 들었어요. 그러다 보니까 별 생각도 없었습니다. 나 같은 게 가려니 생각도 안 했지요. 몸이 불편하고 걷기도 힘들고 하니까 한가하게 그런 생각도 못 했습니다. 포로 생활이라는 게 그래요. 낮에는 계속 나가 일하고, 해 넘어가면 들어와 밥 먹고, 규칙대로 학습하고…. 저것들이야 계속 정치 학습이지요. 그때는 난장에서 일했습니다. 탄광에서 매일매일 다른 일을 시키니까.

(사고는) 있었습니다. 폐갱에 들어가면 가스가 있어 죽습니다. 근데 우리 친구가 퇴근하다가 대변이 너무 마려워서 그 굴에 들어가 대변을 보는 중에 가스에 취해 죽었어요. (처벌은) 있었어요. 그 사람이 북한을 싫어하는

말을 했겠지요. 우리 포로병들을 싹 모아놓고 심판했습니다. 듣고도 다 잊어버렸는데, 끌고 간 것만 알지. 다 총살해 치웠겠지요. 같은 포로였습니다. 장교 같아.

우리 사단에 장교가 있는 1개 중대가 따로 있었어요. 궁심탄광이나 고건원탄광이나 같지요 뭐. (중대 인원이) 200명이 넘어요. (내무성 건설대에 속한) 우리가 1956년 6월 15일에 명령 43호에 따라서 다 사회로 나왔거든요. 사회로 나와서 2년 있다가 그랬나. 1958년에 김일성이가 박헌영, 이승엽이를 국제 간첩이라고 처형하지 않았어요?^{구체적인 처형 시점은 밝혀지지 않은 상태임} 그때부터 계급투쟁이 심해지기 시작했어요. 그러면서 장교들을 다 붙들어 갔습니다. 함경북도에 탄광이 많아요. 그래 다른 탄광으로 갔지요.

자고나서 출근하면 "어제 저녁에 누가 붙들려 갔다"는 소리에 온 탄광이 스산했습니다. 내일은 누가 붙들려 갈까 싶으니까 마음이 안정되겠어요? 탄광 분위기가 너무 험하니까 이것들이 나머지 장교들을 1개 탄광으로 다 보내면서 인심을 다독이려고 버스를 동원하고, 인민반에서 꽃다발을 들고 나와 환송했습니다. 가족들까지 다 그렇게 해서 다른 탄광으로 보냈어요.

그렇게 싹 다 보내고 얼마 안 있다가 거기서 다 붙들어 갔습니다. 소문으로 들은 거예요. 그런 게 왜 소문이 안 옵니까. 북한이 정치범들을 붙들어 가면 재판도 없고 어디로 간다는 것도 몰라요. (장교들 없어졌다는 소문을 들은 건) 1960년 정도예요. (장교는) 계급을 속이지 않고서는 살아남지 못합니다. (장교 출신은) 하나도 없어요. 다 갔어요.

한국 사회로 돌아온 국군포로는 80명이다. 그중 장교 출신은 2명 내외로 보인다. 1994

년 돌아온 1호 귀환 국군포로 조창호 씨가 장교 출신으로, 포로로 잡힐 당시 소위였다. 그 많은 장교는 어디로 갔을까? 내가 만난 한 국군포로의 자녀는 "장교들을 대상으로 대규모 학살이 벌어졌다"고 주장했다. 어르신은 소문 너머 내용은 알지 못하셨다.

"저 새끼들 사람을 그렇게 혹독하게 부립니다. 완전히 노예예요"

/

1956년 6월 15일에 우리는 사회로 나왔습니다. 고건원탄광에서 개울 하나만 건너면 용북탄광입니다. 그즈음에 (고건원탄광에 있던 국군포로 700명 중) 고건원탄광에는 한 400명 치고[넣고], 용북탄광에 300명이 왔을 거예요. 사회로 나오니까 아침에 출근하고 퇴근해서 자기 집으로 가고, 성분 그런 건 가리지 않았습니다. 아까 그러지 않았어요? 1958년 이승엽, 박헌영이를 처단한 다음부터 계급투쟁이 시작됐다고. 의용군하고 국군포로, 무인무탁자 8만 명이 사회로 나왔습니다. 탄광 마을 처녀들이 이 사람들이 한꺼번에 나오니까 서로 데리고 갔지요.

(결혼은) 1960년 10월에 했습니다. 내 몸이 이러니까 제일 늦었지요. 아이가 하나 둘씩은 다 있었어요. 선도 너덧 번 봤고요. 여자들은 다 좋다고 하지만, 남이 예쁘게 키운 딸을 내가 좋다고 못 하겠습디다. (함경남도) 북청에서 우리 친구의 아주머니가 여자를 데려왔어요. 엄마, 아빠가 사망해 없고 언니들하고 오빠하고 동생들만 남았더라고요.

저들은 당, 직맹, 사로총, 여맹 생활총화를 일주일에 딱딱 합니다. 그리고 매달 정기총회 하고, 분기총회 하고, 연말총회 하고, 매주 정치 학습하고, 또 매주 김일성이 현지 지도하는 영화 학습, 또 매주 집중 학습하고….

오줌 눌 시간도 없어요. 잠이 부족해서 절절맵니다. 퇴근해서 생활총화, 정기총회 하고 나면 배가 고파서 쩔쩔매요. 그저 강냉이죽 한 숟가락씩 먹으니까.

근데 전투할 때는 그게 다 없어집니다. 나는 그때 적재공이었어요, 간접공이지. 탄 캐다 내면 탄 받아내는 거. 50일전투, 70일전투, 100일전투, 200일전투 그거를 연방 했습니다. 내가 아침 8시에 들어가면 (오후) 6시가 교대 시간인데, 그냥 일합니다. 그럼 또 3시에 들어온 교대가 오후 4시면 입갱이에요. 밤 12시까지도 계획을 못 하죠. 그럼 또 밤교대가 들어옵니다. 갑, 을, 병 3교대가 갱에 다 들어와 있어요. 근데 낮교대는 퇴근 못 하고 있습니다. 계획을 못 하니까.

할 수 없이 퇴근한 뒤에도 담배 몇 대 피우고 있다가 다시 들어갑니다. 집에서 싸 온 벤또(도시락) 받아서 들어가요. 인민반에서 각 세대를 돌아다니면서 쌀을 걷어 와 음식을 해 가지고 들어옵니다. 그래서 그거 기다리면서 동발 나무 밑에서 쪼그리고 앉아 자요. (배변은) 탄광은 아무 데나 들어가면 굴이 가득한데 뭐. 저 새끼들 사람을 그렇게 혹독하게 부립니다. 완전히 노예예요. 전투 끝나면 한 달도 못 가서 또 합니다. 그때는 천리마운동이니까. 김일성이 "하라" 하면 재간이 없어요.

냄새야 심하지요. (전투 때는) 굴 안에서 자는데 언제 씻겠어요. 인민반 인민들과 다르게 탄광 노동자들은 목욕탕이 있어서 목욕을 하는데, 장마당에 가면 양잿물로 만든 비누가 있습니다. 그걸로 씻고 나면 온몸이 쪼이고 가렵고 겨울에는 형편없어요, 온몸이 가려워서. 그래도 재간이 없지요. 그걸로 씻지 않으면 탄 재가 없어지지 않으니까.

여기가 1급 기업소입니다. 전체 노동자가 4,000명인데 (한번에 들어가서 일하는 인원은) 1,000명까지는 안 될 거예요. 탄광은 중대라 그래요. 중대, 소대 그렇습니다. 채탄중대가 2개니까. 채탄중대, 기본굴진중대, 준비굴진중대, 대보수중대, 통기중대, 운전중대, 공무중대, 운반중대… 모르겠어 사람이 꽤 들어가는데. 탄광은 사고가 너무 많이 나니까 군대식으로 한다는 겁니다.

사고야 계속 나지요. 한 번은 가스 폭발 사고로 1개 소대가 거의 다 죽었습니다. 12시에 입갱해서 밤일 들어간 소대인데, 낮교대가 입갱할 시간에 폭발 사고가 났어요. 구호대가 용북탄광, 고건원탄광에는 없습니다. 저 아오지탄광에만 있지. 구호대가 오는 데까지 시간이 많이 걸렸어요. 그 전에 기업소 간부들이 들어가다가 폭발해서 또 많이 죽고, 구호대가 와서 아오지탄광 간부들하고 입갱했는데 또 폭발해서 많이 죽고. 그때 많이 죽었습니다. 네 번이나 폭발했으니까. 그때 (19)70년 넘었을 거예요. (소대는) 40명 될 거고. 그중에 국군포로가 몇 명인지는 모릅니다. 내가 있을 때 큰 사고는 두 번 있었어요. 두 번째는 그렇게 큰 사고는 아니었습니다.

(사망한 동료는) 많아요. 사고로 죽은 거, 병으로 죽은 거, 암으로 죽은 것도 있고, 황달로 죽은 사람도 있고, 폐병으로 죽고, 젊었을 때 죽은 사람이 많습니다. 아는 것만 해도 여남은 명은 되는데, 모르는 건 더 많지요. 용북탄광에 갱이 4개 있습니다. 육갱, 청년갱, 용서갱, 덕촌갱 다 흩어져 일하니까 다 몰라요.

노동자들은 8시간 일한다고 하지만 그런 데는 특별한 곳이에요. (배급은) 나와야 나오는가 보다 하지. 그리고 갱내 간접공은 1950년대 그때는 한 달에 한 번씩 모았다가 줬습니다. 기름이 얼마, 해어(海魚)가 얼마, 육류가 얼마…. 그것도 조금 있다 보니까 없어졌어요. 저 앞에 평남도, 황해도 여기서는 줄 거예요. 백미가 나오니까^(생산되니까). 함경북도 같은 데는 강냉이쌀도 없어서 (배급이) 없어요. 작업복도 1년에 한 번, 지하족^(작업용 신발)은 뭐 한 달에 한 켤레 규정이 다 있습니다. 안 줘요. 있어야 주지.

2020년 어르신과 전화로 인터뷰한 뒤 나는 이 대목이 마음에 걸렸다. "언제 자식들이랑 산책이라도 해봤습니까. 좋은 추억이라는 게 없습니다. 새끼들을 낳은 게 제일 후회됩니다. 낳아서 고생만 시켰습니다." 조심스럽게 어르신에게 "자제분 이야기를 해달라"고 청했다. 어르신은 먼저 위병에 걸렸던 일부터 들려주셨다.

"우리 자식들은 살아남은 거 하나 없어요"

내가 위병에 걸리는 통에 1980년 넘어서 밥도 못 먹고 침을 한 바가지씩 쏟았습니다. 그런 걸 우리 부중대장이 자주 봤어요. 근데 중대장은 낮일만 하니까 모르지. 중대장한테 몇 번 제기했습니다. "나 좀 밖에 내보내달라"고. 근데 중대장이 안 들어줘요.

갱마다 구급소가 있는데, 거기 가면 가루약을 줍니다. 처음에는 한 번 먹는 거 3개씩 주더라고요. 먹고 떨어지면 또 가고 하니까, 구급원이 그다음부터는 이만한 거 한 봉지씩 줬습니다. 그걸 주머니에 넣어두고 며칠씩 먹고 먹고 했어요. 중대장이 한 달 동안 도로 강습을 간 사이에 얘기했지요. "부중대장 동지, 나 정말 못 견디겠는데 밖으로 좀 내보내달라." 부중대장이 그걸 아니까 "행정 부갱장한테 가보라" 그러더라고요. 부갱장이 인사 처리를 하니까. 그래서 가보니 "탈의실에서 일 안 하겠는가?" 그래요.

탈의실 일이라는 게 목욕탕 관리하는 겁니다. 탈의실에서 일하면서 이게 언제 나앉는지 몰라요. 약도 그렇게 많이 먹지 않았는데, 몇 년 안 지나고 하나 일없지. (탈의실 일은) 한 7~8년 한 거 같은데, 내가 예순하나가 되면서 연로 보장을 받을 때까지 했습니다.

막내딸은 머리가 좋아서 공부를 잘했습니다. (자식은) 딸 둘, 아들 둘이에요. 인민학교 4학년, 중학교 6학년 그랬거든요. 고등학교라는 게 없었습니다. 고건원탄광하고 용북탄광에 고등학교가 하나 딱 있는데, 그건 있는 집 자식들 다니는 학교예요. 우리 딸도 크면서 아버지가 국군포로라는 걸 알았단 말입니다. 그다음부터는 공부를 안 해요. 나 자신이 그렇다 보니 아이들 보고 "공부해라" 못 하고, 그저 "말 조심해라" 그것밖에 단속이 없어요. 그러니까 아버지 말도 잘 안 들어요 아이들이.

거기서 (아이들과) 언제 산책할 시간이 있겠습니까. 잠잘 시간도 부족해서 헐떡거리는데, 산책이 다 뭐야. 거기서는 부부가 어디 놀러 다닌다거나 일요일에 놀러 간다거나 그런 게 없습니다. 일요일에 이렇게 전적으로 노는 게 없으니까. 대휴제라는 건 있어요. 오늘은 누구 놀아라, 모레는 누구 놀아라. 그렇게 노는 건 혹간 있습니다. 양력 설, 김일성이 생일밖에 없어요. 배고파 죽겠는데 좋은 기억이라는 게 어디 있겠어.

우리 자식들은 살아남은 거 하나 없어요. 여기에 둘째아들이 같이 넘어왔는데 2015년에 차 사고로 죽었어요. 북한에 아들 하나, 딸 둘 해서 셋이 있는데 막내딸은 한국에 오려고 중국에 들어갔다가 주인집 신고로 북한에 붙잡혀 갔습니다. 교화소에서 내가 월남한 걸 알고는 (딸이) 영원히 들어갔지요. 큰딸은 여기로 연락해 돈 좀 받자고 중국에 왔다가 붙잡혀서 영영 들어갔습니다. 아버지가 국군포로 탈북자니까 큰아들도 말을 잘못해서 붙잡혀 가고 하나도 없어요. 다들 정치범으로 붙들려서 살아남은 자식이 없어요.

연락 끊긴 지 오래입니다. 큰아들, 딸들하고 연락 끊긴 지 오래예요. 연락이나 되면 돈을 보내주지요. (연락 끊긴 지) 10년이 넘어요. 중국에 큰아들이 한 번 들어와서 돈 보내줬고, 딸도 들어와서 돈 보내줬고…. 하지만 말 잘못했다가, 돈 잘못 썼다가 그렇게 됐겠지. 그저 뻔하지 않습니까?

어르신이 이야기를 멈추셨다. 나도 무슨 말을 꺼내야 할지 몰라 잠시 숨을 고르고 있었다. 애써 이야기 화제를 어르신의 탈북을 도운 '고마운 아들'로 돌렸다.

"(아이들을) 다 데려올 생각을 했지요"

(거기서는) 만 예순한 살 자기 생일에 연로 보장을 받아요, 철저하지. 그때부터 집에서 계속 땅을 뒤졌습니다. 강냉이 한 포라도 심어야 먹고사니까. 우리는 돼지도 키우고, 엿도 하고, 두부도 하고 계속했어요. 그런 거 안 하면 굶어 죽습니다. 그렇게 10년 있었어요.

둘째아들이 탄광에 다녔단 말이에요. 우리 있는 데서 한 40리 됩니다. 정말 밥도 못 먹을 정도가 되니까 떠돌이 생활 좀 했습니다. 하루는 와서 그러더라고요. "아버지, 지금 안 가면 경비가 심해져서 못 가는데 우리 가자"고. 그래서 즉시 떠나왔습니다. 셋이서 왔어요, 노친하고. 아들이 북에 있을 때 중국에 많이 드나들었습니다. 뭐 하나라도 얻어 오자고. 그때 경비원들을 알아뒀지요.

붙잡히면 죽는다 하고 넘어왔습니다. 외지에 와서 살면 고향이 얼마나 그리운지 몰라요. 정말 자기 엄마, 아빠 생각보다 고향 생각이 더 납니다. 어렸을 적에 그 정자나무 밑에서 놀던 생각, 산에 다니면서 과일을 따 먹던 생각…. 그러다 또 엄마, 아빠 생각, 형제들 생각…. 왜 내가 이 차가운 함경북도에 와서 묻히겠는가. 3, 4월이 되면 봄철에 아지랑이가 피고 종달새가 울 적에 미칠 지경이에요. '남에 가서 잘살겠다' 이 생각으로 온 게 아니에요. '고향이 너무 그립고 부모, 형제 한 번 죽기 전에 만나봐야 되겠다' 이 생각으로 넘어왔습니다.

내가 가겠다고 얘기하니까 좋아합니다. 우리 딸들도, 큰아들도 "아버지 고향에 가세요"라고. 그래서 영 헤어졌지요. 사실 중국에 들어와서 북한 땅을 바라보니까 또 얼마나 속이 쓰리던지. 내가 더는 이 땅을 밟아보지 못하겠구나 이 생각에…. (아이들을) 다 데려올 생각을 했지요….

둘째아들이 우리가 건너는 두만강 거기는 물이 무릎까지밖에 안 찬다고 그래요. 종성군 여관에 있다가 밤 1시가 돼서 그 두만강까지 왔습니다. 거기서 경비대를 만났는데, 경비가 심해서 여기로 못 가겠다는 서예요. 저쪽은 물이 좀 깊다는 거지. 경비대원이 고무옷을 다 준비해놨습니다. 그걸 입고 오는데 물살이 세서 헤치고 오자니 아질아질해요. 그렇게 해서 넘어왔습니다.

연변^{옌볜}에 두어 달 있었어요. 그때 브로커가 연락해 우리 조카가 중국에 한 번 왔더라고요. 둘째형님의 아들이지. 북한에 있을 때 어떻게 그 조카한테 돈 200달러랑 연락처를 받았습니다. 주인집하고 한국 브로커하고 조카하고 연락해서 수속을 하는데 통일부에서 "사진을 찍어 오라" 그래서 들어온 거예요. 사진 찍어 가서 여권을 만들고, 국방부가 내 신분을 확인하니까 있거든. 그래 무사히 배 타고 인천항까지 왔습니다. 와서 2사단에서 전역식을 하고.

탄광 산골에 살던 촌놈이 서울에 살자니 너무 복잡해서 대구로 왔습니다. 고향에 가도 아는 사람이 없고, 아들이 여기 있으니까 따라왔지요. 주인집 남자하고 브로커하고 해서 (3명의 브로커 비용으로) 3,000만 원을 줬어요. 싸게 했지. (브로커 비용) 그런 건 다 본인이 부담합니다.

차분하게 이야기를 이어가시던 어르신이 이 대목에선 목소리를 높이셨다. 탄식이 이어졌다.

"나는 보이지 않아요. 아무것도"

원래 국가가 데려와야지 우리를. 사실 노골적으로 말해서 김대중 대통령이 북한을 방문하지 않았어요? 그때 국군포로들은 완전히 마음이 들떠 있었습니다. 이제 우리 다 고향에 간다, 그랬습니다. 나만 그런 게 아니라, 국군포로들은 다. 티비텔레비전에 평양 시내에서 환영받는 게 나왔으니까 다 봤지요. 그래서 한국 대통령이 왔으니 우리를 다 데려갈 거다, 이렇게 다들 마음이 들떠 있었습니다. 이제는 살았다 하고. 근데 말 한마디 없었어요. 국군포로 문제는 한마디도 없었습니다. 우리가 얼마나 실망했겠습니까. 한국 대통령을 그렇게 믿었는데…. 그다음에 노무현 대통령이 오고, 그다음에 문재인 대통령이 가고 했는데도 국군포로 문제에 대해 한마디라도 한 사람이 있습니까?

남한에서는 전향을 안 한 장기수 중 이인모가 제일 처음 (북으로 1993년 3월 19일에) 넘어왔죠, 휠체어 타고. 그다음에 60 몇 명이 2000년 9월 2일에 63명 한꺼번에 왔습니다. 여기서 다 보내줬어요. 얼마나 분통이 터집니까. 그 사람들은 대단히 환영받고, 대동강 주변 아파트를 한 채씩 다 받고, 의사랑 간호사 다 붙여주고, 또 아주머니^{아주머니}가 없는 사람은 아주머니 다 해주고 대우가 아주 대단했습니다. 우리가 얼마나 북한에서 땅을 치고 통곡했겠습니까. 이 사람들을 다 넘겨주면서 우리는 왜 하나도 안 데려가는가? 사람이 분통 터지지 않겠어요?

 탄광 일을 하면서도 배불리 밥을 못 먹어보고, 봄철 들에 풀이 나오기 시작하면 뜯어서 다 먹고, 산에 풀이 나면 그거 다 없어지게 뜯어 먹어야 되고…, 풀로 살았지요. 풀을 삶아서 죽을 쓴 데다가 강냉이 가루를 풀어 멀겋게 한 사발씩 먹고. 사람이 분통이 안 터집니까?

 북한 땅에서 청춘을 다 보낸 게 너무 억울합니다. 하고 싶은 말을 제대로 했는가, 우리가 놀러를 가봤는가, 여행을 한 번 가봤는가. 탄광 안에서만 그저 움직이면서 억눌려 산 게 제일 억울합니다. 인생이라고 말할 수도 없어요. 이 세상에 태어나서 "아, 행복하다" 이렇게 한 번 살아보지 못한 게 정말 억울합니다.

 근데 인생 말년에 조국에 돌아왔고 고향에 돌아왔으니까 원은 없습니다. 와서 살아봤으니까. 북에서는 쌀밥 한 숟가락 못 물어보다가 이제는 쌀밥도 싫어서 안 먹는데 얼마나 행복합니까. 관절이 심해서 병원은 다녀요. (매년 병원비 1,000만 원을 정부에 요청할 수 있지만) 안 합니다. 일일이 어떻게 손 벌리겠습니까? 위암 수술은 2010년에 했는데 수술하고는 일없어요.

 (정부지원금은) 3억 5,000만 원 받았는데 거기서 1억 (군인)연금 뗐지^{예치했지}. 한국 돈을 모르니까 언제 다 썼는지도 몰라요. 사기는 안 당했습니다. 생활은 연금으로 합니다. (군인연금이 월) 150만 원 될 거예요. 상이군경으로 7급 받거든. 한 80만 원 나와요. 보훈처에서 20만 원 받고 해서 생활은 너끈합니다.

 (어르신에게 책을 드리자 돌려주시면서) 나는 보이지 않아요, 아무것도. 오른

쪽 눈은 영 가고, 왼쪽 눈만 희미하게 보여요. 똑바로 안 보입니다. 눈이 간 게 10년이 넘었어요. 조심해서 다닙니다. 늙어서 이제 빨리 못 다니니까. (사진 촬영을 요청하자) 뒷모습을 찍으면 안 됩니까?

이제는 다리도 아프고 해서 못 다녀요. (귀환 국군포로를 지원하는 기관인) 북한인권정보센터에서 (귀환 국군포로들과 함께) 2022년 5월에 청와대에 갔었어요. 1박 2일로. 우리는 여기에서 기차 타고 갔습니다. (코로나19는) 안 걸렸어요. 우리는 어디 안 나가니까. 북한인권정보센터 본부장이 두 달에 한 번씩 오는데, 5월에는 안 올 것 같아요.

오늘 늦게 들어가시겠다. 수고 너무 많았습니다. 고생 많았어요. 조심히 가세요.

어르신은 "북에 가족을 두고 왔기 때문에 뒷모습만 촬영하고 싶다"고 하셨다.
귀환 국군포로 지원기관이 발행한 달력이 어르신의 집 벽에 걸려 있다.

〈남북공동선언문 전문〉

제14546호　　　　　관　　보　　　　2000. 7. 5. (수요일)

공　고

◎대통령공고 제167호

　2000년 6월13일부터 6월15일까지 평양에서 열린 남북정상회담에서 쌍방 정상간에 서명·교환된「남북공동선언」을 공고합니다.
　　2000년 7월 5일
　　　　　　　대통령　김대중 ㊞

남북공동선언

　조국의 평화적 통일을 염원하는 온 겨레의 숭고한 뜻에 따라 대한민국 김대중 대통령과 조선민주주의인민공화국 김정일 국방위원장은 2000년 6월13일부터 6월15일까지 평양에서 역사적인 상봉을 하였으며 정상회담을 가졌다.
　남북 정상들은 분단 역사상 처음으로 열린 이번 상봉과 회담이 서로 이해를 증진시키고 남북관계를 발전시키며 평화통일을 실현하는데 중대한 의의를 가진다고 평가하고 다음과 같이 선언한다.

1. 남과 북은 나라의 통일문제를 그 주인인 우리 민족끼리 서로 힘을 합쳐 자주적으로 해결해 나가기로 하였다.
2. 남과 북은 나라의 통일을 위한 남측의 연합제안과 북측의 낮은 단계의 연방제안이 서로 공통성이 있다고 인정하고 앞으로 이 방향에서 통일을 지향시켜 나가기로 하였다.
3. 남과 북은 올해 8·15에 즈음하여 흩어진 가족, 친척 방문단을 교환하며 비전향장기수 문제를 해결하는 등 인도적 문제를 조속히 풀어나가기로 하였다.
4. 남과 북은 경제협력을 통하여 민족경제를 균형적으로 발전시키고 사회, 문화, 체육, 보건, 환경등 제반 분야의 협력과 교류를 활성화하여 서로의 신뢰를 다져 나가기로 하였다.
5. 남과 북은 이상과 같은 합의사항을 조속히 실천에 옮기기 위하여 빠른 시일 안에 당국사이의 대화를 개최하기로 하였다.

　김대중 대통령은 김정일 국방위원장이 서울을 방문하도록 정중히 초청하였으며 김정일 국방위원장은 앞으로 적절한 시기에 서울을 방문하기로 하였다.

　　2000년 6월 15일

　　대　한　민　국　　　　　　　　조선민주주의인민공화국
　　　대　통　령　　　　　　　　　　　국 방 위 원 장
　　　김　대　중　　　　　　　　　　　김　정　일

출처: 행정안전부 국가기록원 아카이브

04 유영복

(2016년 11월, 2020년 2월 20일, 3월 4일 취재,
2022년 6월 7일, 9월 8일, 11월 4일, 11월 5일 전화 취재)

"(국군포로) 하나도 안 데려왔지.
끝내 국가가 그걸 못 하더라고"

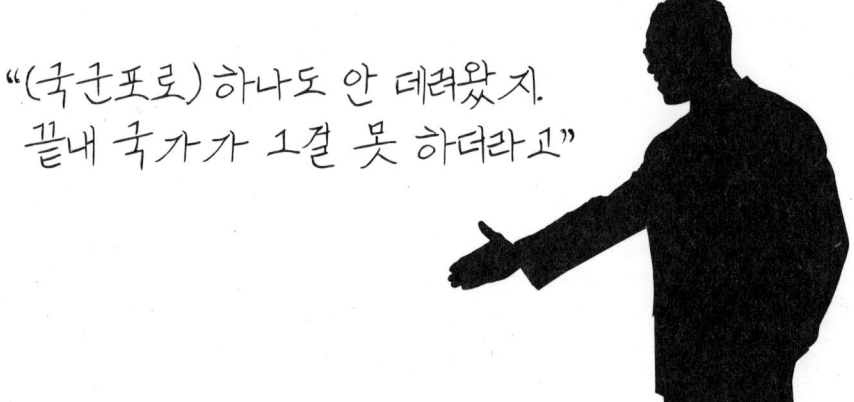

2016년 4월 20일 '물망초의 날' 행사가 열리는 서울 광화문의 한 건물을 찾았다. 전화로 인터뷰를 거절하신 어르신을 만나 뵙고 인터뷰를 다시 부탁드렸다. 어르신은 "정 오고 싶으면 오라"고 하셨다. 그날 이후 경기도 이천시에 있는 정갈한 아파트를 세 차례 찾았다. 어르신은 2016년에는 남한에서 만난 할머니와 사셨는데 2020년에는 아들, 손자, 며느리와 함께 지내고 계셨다.

어르신은 흐릿해진 기억을 기록으로 채우셨다. 첫 만남 때 "책을 더 찍지 않아 이것밖에 없다"면서 자서전 《운명의 두날》(2011) 복사본을 주셨다. 두 번째 뵈었을 때는 자필 수기를 빌려주셨다. "저기 저 자료가 있는데"라고 자주 말씀하신 것을 보면 정리를 더 해두신 듯하다. 어르신은 늘 정장 차림으로 가지런한 다과상을 앞에 둔 채 빠르고 단호한 말투로 이야기를 들려주셨다.

1929년 11월 30일	황해남도 해주시 출생(음력)
1952년 8월 5일	입대, 5사단 27연대 3대대 3중대 1소대 배치
1953년 6월 11일	강원도 김화에서 포로로 잡힘 내무성 건설대 제대 후 검덕광산에서 측량공 생활
2000년 7월	탈북
2000년 8월	남한 정착
6·25국군포로가족회 명예회장, 귀환국군용사회 초대 회장 역임	

"왜 전쟁기념관에 우리 흔적을 남기지 않습니까"

요전에 내가 윤석열 대통령 취임식에 갔다 왔어요. 귀환 용사(국군포로)가 대통령 취임식에 간 건 처음이지. 귀환 용사 두 명과 다녀왔어요. 6월에도 특별히 초대받아서 윤석열 대통령 원탁에 앉았단 말이야. 마주 앉았는데 대통령이 먼저 묻더라고. "언제 포로가 됐습니까?" "1953년 6월 막바지에 포로가 돼서 47년간 있다 왔습니다."

그날 가만히 있을 수 없어서 의견을 제시했지. 첫 번째는 "북한에서 죽은 국군포로의 아들, 딸들이 국방부 앞에서 데모를 하고 있는데 만나주면 안 되겠습니까?", 두 번째는 "비참하게 죽은 국군포로의 추모탑이라도 세워주면 안 되겠습니까?", 그리고 "북한은 국군포로가 없다 그러는데 수만 명의 국군포로가 있었고, 국군포로 80명이 넘어오지 않았습니까. 왜 전쟁기념관에 우리 흔적을 남기지 않습니까?". 옆에서 박민식 보훈처장이 메모하더라고.

이런 걸 얘기하니까 국군포로 예우에 대해 민감하게 느끼지 않았겠어? 그러고 나서 가만히 보니까 보훈처장이 (2022년 10월 26일) 김성태 집에 찾아갔잖아. 우리 집에도 동부보훈처에서 왔다 갔단 말이야. '(귀환 국군포로에게) 매달 20만 원을 준다' 이런 증서도 주고. 그동안 보훈처가 추석에 국군포로를 찾아온 적이 한 번도 없단 말이야.

그래도 조금씩 결실이 맺어지는 거 같지. 처음에는 6·25국군포로가족회 명예회장을 했어. 2005년부터 했던가. '늙은 게 할 일이 있나, 가만히 있자' 했지. 그런데 6·25참전전우회, 상이군인용사회처럼 지난날에 활동한 사람들의 조직이 있단 말이야. 나는 가족이 아니야. 진짜 귀환 용사지. 국군포로의 정체성을 밝혀야겠다 싶어서 탈퇴하고 귀환국군용사회를 설립했어. 세계무대에 가서 증언하려면 그래야지. 한국 사회도 국군포로의 정체성에 대해서는 모르잖아. 국군포로라는 존재를 조직도 없는데 인정하겠어?

그래서 서명을 받아 조직해서 국방부에 제출한 거야. 2012년에 제출했는데 2013년에 사단법인 승인이 났지. 회원은 한 60명. (회장은) 내가 3~4년 했나. 귀환국군용사회를 설립할 적에 국방부가 승인을 안 해주려 하더라고. 안 해줘도 좋다, 그까짓 거 사단법인 단체 아니어도 좋다. 나는 솔직히 귀환 용사가 더 많이 올 줄 알았단 말이야.

우리 목적은 그랬어요. 첫째는 북한에서 사람들을 찾아오는 거고, 둘째는 북한의 비인도적인 만행을 알리는 거야. 몇만 명이 억류됐다는 사실을 모르니까 전 세계에 그걸 알리고, 우리가 증언하면 인권단체에서 활발히 전개할 줄 알았지. 국가도 그럴 줄 알았는데 북한이 너무 억지 주장을 하니까, 대화가 전혀 안 되니까 하나도 안 데려왔어. 끝내 국가가 그걸 못 하더라고. 근데 뭐 이명박 대통령이 제기를 못 했다, 그쪽 요구 조건이 엄청났다 그러는데 구체적인 건 몰라.

정부가 관심을 보이고 귀환 용사가 많이 살아 있다면 같이 협력해서 할 텐데 국가도 관심 없지, 다들 돌아가시지 하니까 맥이 풀려서 '조용하게 지내자' 그러고 있단 말이야. 국군포로가 2010년까지 오고 그 뒤로 한 명도 안 왔잖아. 중국까지 와서 가족과 만난 뒤 두어 명 북송된 것만 있고. 내가 그것까지 간섭할 능력이 없어서 그저 운명으로 미루고 말았지.

언론에서는 (미귀환 국군포로가) 8만 명이다 이렇게 보는데 나는 한 5만~6만 명은 된다고 봐. 그중에 3분의 1은 인민군에 편입했겠지. 광산, 탄광, 그다음에 정치범수용소 이렇게 해서 뿔뿔이 흩어졌고.

사람들이 돌아오면 하루를 살더라도 '대한민국을 위해 싸웠다'는 긍지를 느끼고 죽을 텐데, 억류된 포로에 비하면 80명이라는 수는…. 단 몇 명이라도 데리고 와야 하지 않나? 왜 대한민국은 그런 욕심이 없는가? 그럼 과연 유사시에 '나라를 지키기 위해 최전방에 나가라' 그럴 수 있을까? 이제는 명단이라도 받아서 가족한테 '억류됐다, 죽었다' 그거라도 알려주면 좋겠어.

어르신은 '귀환 국군포로 전문가'다. 6·25국군포로가족회 명예회장과 귀환국군용사회 초대 회장을 지냈기에 정보가 모이는 듯하다. 물론 귀환 국군포로들이 어르신에게 개인 신상을 모두 털어놓는 것은 아니기 때문에 정확한 정보를 파악하는 데는 한계가 있다. "귀환 국군포로는 80명인데 그중 장교 출신은 2명이고 교화소(교도소) 출신이 3명은 되는 거 같아. 내가 아는 인민군 출신은 3명인데 이들 모두 조선노동당 당원이야. 이산가족 상봉 행사에 참여한 귀환 국군포로는 1명이고." 어르신과 '탈출비', 즉 브로커 비용에 대한 이야기를 나눴다.

"지휘관들이 찾아오지 않겠나"

국군포로 본인이 브로커 비용을 써서 한국에 넘어왔다면 국가가 브로커 비용을 다만 얼마라도 주면 좋은데, 500만 원, 1,000만 원이라도 주면 '국가가 데려왔다'는 명목이 생기는데…. 그 사람들 말은 보상금에 다 포함된다는 거야. 돈을 가지고 자꾸 말하면 야박스러울 거 같아서 그러고 말았지만, 브로커 비용을 정부가 물어줘야 하지 않나?

(활동하면서) 비록 한 명도 데려오지 못했지만 국군포로들이 억류됐던 실태만은 사람들이 인정하게 하지 않았는가. (2018년) 10월에 국정감사에 부르더라고. 그 전에 《조선일보》 기자한테 "국군포로에 대해 국가가 관심이 없다"고 말했는데, 신문에 내 사진하고 같이 크게 냈더라고. 그게 반영됐는지 국회에서 부른 거야. 가서 요점만 말했지. "북한에서는 사람들을 평가하는 기준이 출신성분, 사회성분이다. 그들은 국군포로를 자기들에게 총부리를 들이댔던 적대분자로, 가장 악질적인 나쁜 계층으로 여긴다. 북한은 국군포로뿐 아니라 그 자식들까지 감시와 통제를 한다. 북한 원주민들도 가고 싶어 하지 않는 아오지탄광이나 검덕광산에 가서 일하겠다고 자처한 국군포로가 과연 있었겠는가!"

아, 저 책은 심심풀이로 써놨어. 그래서 《지옥의 별밤 아래에서》(2010)를 출간했지. 1,000부를 했다던가. 근데 철자법도 틀리고 해서 취소시키고 《운명의 두날》(2011)을 낸 거야. 군부대에서 좀 사주지 않는 이상 수익을 내고 할 게 없어요. 저 책을 재미교포 젊은이가 번역했다고 그래. 미국 국회와 도서관에 그 책 'Tears of Blood', 2012이 보관돼 있다는 말만 들었어.

내가 언젠가 부대에 가서 그랬지. "마지막까지 책임지는 지휘관이 돼라." 부하가 포로가 됐으면 어떻게 해서든 데려오려는 지휘관이 지휘관이지, 나 몰라라 하는 지휘관은 지휘관이 아니다. 내가 돌아왔을 적에 지휘관들이 생존해 있었는데 사과 그런 건 받지 못했어. 내심 '지휘관들이 찾아오지 않겠나' 기대했지만 찾아온 분은 없더라고. 찾아왔다면 전투 장면에 대해서도 대화가 통했을 텐데 없더라고. 좀 아쉽지.

미국에 사는 정용봉 박사님은 몇 번 만났어. 8사단 중대장을 한 분인데, 자기 중대에서 포로가 된 분이 많았다고 해. 그래서 전우들을 생각해서 사비를 털어 미국에 국군포로송환위원회를 만들어 활동한다 그러더라고. 그분이 그 사업을 물망초에 위임했을 거야. 그분이 우리를 초대해 식사도 대접해주고, 나도 서너 번 만나 사진도 찍고 그랬지.

"집에 기념품이 많은 것 같다"고 하자 어르신이 거실에 놓인 아담한 유리 장식장을 가리키셨다. "저 아래 기념품은 박근혜 대통령 때 받아온 거고, 이명박 대통령은 (국군포로에) 관심을 좀 가지겠다고 했지. 내 책이 하나원에 들어가 있어서 며느리가 읽어봤다는데. 이거는 영문 번역한 거, 제목이 '피눈물'인가." 대화는 어르신이 남한으로 돌아온 시점으로 옮겨갔다.

"입양했으면 끝까지 책임져야 하잖아"

2000년 10월 20일에 나의 명예와 본분을 찾을 수 있는 전역식까지 해주니까 감사하다는 생각이 들고, 대한민국이 나를 잊지 않고 대우해준 것에 대해 대단히 감격하고 기뻤지. 내가 목숨 걸고 조국을 찾아온 보람이 있구나. 그때 다 같이 갔어요. 친구도 한두 명 가고, 친척도 6~7명 가고, 아버지 모시고 여동생, 새어머니, 남동생들 여럿이 갔지. (화랑무공훈장은) 전혀 상상도 못 했던 일이야. 사단장님이 "당신이 전투에서 용감히 싸웠기 때문에 무공훈장이 (1954년 9월에) 나와 있었다"며 훈장을 달아주더라고.

무공훈장은 전투 공로가 있는 사람에게 주는 거 같아. (귀환 국군포로 중) 박○○, 김○○, 허○○이라는 분도 받았어. 다 화랑무공훈장이지. 귀환 국군포로에게는 참전수당이 (월) 35만 원 나오는데, 나는 41만 5,000원을 받아. 한 6만 원 더 그렇게…. 돈보다도 명예를 준 것이 더 고맙지. 넘어왔다고 해서 (훈장을) 받은 이는 없어. 요구하는 사람은 많은데 쉽지 않아.

정부지원금은 처음에 없었어. 조창호 다음에 넘어온 양○○이라는 사람이 국가에 항의하니까 100만 원인가, 150만 원인가 주더라나. 큰돈인지 알고 집에 가져왔더니 형제들이 한 달이면 버는 돈이라고 해서 집어던졌다는 말이 있어. 이 법안국군포로 대우 등에 관한 법률이 1999년에 생겼나? 그때 완전히 제정됐지. (법안에 따라서) 북한에 오래 있었던 사람은 5억 내지 6억 원도 받아. (전사자로 처리돼) 아버지가 유족연금을 받아 생활하셨으니까 나는 3등급이 된 걸로 알아. 보상에 대해서는 조금도 이견이 없어. 제일 낮은 등급에 속하지만 군대 연한도 짧고, 계급이 낮잖아.

(노트를 펼치며) 여기 보면 3억 6,400만 원 받았잖아. (군인)연금으로 (예치)했다면 월급을 받겠는데 (그걸 안 했고). 계속 아들, 딸한테 보냈지. 또 형제도 있잖아. 형을 제대로 못 만나서 좋은 직장에 못 갔으니 돌봐줘야 하잖아. 그래서 해마다 200만 원, 300만 원씩은 보내줬어. (브로커를 통해) 북한에 보낸 거지. 마지막에 유서로 남기는 거야. 우리 선조가 어떻게 살았다는…. 이제는 돈 보낼 기력도 없고.

아들, 며느리, 손자 데리고 오는 데 돈이 많이 들었어. 한 사람에 1,000만 원. 아들도 그렇고 딸도 입양했지. 입양했으면 끝까지 책임져야 하잖아. 낳자마자 안아 왔거든. (입양 사실을) 모르게 하려고 이동도 다니면서 내 자식으로 만들겠다고 호적에 올리고 키웠어. '늦게나마 설움 받지 않고 살아라' 해서 계속 돈을 보내줬단 말이야. 그러다 아들네만 데리고 왔지. 아들 가족은 탈북하는 줄도 모르고 브로커가 "아버지가 용돈 좀 주겠다고 하니 중국에 가자"고 해서 나선 거야.

(매달) 무공훈장 수당 포함해서 이것저것 하면 50만 원, 60만 원 나와요. 내가 담배를 피우나, 술을 하나. 그런 것들 안 하니 50만 원 가지고 충분히 살지. 여기 와서 쌀밥만 먹어도 나는 만족한단 말이야. 국가에서 두루두루 물망초라든가, 선물도 조금 보내오고. 나는 여기 와서 아버지한테 유산으로 돈 100만 원도 받은 게 없어. 나는 애네들 데리고 온 것만 해도… 하늘이 도와서 그랬지.

나도 한성무역 피해를 많이 봤어. 1억 2,000(만 원). 재판할 적에 사무실 뛰어다니고 변호사들 만나고 했는데, 징역 7년 때리고 하니까 그걸로 끝이야. 피해당한 사람^{귀환 국군포로}이 12명 돼. 제일 많이 피해 본 사람이 5억. (한성무역에서) 이자 15프로 줬으니까. 경제상식이 부족한 거지 (내가). 국가가 승인한 기업인데 하면서…. 내가 어리석은 걸 누굴 원망해.

어르신은 사진첩을 꺼내셨다. "북한인권정보센터가 국방부 일을 위임받아 1년에 한두 번씩 귀환 용사들을 안보 견학 보내주는데, 이게 다 다니면서 찍은 사진이야. 이건 판문점에 갔을 때고, 이건 용마부대에 초청받아서 간 건가. 이 사진은 브로커들이 (내가 돈을 보내) 손자 돌잔치를 챙겨줬다고 보내온 거지. 요게 북한 사진." 어르신은 사진첩을 덮고 '의용군으로 끌려간 사연'부터 들려주셨다. "나는 다른 사람들보다 좀 복잡하잖아. 내 그 이야기를 하지."

'하루라도 인민군대에 협조한 놈들은 포로다'

생일은 1929년 음력 11월 30일. 부모님이 아들 셋, 딸 셋 키우다 보니까 생활이 어려웠지. 나는 육정국민학교라는 데를 다녔어. 한 학급이 72명이야. 거기서 졸업을 맞았지만 중학교 갈 생각은 못 하고, 한 1년 반 동안 상점 점원 생활을 했어. 아버지가 목공 기술로 생활을 이어갔는데, 전쟁 시기다 보니까 생활비를 제대로 벌지 못하더라고. 힘들게 지내다가 아버지 친구들이 권해서 황해도 해주형무소에 기술교관으로 들어갔어. 월급을 받으니 생활이 안정될까 하는 정도였는데, 8·15 해방이 되더라고.

8·15 해방이 돼서 지낼 만하니까 북한 정권이 들어섰잖아. 아버지는 일제강점기 공무원이라서 쫓겨나다시피 했지. 한 1년 근근이 지내다가 아버지가 고향인 황해남도 연안으로 가셨어. 밥벌이를 해야 되겠다 해서 먼저 올라오신 거야. 나머지 가족은 좀 머무르고. 그런데 거기 가도 땅이 있나. 할 수 없이 아버지 친구들이 알선해서 마포형무소 기술교관으로 들어가셨지. 자리 잡으니까 우리한테 "오라"고, 그때 관사를 배정해줬어.

고학생 연맹이라는 게 서울에 있었는데 거기 가면 신용을 믿고 화장품, 칫솔, 치약 (줘서) 이런 걸 다니면서 팔아. 팔아서 수익금을 주면 돈을 받았지. 숭문중학교가 지금도 있지 않나? 거기 야간 중학교를 다니면서 그걸 했어. 도시에 와 보니까 중학생들이 '중^{中}' 자 모자를 쓰고 다니는 게 그렇게 부럽더라고. 야간 중학교 3학년에 올라갈 무렵 6·25전쟁이 난 거야.

피란 가려고 나왔는데, 우리는 남쪽에 친척이 없어. 인민군이 서울을 점령한 후에 아버지가 공무원이었고 하니까 그 관사에 들어갈 수가 없잖아. 그래서 뿔뿔이 헤어지고, 나도 자취하던 동료들이 있어서 같이 지내고.

며칠 있다가 (1950년) 7월 5일쯤인가, 학생들이 찾아와서 "학교로 가자" 그래. 가보니까 숱한 학생이 끌려와 있고, 인민군대들도 쭉 둘러서 있고 그러더라고. 의용군을 모집하는 거야. 삼각지에 미군 부대가 있는 병사가 있었어. 거기서 인민군대들이 총 쏘는 방법, 초보적인 기초 지식을 가르쳐줬지. 보름 정도 훈련받고 나니까 인민군대 장교들이 20명씩, 30명씩 자기 본부대로 데려가는 거야. 거기가 정규군 인민군대는 아니고, 말 그대로 경비대란 말이지. 조선인민경비대

101연대 45중기 중대. 여기로 말하면 치안 유지하는 경찰 비슷한 그런 거야.

가다가 정○○는 제천 고향 땅에서 자기 어머니를 만나고 그랬단 말이야. 정○○는 같이 야간 중학교 다니던 친구지. "어머니도 만나서 너는 좋겠다" 했는데 아쉽게도 전사했어. '전쟁이라는 걸 하다 보면 언제 죽을지 모르는구나' 싶었지. 근데 그때는 뭐 걱정되지가 않아. 걱정된다고 어떻게 하겠어. 부대 명령대로 움직이니까 전투에도 몇 번 참가했다고.

인천상륙(작전)이 있었잖아. 그러니까 삐라^{전단}들이 전방에 많이 떨어진 걸 내가 주워 보고 '이제는 전투 환경이 완전히 반전되는구나' 느낌을 받았지. 결국 그때 인민군들이 뭐 부대를 교대한다고 했지만 그게 후퇴란 말이야. "몸이 불편한 사람 나오라" 해서 몇 사람 나갔는데, 우리 3명이 "아, 이제 돌아서서 집으로 가자!" 하고 탈출하다시피 한 거야.

탈출해서 충청북도 제천 근방까지 갔는데 국군들이 나타나잖아. 그때는 "너희 정말 의용군 끌려가서 고생했구나, 빨리 집에들 가라" 그럴 줄 알았지. 근데 "하루든, 이틀이든 인민군대에 협조한 놈들은 다 우리 적이다. 포로다" 그러더라고. 할 수 없이 끌려가서 조사받고, 안동형무소에 꼼짝 못 하게 딱 갇힌 거야. 한 이틀 밤 자고 나니까 미군 트럭에 실어서 40명씩, 50명씩 부산 동래 포로수용소로…. 그때가 1950년 9월 말, 10월 초 될 거야.

그저 심사도 없어. 의용군에 끌려갔던 놈들은 잡아넣고 (옷에) 영어로 PW^{Prisoner of War·전쟁 포로}라고 썼더라고. 영어로 전쟁 범죄자라는 뜻이라면서요? 쌀도 나르라 그러고, 또 화장실 청소하는 이런 거 계속 시키지. 쩐 내가 나는 그런 쌀을 갖다 밥을 해주는데 그것마저도 바람이 불면 날아갈 거 같아. 배가 고픈 게 제일 서럽더라고. 거기서 겨울을 보냈는데, 하루는 "다 나오라" 해서 나오니까 부산 부둣가에 큰 배가 와서 결국 갔더니 거제도야.

어르신의 자서전 《운명의 두날》 표지에는 이런 글귀가 있다. '강제 의용군에서 다시 군인이 되어 전장으로, 그리고 50년 만의 대한민국 품으로.' 여기서 말하는 의용군은 인민의용군으로, '6·25전쟁 초기 북한의 전시 동원령에 따라 정규군을 지원하기 위해 조직된 군대'를 말한다. 의용군으로 '끌려간' 청년은 탈출한 뒤 거제도 포로수용소에서 '인민군포로'로 생활했다. 어르신은 '전쟁으로 두 번 뒤바뀐 운명 앞에서 내 삶을 찾으려는 사투를 벌이지 않은 순간이 없었던 것 같다'(45쪽)고 했는데, 거제도에서도 그런 순간이 계속되고 있었다.

"(DDT약) 며칠에 한 번씩 그걸 뿌려주는 거야"

거제도 수용소에 가니까 도로 닦는 데 가서 돌을 주워다 자갈을 만드는 노동을 시키고 먹을 물 (나르고), 화장실 청소, 하루도 가만히 놔두지 않더라고. 이가 버글버글해서 몸이 계속 가렵고 피부병도 생겼거든. 미국 사람들도 그걸 보고 목욕은 시켜주지 못하고 DDT 유기염소 계열의 살충제 약이라고 하나, 며칠에 한 번씩 그걸 뿌려주는 거야. 거제도에 17만 명이 있었다는데 거기 목욕탕을 만들어주겠어, 뭘 해주겠어. (거제도에) 1951년엔가 갔지. 거제도에 2년 동안 있었는데 거기서 목욕을 한 번도 못 했으니 어떻게 됐겠어?

배고픈 게 가장 그랬지. 그래서 입으라고 준 옷을 팔아서 엿하고 바꿔 먹고 했다고. 혹시나 새 구두를 하나 주면 낡은 거랑 바꾸는데, 철망 옆에 있는 판매원들하고 물물교환을 하는 거야. 덮으라고 준 얇은 모포를 엿 몇 조각, 그렇지 않으면 마른 오징어 몇 마리랑 바꿔서 생활했지. 말로는 세끼 주는데 안남미 밥 한 공기라는 게 꽉 누르면 한 주먹도 안 돼.

포로들 먹이는 식량이 부둣가에 온단 말이야. 부둣가 노동이 차려지면 좋아서 다들 가려고 하지. 한 달에 한 번 차려질까 말까 한다고. 거기 식료

품이 나오잖아. 그걸 호주머니에 넣고 들어오다가 발견되면 미군들이 소금이고 뭐고 훔친 물건을 먹인단 말이야 막.

그렇게 생활하다 보니 1952년 6월이야. 그때 정훈장교가 들어오는데 직접 강의는 안 하더라고. 책자만 주더만. 중국 공산주의 제도가 나쁘다는 거, 6·25전쟁은 누가 일으켰는가 이런 걸 보고 하니까 그저 '석방되면 부모님하고 살아야지. 하던 공부도 마저 해야지' 생각했지.

나갈 때 심사 천막이 2개 있는데 길게 물어보지도 않아. "남으로 가겠나, 북으로 가겠나?" 딱 한마디야. 남으로 가겠다고 한 사람은 영천수용소로 가는 거야. 영천에 와보니까 '같은 천막에 있던 사람 3분의 1은 북으로 갔겠구나' 생각이 들어. '정말 비참하게 생활했지만 그나마 포로수용소에 있어서 (전시에) 목숨은 이어갔구나' 하는 생각도 들지.

영천수용소에서는 집에 갈 사람한테 무료 통과하는 증명서를 주고 석방시켰어. 차 타고 경기도 수원에 오니까 부녀회원들이 쌀 주먹밥을 주면서 "고생들 많았다" 반가워해. 아, 2년 만에 처음으로 쌀밥을 입에 대니까 맛도 맛이지만 우리를 환영해주는 부녀회원들이 고마워서 눈물이 나더라고.

막상 집에 와서 아버지와 여동생만 만났잖아. 한 달 조금 더 있었나. 영장이 나오니까 아버지가 설득하는 거지. "너는 의용군에 끌려갔다는 불리한 딱지가 있지 않니. 용감히 나가서 싸우고 오라" 그래. 그래서 나도 그랬지. "젊은이들이 다 나가 싸우는데 기꺼이 나가겠다"고.

(1952년) 8월 중순인가. 충청남도 논산 육군훈련소에 한 달 정도 있었지. 강원도 춘천 보충대에 가면 부대 배치를 해줘. 올라가니까 아주 산꼭대기인데 전투가 매일 벌어지는 딱 최전방이야. 나이도 어리고 그러니까 열심히 싸웠어. 군 부대원들도 나를 성실히 임무 수행한다고 평가해주고. 내가

무공훈장을 받은 것도 (그래서겠지). 비겁하게 생활한 것도 아니고.

스물세 살 청년은 평온했다고 한다. "운명대로 죽을 사람은 죽는 거지. 그저 다른 생각 없이 아버지도 말씀하신 것처럼 용감히 싸워서 훗날 돌아갈 날이 있으면 돌아가는 거니까."

"포로가 쌍방에 다 있으니까 응당 갈 줄 알았어"

지역은 (강원도) 김화지구^{김화 금화지구} 최전방이야. 전호^{참호} 들어가서 신발 벗을 새도 없어. 거기서 그냥 주먹밥 날라다 주는 거 먹고. 지게꾼들이 밥을 후방에서 날라 온단 말이야. 매일 저녁 전투니까 미처 뭐 다른 생각을 할 새가 없더라고. 전투가 언제 끝나는가 이런 정도지. 집 생각할 새도 없어.

6월 9일에 나갔다가 그날 밤새워 정찰 임무를 수행하고…. 전호에서 '날이 밝으면 본 부대로 올라가야 되지 않겠나' 하는데 결국 적 포탄이 잠복 초소에 떨어지면서 (내가) 매몰되고 만 거야. 같이 있던 분대장하고 옆에 있던 사람은 전호가 무너지면서 묻혀 죽었는지 전혀 모르겠어. 10일에 묻혔다가 그놈들한테 아침에 발견돼 끌려간 거니까, 끌려간 건 11일로 봐야지.

중공군들은 나팔을 불지만 꽹과리도 치면서 돌격해 오거든. 나는 어떻게 팔하고 어깨하고만 나오고 밑에는 다 묻혔잖아. 중공군들이 발로 툭툭 쳐보더니 내가 살아서 움직이니까 파헤치더라고. 비행기가 뜨면 중공군들이 피했다가 다시 와서 파내는 거야. 나중에 중공군 한 사람이 업고 갔어. 천막으로 데려가더니 간호사들이 얼굴을 닦아주고 죽을 쒀다 주고 다리를 주무르고. 중공군들하고는 한 천막에서 밥도 같이 먹었어. 거기 갔을 적에는 성한 사람이 한 20명 될까. 부상병이 많더라고. 한 10여 일 있었나 봐.

평안남도 강동군 승호리 포로집결소로 가서 인민군한테 인계하더라고. 가보니까 아는 사람이 없어. 미군 포로들도 와 있고. 소대, 중대를 편성해서 규율 있게 생활하게 해. 한 몇백 명 모이는 거 같았지. 수용하고 있다가 한 50명씩 해서 다른 데로 데려가고.

하루는 밤하늘에 불꽃이 많이 올라가니까 우리를 관리하는 인민군 장교한테 물어봤어. "무슨 불꽃이 올라가는가?" "우리가 전쟁에서 승리했다는 승리의 축포를 올린다"는 거야. 그래서 휴전됐다는 걸 알았지. "우리는 어떻게 되는가?" 하니까. "당신들이야 포로들이니까 국제법대로 처리되겠지" 그래. 그래서 나는 포로가 쌍방에 다 있으니까 응당 갈 줄 알았어.

아니, 근데 이동을 시키더라고. 그때 100여 명 됐나? (평안남도) 성천군 어디 학교 건물이야. 거기다 넣어놓고 정치 학습을 시키는 거지. 한 달 동안은 거의 맨날. 나는 '정치사상 교육을 시켜서 보내는 모양이다' 그랬어. 그때는 일도 안 시켜. 그다음에는 평안북도 철산군 모나즈광산으로 데리고 가잖아. 그때 내가 '아하, 이놈들이 자기들을 위해 써먹으려고 교육을 (시키는구나)…'. 거의 1년 동안 일을 시키는데, 그때는 이미 포로 교환이 끝났지. 우리한테 (의사를) 물어보지도 않고 무조건 일을 시켰어.

그때 그놈들이 우리 신분을 정확히 알고 싶으니까 자서전을 쓰라는 거야. 출생한 건 언제고, 어디에서 출생했으며, 할아버지는 뭐 했고, 아버지는 뭐 했고, 군대 나오기 전에 뭐 했으며…. 왜 여러 번 쓰게 했냐면 한 달에 한 번씩 쓰게 하면 거짓말하는 게 다 들통 나잖아.

어르신은 "내무성 건설대를 다녀오지 '않은' 이들을 과연 귀환 국군포로라고 볼 수 있는가?"라고 반문하셨다. '인민군'에 편입된 국군포로는 내무성 건설대 생활을 하지 '않았기' 때문이다. 국군포로 상당수가 체포된 이후 내무성 건설대에서 1953년 10월부터 1956년 6월까지 철저한 감시를 받으며 탄광, 광산 노동을 했다. "군대 생활로 편성은 했지만 우리한테 계급을 주거나 그런 건 없고, 중대는 3개 중대야. 1개 중대에 소대가 한 서너 개 되지. 견장이 안 달린 군복 입혀놓고 일을 시키는 거야. 대좌가 있고 그 밑에 정치부대 대장, 대열참모, 안전군관, 간호사, 중대장, 소대장 쭉 있지." 어르신은 내무성 건설대 생활을 이렇게 정리하셨다. "그 3년 동안 우리를 정착 교육시키는 데 집중한 거야."

"우리를 '해방 전사'라고 그래"

그때도 한 300~400명 돼. 말은 광산이어도 산이 아니에요. 평지야. 논바닥 같은 딴딴한 데를 구멍을 파서 헤쳐. 그럼 밑바닥에 깔려 있는 모래층이 나오지. 모래층에 모래 같은 새파란 알맹이 광석이 깔려 있다고. 그걸 모나즈라고 하더만. 그걸 체로 거르면 모나즈는 가라앉고 흙이나 모래는 떠내려간단 말이야. 그럼 모나즈를 골라다가 상자에 50킬로씩 포장하는 거야. 발파하다가 잘못된 사람이 몇 명 있는데 죽은 동료 이름도 모르겠네. 거기서 한 1년 지냈지. 1953년 6월에 포로가 돼가지고 1954년 10월 8일에 검덕광산으로 갔으니까.

아니, 그놈들이 어디로 가는지 알려주질 않아. 용양광산 거기가 종점이란 말이야. 거기 내려서 한 10리 못 되게 걸어 올라가면 검덕광산이 있었어. 그때 같이 간 게 한 300명 될 거 같은데. 여러 빵통차^{화물차}에 타서 그다음에 또 오고 또 오고. 합쳐놓으니까 500~600명 되는 거 같아. 그때 조○○라는 인민군 대좌가 "이 부대는 내무성 건설대 1708부대다. 당신들은 내무성 건설대원이다" 이렇게 선포하고 광산 노동에 동원한 거지.

초창기에는 제일 힘든 일을 시키더라고. 쉽게 말하면 두부를 망에 가는 것처럼 돌을 큰 망에다 갈아서 찌꺼기는 내보내고 앙금을 앉히는데 그걸 정광이라고 그래. 그 정광이 진흙같이 찐득찐득하단 말이지. 그걸 한 70킬로씩 포장해 실어서 보내는 작업을 시키는 거야. 등짐으로 져서 싣는 게 육체적으로 힘들거든. 강냉이밥은 정도껏 공급해준 거 같아.

검덕광산 1708부대는 우리가 병사兵舍처럼 길게 짓고, 1개 동사에 1개 소대씩 들어가 생활하게 했으니까. 일은 8시간씩 해. 두 달 지나니까 몇 사람씩 골라서 갱내로 들여보내더라고. 나는 아까 말한 포장 작업만 했어. 1956년까지는 그렇게 했지. 1707부대는 용양광산에 왔더란 말이야. 용양광산하고 검덕광산하고 거리가 한 10리 되나. 나는 용양광산에 동원돼 일한 적도 있고, 검덕광산 철길 공사하는 데도 동원되고.

근데 우리를 '해방 전사'라 그러고 절대 포로라는 말을 안 써요. 유 동무, 김 동무 그러고. 자기 전사들을 대하는 것처럼 대한단 말이야. 경비대가 따로 보초 서고 해도 그 사람들이 우리를 부려 먹으려고 겉으로 때리거나 욕사발을 하거나 그런 건 안 해.

그리고 자꾸 정치 학습, 사상교육을 시키면서 대열참모는 담화 사업을 한단 말이야. 그러면서 완전히 심리 파악을 하는 거지. 마음으로는 고향이 그립고 부모 형제가 그리운데 그런 표시를 한 사람은 슬그머니 밤에 없어진단 말이야. 핵폭탄이나 원자탄 만드는 데 데리고 갔는지, 정치범수용소로 데리고 갔는지 모르지. 그런 사람이 7~8명 돼.

그놈들이 또 잘하는 사람한테는 부대장 표창도 주고, 감사장도 주고, 내무성 표창까지 줘. 한쪽으로는 슬그머니 달래면서, 또 한쪽으로는 말을 듣지 않는 우리끼리 사상 투쟁을 시킨단 말이야. 때리고 욕하는 건 우리끼리 생활총화라는 걸 하게 해서 "너는 왜 개혁을 못 했냐?" 뭐 이런 걸 자체적으로 비판하게 만들어놓거든. 겉으로 소대장은 구경만 하는 것처럼 하고.

　내가 부소대장 같은 역할을 했으니까 동료들이 물어보는 게 많단 말이야. 나는 또 내 짐작대로 귀띔도 해주고 그랬는데, 이걸 나쁜 놈들이 보고선 대열참모한테 고발한 거 같아. 사상 투쟁을 하는 회의를 열어서 사상 비판을 전개하더라고. 함부로 얘기했다가는 내가 죽겠는데 그랬겠어? 그래서 무사히 통과되고 마지막에 공로 메달도 받고 표창도 받았으니까 뭐.

　어르신은 내무성 건설대에서 제대한 뒤에는 "(조선노동당) 당원이 되고 싶었다"고 하셨다. "여기에서 열성적으로 해서 당원이 돼야 아이들에게도 아버지답게 보인다는 거지. 사회생활에서 일 잘하면 당원이 된다고. '당원이 돼야 한다' 이런 생각만 한 거야." 어르신이 목에 핏대를 세우며 이야기하셨다.

"당원이 되는 게 목적이다"

　부대 생활을 할 때는 돈도 안 주고 해서 시키는 대로만 했지만, 사회에 나온 다음부터는 "자기 계획 과제를 해라. 월급은 일 많이 한 사람에게 더 준다"고 해서 사람들이 위험한 데 배치되고 마구 일하니까 희생자도 나오고 그랬어. 부대를 끌고 다닐 적에는 적당한 장소에서 일시키고 들어왔지만, 제대 후에는 여러 갱도에 배치되니까 위험한 데서 채광도 하고 직종이 많이 변동됐지.

　북한 생활은 먹고살려고 일하는 것보다 과외 시간이 더 힘들어. 일이 끝나면 사상 투쟁이요, 강연회요, 학습회요, 무슨 생활총화요, 이 시간들 때문에 사람이 정말 녹아난단 말이야. 갱에서 일하느라 맥이 없고 피곤해 죽겠는데 (저녁) 9시나 돼야 집에 가게 된다고.

전후 복구 건설에 인재들이 필요하고 기술자도 필요한데 평양에서 기술학교 나온 사람이 몇 명이나 되겠어. 그러니까 검덕광산도 특급 기업소라 자체적으로 기술자들을 양성해 쓰라 해서 나도 기술을 좀 배워보자고 했지. 솔직히 부대에서 공로 메달을 받고 하니까 추천해준 거야.

낮에는 일하고 밤에는 야간기술전문학교에 다녔어. 육체적으로 아주 힘들면 공부를 못 하잖아. 그래서 나를 측량부서에 배치하더라고. 말하자면 특별 배려지. 측량 부서에 배치된 게 그 많은 국군포로 중에서 2~3명밖에 없어.

근데 다니다가 병에 걸려서 세 번이나 함경남도 리원 도결핵병원에 갔다 오고 말았어. 한 번 가면 석 달이야. 석 달에 세 번이면 아홉 달이지. 참모 성원이라고 추천해줘서 특별대우를 받아 간 거야. (야간기술전문학교) 3년 6개월 과정을 5년 6개월 만에 졸업했어. 1년은 다니고 1년은 휴식하고 1년은 다니고 1년은 휴식하고. 끝끝내 통일돼도 기술은 어디 가서 써먹을 수 있잖아. 싫든 좋든 해봐야 되겠다 해서 끝낸 거지.

측량공은 광산 갱도를 정확히 목적지에 가게끔 방향을 지시하고, 그다음에 광석을 얼마나 캤는지 광량을 계산하고, 그다음에 갱도 규격을 정확히 제대로 보장하면서 들어가는지 검열하지. 광산의 모든 과정을 통제하고 관리하는 거야. 높은 사람들도 측량부서 사람은 무시 못 해. 우리 사무실도 지배인 딱 옆에 있었다니까. 막노동하는 사람보다 돈은 적지. 우리는 사무원급에 속하는 식량을 주는데, (전문학교 나와) 기술자격증을 받으니까 한 급수 높여서 800그램 주더라고 하루에. 그다음에 기술과학금을 한 달에 얼마 붙여주고.

거기에 있으면서 (공개 처형) 두세 번 정도 봤지. 국군포로가 아니라 다른 간첩을 처형하는 걸 봤어. 지방에서 많이 열린다는 얘기는 계속 나오더만. '너희가 나쁜 행동을 하면 이렇게 된다' 이걸 보여주려고 그놈들이 그렇게 하는 거야.

사회에 나와서 신문도 보고 하니까 알게 된 거지. 이제는 삼팔선이 아니라 분계선이 생겨서 이걸 경계선으로 남북이 갈라졌다 이렇게 되더라고. 그러다 우리 어머니 고향인 황해남도 연안군이 북한 땅이 됐다는 걸 알았어. 내가 "그걸 알아봐 달라"고 요구해서 알게 된 거지, 어머니가 거기 있다는 걸. 휴가를 써서 (1957년 8월) 갔더니 어머니가 깜짝 놀라. 정말 눈물을 흘리면서 "네가 이렇게 살아 돌아올 줄 몰랐다". 어머니 생활이 너무 비참하더라고. 어린 동생 넷 데리고 토굴에서 생활하니까.

어머니가 살아 돌아온 나를 보고 "이웃집 처녀를 며느리로 삼으면 좋겠다" 그러는 거야. 토굴막하고 그 처녀 집하고 거리가 10여 미터밖에 안 되더만. 어머니를 도와주고 어린 동생들을 많이 도와준 성의가 고맙다 보니까 그다음 해에 혼사가 성사됐지. 협동농장에서 간단히 준비해줄 테니까 약혼식 삼아, 혼사 삼아 하라고 그래서. 말이 결혼식이지, 가족 몇이 모여서 한 거야.

어르신은 아내를 잃고 탈북을 결심했다고 하셨다. 자서전에는 '불쌍한 아내가 죽은 이후 오늘까지 6년을 혼자 외롭게 지내왔다. 비가 오나 눈이 오나 험준한 산에 가서 불 땔 나무를 해왔고 변변한 옥수수죽 한 그릇도 시원하게 먹어보지 못했다. 내가 왜 아직도 살아 있는지 스스로도 알 길이 없다'(238쪽)는 대목이 나온다. 어르신은 그 시절을 덤덤하게 설명하셨다. 책에는 '아들이 내가 먹을 것이 없어 고통받는 것을 보고 삼촌을 찾아갔는데 욕설을 듣고 내쫓겼다'는 내용이 나오지만 인터뷰에서는 이 일을 언급하지 않으셨다.

"이 사회에서는 사람대접도 못 받는구나"

부득불 거기서 어머니를 만나고 동생들을 만나니까 반갑다기보다 책임감이 무거워졌잖아. '내가 어머니를 끝까지 책임지고 어린 동생들을 돌보면서 이제 살아야 되겠구나. 그러다 보면 세월이 변해서 아버지를 만날 날도 있겠지.'

근데 그게 마음대로 안 되고 어머니가 1959년에 돌아가셨어. 쉰세 살이면 젊은 사람 아니야? 자식 넷 키우고 피란민으로 비참하게 살다 돌아가셨지. 할 수 없이 (내가) 동생 셋을 키웠는데, 큰 동생은 몇 달 전에 이미 출가했더라고. 동생들이 여덟 살, 열두 살, 열네 살 정도 되는 거 다 키워서 장가, 시집 보냈잖아. 결국 동생 하나는 광산에서 일을 너무 많이 하다 보니까 힘들어서 죽었지. 여동생은 시집은 갔지만 얼마 살지 못하고 죽었고. 그다음에 아내도 나를 시중하고 시동생 셋 돌보고 아이 둘 키우다가 비참하게 죽었어.

내가 뭘 바라고 거기 더 있겠어. 기술자로서 할 수 있는 일은 정말 성의껏 다 했다고. 기술자가 그런 훈장을 받기 힘들어. 그런데 나는 훈장 6개를 받지 않았겠어. 공로자 대우까지 받았지. 공로자 대우를 받으면 연로 보장을 받을 때 식량도 600그램 주고 연금도 준단 말이야. 그렇게까지 됐음에도 나는 물론이고 동생들도 당원으로 받아주질 않아. 그러니까 결국 내가 이 사회에서는 사람대접도 못 받는구나….

북한은 계급성분을 따지는 사회인데, 첫째는 군대 가는 집안은 북한에서 인정받은 집안이야. 둘째는 당원이 되면 공무원도 될 수 있고 출셋길이 열리는 거지. '군대 간 집안은 그래도 북한 정부가 인정해주는 가족이다' 그게 첫 출발점이야. 자기가 조금만 하면 당원이 될 수 있으니까. (군대 안 가서) 우리 아들도 손가락질당하지, 딸도 좋은 집안에 못 가지…. 까치는 까치끼리 한다고.

당장 먹기도 곤란하고 나도 죽을 날이 눈앞이니까, 막다른 골목에 있으니까 가다 죽더라도 왔던 길로 돌아가야겠다. 그 이상 내가 버틸 수 없으니까. 그때 내가 만 70이 넘었는데, 나만 살아야 되겠다는 것보다 '내가 있던 자리로 돌아가야 하지 않나', '이제라도 아버지를 만나보고 죽어야 하지 않겠나' 하는 생각이 들더라고. 아들, 딸 데려올 생각도 안 하고, 노력하면 데려올 수 있겠구나 싶으니까 그런 시도를 한 거지.

돌아온 사람들 경로를 가만히 보면 브로커들이 찾아가서 유혹했더라고. 브로커 말은 "당신들 가면 국가가 대우해준다"는 거야. 그 사람들을 만나 보니까 대부분 영사관, 대사관 통해서, 브로커 통해서 왔더라고. 대부분 중국에서 친척들을 먼저 만나본 다음에 온 사람들이야. 브로커 비용을 3,000만 원 줬다, 1억 줬다는 사람까지 있어.

나는 넘어올 때 브로커라는 것도 모르고 보따리장사를 하는, 우리 딸의 친구를 따라나섰지. 브로커가 아니라 장사꾼이란 말이야. 나는 여기 이복동생이 가짜 여권을 만들어서 (중국에) 넘어왔어. 물론 동생도 내가 죽었다는 소식을 들었기 때문에 처음에는 인정을 안 했대. 형이 죽어서 (이미) 전사통지서가 왔는데 하면서. 그래서 국방부에 가서 물어봤다는 거야. 국방부에서 300만 원인가 '여비'를 줬더만. 동생이 국방부에서 말하는 걸 보니 사실 같으니까 우리 아버지 70대 때 사진으로 가짜 여권을 만들어 가지고 넘어왔단 말이야. 그 여권을 가지고 브로커하고 교섭한 게 심양^{선양}비행장에서 확인하는 놈 있잖아, 그놈한테 뇌물을 먹이는 작전을 했더라고. 그래서 그놈한테 뇌물을 주고 "통과되면 돈을 주겠다" 약조해서 나는 넘어왔지.

어르신은 일본 정부와 한국 정부를 비교하셨다. 고이즈미 준이치로 전 일본 총리는 2002년 평양 북일정상회담 이후 납북 피해자 5명을 귀국시켰다. 반면 북한에서 국군포로, 납북자를 데려온 한국 지도자는 없다. 대한민국 헌법 제30조는 '타인의 범죄행위로 인하여 생명·신체에 대한 피해를 받은 국민은 법률이 정하는 바에 의하여 국가로부터 구조를 받을 수 있다'고 규정하지만, 북에 억류된 대한민국 국민은 국가로부터 구조를 받을 수 '없었다'.

"국군포로나 납북자 한 명 데려온 게 있나?"
/

　나는 솔직히 말해서 한국 대통령이 3명이나 갔다 왔잖아. 좋은 의사를 가지고 갔겠지. 김대중 대통령도 햇볕정책으로 남북관계를 풀려고 노력한 것이 사실이겠고, 또 노무현 대통령도 그렇고, 문재인 대통령도 남북관계를 풀려고 갔겠지. 나는 인정을 해. 그건 옳지만 결국 세 분이 가서 뭘 해결하고 왔는가? 국군포로 문제를 놓고 봤을 때.

　김대중 대통령이 갔다 와서 비전향 장기수들, 그게 말하자면 대한민국 전복시키고 가장 악질적으로 한 간첩, 뭐 이런 파괴분자들 아니야? 당신들의 애국자 63명을 보내줬으니까 2000년 국군포로를 몇 명 보내달라든가 해서 납북자를 찾아와야 하잖아. 그런 게 하나도 없으니까. 아니 나라를 위해 싸운 국군포로 몇 명을 데려올 용기를 왜 못 가졌는가?

　고이즈미 일본 총리는 두 번이나 갔는데, 그때 김정일이가 일본인을 납북했다는 말을 한마디라도 했겠어? 고이즈미 총리가 가서 일본인 납북자 4명인가 5명을 비행기로 데리고 오는 걸 (텔레비전으로) 내가 봤단 말이야. 우리도 상호주의 원칙에 따라서 그런 인간적인 문제를 해결해야 하는데, 우리 국군포로나 납북자 한 명 데려온 게 있나? 다만 몇 사람이라도 했어야 하는데 한 명도 안 데려왔으니까 사실 '이게 뭐 나라인가' 그런 생각도 들지.

　어떤 대학교수가 "김대중 대통령이 갈 적에 국군포로 한 명을 데리고 오라. 쌀을 10만 톤을 준다고 해라" 이렇게까지 김대중 대통령한테 의견을 줬다고 한 내용의 신문을 그대로 갖고 있어. 근데 김대중 대통령이 가서 그런 의견 제기를 안 했더라고. 이명박 대통령도 그래. (북한의) 요구 조건이 너무도 많았다 그 얘기를 듣긴 했는데 결과는 모르겠어.

인연이 오래돼서 하는 말인데, (북한이) 국군포로를 억류한 목적이 무엇이겠어? 원래 대한민국이 거제도 포로수용소에 포로 17만 명이 있다고 했잖아. 휴전되면서 북한은 17만 명 다 넘겨달라 그랬을 거 아니야. 대한민국은 어떻게 했는가? 이승만 대통령이 1952년 6월 6월과 10월 사이에 의용군 출신 2만 7,300명 남한 출신 의용군포로 3만 8,000여 명을 내보내고 1953년 6월 18일에는 반공포로 2만 6,930명 2만 7,388명을 석방했단 말이야. 의용군이라고 해서 빼버리고 반공포로라고 해서 빼버리고 해서 그놈들이 약점을 잡은 거 같다고. 당신들이 먼저 17만 명 있다고 떠들어대고 이렇게 내보내니까 "(국군)포로들은 안 가겠다는 사람이야" 하고 억류하지 않았나, 내 추측이지. 인민군포로 7만 5,823명 7만 6,119명은 우리가 보내준 숫자야. 우리가 받아온 숫자는 1만 명도 안 되잖아. 8,343명. 이게 너무 억울하다는 거고.

좌우간 잘 써봐요. 재미있게 써서 나도 한 권 주고. 예, 수고하세요.

유영복 어르신은 공책에 육필로
자신이 체험한 이야기들을 써놓으셨다.

2장

내무성 건설대 출신
목공·공장 노동자

05 이대봉

(2013년 5월 23일, 2020년 8월 16일, 2022년 9월 7일 취재)

"자식이 아버지를 원망해.
내가 항상 마음에
가책을 받는단 말이오"

이대봉 어르신은 세 번 뵈었다. 어르신은 현재 북한에서 국군포로 출신인 남편이 사망하자 식당에서 일하며 자식들을 키운 분(여기서는 할머니로 칭하겠다)과 함께 살고 계셨다. 인터뷰는 서울 양천구 어르신의 집에서 진행됐다. 어르신이 침대에 걸터앉고 내가 바닥에 앉아서 이야기를 나눴다. 어르신의 침대는 거실에 있었는데 세 번째 찾아갔을 때는 방에 놓여 있었다. 어르신이 기억을 잘 하지 못할 때면 할머니가 설명을 덧붙여주셨다. 어르신은 "나는 북한에 남은 게 없으니 이름과 얼굴을 알려도 돼"라고 여러 차례 강조하면서 그간의 삶을 들려주셨다.

"중공군이 기습해 왔는데 포로가 된 거야"

원래 고향은 경상남도 진양군, 지금 진주시지. 이반성면 평촌리. (생일이

1931년 1월 2일	경상남도 진양군 출생(음력)
1952년 5월 25일	입대, 2사단 32연대 2대대 7중대 3소대 배치
1953년 6월 28일	강원도 철원에서 포로로 잡힘 내무성 건설대 제대 후 아오지탄광에서 전차수리공, 목수 생활
2006년 6월	탈북
2006년 9월	남한 정착

음력으로 정월 초이틀이야. 아버지는 이원근, 어머니는 박천동. 큰형님이 있고 둘째형이 있었는데, 철도 근무를 했단 말이오. 아버지도 철도 선로반 노동을 하고. 이반성면국민학교를 1946년 6월에 졸업했어. 원래 3월이 졸업인데 석 달 동안 연장해서 우리말을 제대로 배우게 하려고 그랬지. 아버지는 1948년인가, 전염병으로 (사망했어). 장티푸스가 돌았거든.

그다음에 나도 이제 나이가 있으니까 사회생활을 해야 된다고. 그래서 7월 1일부터 부산에 있는 가구공장에 갔지. 큰 매부가 가구공장을 했거든. 거기 가서 목수 일을 배웠어. 거기서 일하다가 전쟁이 나서 1952년 입대했지, 영장이 나오는 바람에. 1952년 5월 25일이던가.

제주도에 가서 96일간 훈련받고 9월에 전선으로 배치받았지 뭐. 배치받은 데가 2사단 32연대 2대대 7중대 3소대. 거기서 복무하다가 저격능선, 금화지구전투에 참전했다고. 그다음에 우리 부대가 치열한 전투를 겪었기 때문에 좀 보충할 겸 한 달 휴식을 취하다가 철원지구에 배치됐단 말이오.

1953년 6월 28일 정전을 한 달 앞두고 지금 식으로 말하면 화살머리고지에서 포로가 됐어. 그런데 사실 우리는 백마고지 저격능선 앞에 있는 고지가 화살머리고지인지도 몰랐지. 전쟁 때 왔다 갔다 했으니까. 후에 가만히 생각하니 화살머리고지였어.

중공군들이 화살머리고지에 있었는데, 정전을 앞두고 서로 격전을 벌일 때였어 그때가. 올라갔다 내려갔다 하면서 하룻밤은 우리가 점령하고 또 하룻밤은 중공군이 점령했지. 근데 내가 가기 전날 거기 통신병이 부상을 당했다면서 내려갔단 말이오. 그날 저녁에 또 중공군이 기습해 왔는데 그때 포로가 된 거야. 가자마자 첫날에 소대가 몽땅 전멸하고 세 사람 살아남았어. 경비 서던 둘이 먼저 포로가 됐지, 신○○하고 김○○. 그 다음 방공호에 있던 사람들까지 전투를 하다가 끝 무렵에 내가 포로가 됐단 말이오.

집결소에 도착해서 보니까 나보다 두 사람이 먼저 포로가 돼 있다는 걸 알았지. 강원도 이천에 집결소가 있는데 10명이 넘어, 포로가 된 사람이. 그 부대에서 관할하던 지역 골짜기에는 미군들이 있었고. (포로가 될 당시) 땅굴^{방공호} 안에 15명이 있었지. (수류탄이 터져서) 다 전사하고 내가 끝 무렵에 포로가 돼 1개 소대가 전멸했단 말이오. 세 사람이 포로가 돼 북한에서 같이 살았다고. 중공군이 관할하는 강원도 이천 집결소에 한 석 달 있었나.

(집결소에서는) 국제법에 따라 자기네랑 동일한 대우를 해줬단 말이오. 그 사람들이 먹는 대로 식사를 시켜줘. 우리는 중공군 포로가 돼서 배고픈 줄 모르고 살았지 뭐. 중공군 식사가 아침, 점심, 저녁이 다 다르다고. 정전 단계니까 일할 게 없지. (가혹행위) 그런 거 없어. 그저 방에 가둬 놓아서 자유가 없다뿐이지. 나와서 바람이나 쐬고 들어가고 말지 뭐. 무장경비를 서니까 자유 활동은 못 해. 중공군이 우리를 따로 교육시킨 건 없어.

어르신은 마치 독백극을 하듯이 무표정한 얼굴로 그날을 회상하며 담담하게 이야기를 이어가셨다.

"그저 될 대로 돼라, 운명에 맡기는 판이었어"

거기서 9월이 되니까 중공군이 철수했어. 우리 포로들도 다 평양 강동수용소로 보내더라고, 평양시 강동수용소. 6월 28일에 포로가 됐고, 9월에 평양으로 갔단 말이오. 7월 27일에 정전이 되지 않았소? 9월에 중공군들이 포로를 다 인민군대에 편입시키더라고. 우리는 집에 가는지 알았지. 그때 포로협정인가 그것 때문에 정전협정을 하면 보내주자고 해서 가는가 보다 했다고.

근데 평양 강동에서 사나흘 있었나, 담화 상담를 받으라고 해. 그리고 마지막으로 자기 희망을 묻더라고. 그래서 나는 집에 가겠다 했어. 가겠다고 하면 죽을까 봐 남겠다는 사람도 있고 그랬겠지. 실제로 대우도 좀 다르게 받고. 내가 알기로는 아오지탄광, 고건원탄광, 하면탄광 셋이 기본이란 말이오. 그 일부 광산에 배치되는 사람들이 있어. 그런 사람들, 주로 거기 남겠다는 사람들이 광산 부분으로 가지. 나는 가겠다…. 겁날 게 없지 뭐. 나는 죽어도 가겠다고 했단 말이오.

평양 수용소는 중공군보다 대우가 못해. 밥 먹고도 배가 고프다는 사람이 많았다고. 강냉이밥이고 하니까. 중공군은 밀가루가 주식이라 빵 해주고 국수 해주고 식사 계획표에 따라 자기네들 먹는 거를 해줬다고. 근데 평양에는 일주일도 안 있었어.

(집에) 가겠다는 사람들은 9월에 빵통열차 화물기차에 싣더라고. 빵통이 몇 개인지는 모르지. 철길도 폭격을 맞아서 제대로 작동이 안 되니까 중간에 가다 서고 그랬어. 한 이틀 그렇게 가는데 북쪽으로 간다는 거야. 우리는 남쪽으로 가야 집인데…. 집에 보내줄지 알았지, 나갈 줄 알았어.

아오지탄광에 간 사람이 한 500명 돼. 개성 쪽으로 간다고 생각했지, 북쪽으로 가는지는 몰랐어. 가을이니까, 9월이니까 단풍 진 것도 보고. 청진 지나서 회령 쪽으로 가니까 무슨 고개야. 무산역이지, 무산고개. 이틀 (걸렸어). 왜 500명인가 하니 국가에서 받아오는 식량이 600명분이었어. 경비성원이고 관리성원까지. 그래서 500명이 됐다고 봐야지.

어떤 생각이랄 게 있나? 아무 생각 없지. 그 사람들 하라는 대로 가야지. 마음이 그저 될 대로 돼라, 운명에 맡기는 판이었어. 북한에서는 뭐가 제일 중요한가. 성분을 기본으로 한다고. 아버지도 철도 노동자고, 나도 노동자라 성분이 좋으니까 자꾸 어루만지더라고. 첫 담화에서 그래. "성분이 좋습니다." 내가 담화 때 쓰는 걸 봤단 말이오. 교양 대상이라고 쓰더라고. 교양해서 쓸 사람이라는 거지.

1953년 정전되고 9월부터 거기서 일을 시작했어. 그때는 내무성에서 관할했지. 우리 아오지에 있었던 부대는 내무성 건설대 2201군부대 1701부대야. 군부대하고 부대는 다르다고. 편재는 우리가 모르지. 1개 중대가 한 120명일 거야. 1개 소대가 한 40명 됐다고. 잠은 철조망 안에 있는 사택에서 잤어. 철조망 안에 귀퉁이마다 보초가 서 있었다고, 인민군 보초가.

어르신은 좋은 기억을 떠올릴 때도, 참담한 장면을 들출 때도 덤덤하셨다. 다만 자신의 목수 기술에 대해 언급하실 때는 자부심이 묻어났다. 부산에서 목수 일을 하면서 틈틈이 중학교 교과서를 펼쳐 봤다는 어르신은 북한에서 교육받은 내용을 열심히 설명하셨다.

"집에 못 가게 되니까 자리를 잡아야 되겠구나…"

한 2년 그렇게 반半교양, 반실습을 시키는 거지. 4개 중대인데 1개 중대는 탄광에 동원되고, 탄광 일을 안 가는 중대는 교양을 하면서 그렇게 지냈다고, 3교대로. 낮에는 공부시키고, 사상 교육을 시킨단 말이오. 김일성주의에 대한 거야. 하루에 네댓 시간 공부한다고. 우리가 다른 공부를 한 게 없으니까 김일성이가 좋다는 생각만 하게 되지 뭐. 혁명가라는 것만 알고. 김일성의 아버지 김형직, (증조)할아버지 김응우도…. 미국 셔먼호 사건이라고, 거기서는 그거에 대해 교육을 시킨단 말이오. 대동강으로 쳐 올라오는 거 물리쳤다고. 김응우가 앞장서서 했다는 게 역사에 나와. 실제 그랬는가? 허, 아주 애국적인 가정으로 묘사돼 있지.

그때는 사회주의라는 게 좋다고 생각했는데 그렇지 않더라고. 계급 차이가 없고, 자기 능력에 따라 일하고, 자기의 요구에 맞게 분배받는 게 공산주의 사회란 말이오. 근데 사람의 의식이라는 게 따라가는가? 잘살면 더 잘살고 싶고, 먹으면 더 많이 먹고 싶은 게 사람의 욕심인데 가능한가? 마르크스가 전 세계 노동자는 단결하라 그랬다고. 근데 우리 한국 내에서도 단결을 못 하는데 단결이 되겠소? 그리고 레닌이 전 세계 노동계급이 단결하면 한 나라에서도 혁명을 할 수 있다는 이론을 내놓았고, 러시아에서 실제로 혁명을 했단 말이오. 이런 건 자기가 열성만 있으면 책을 빌려서 마음껏 읽어 알 수 있으니까, 도서관이 있어서 알 수 있지. 그때는 고향에 못 가니까 거기에 정착해야겠다는 생각을 했다고.

한 달에 일주일 정도 나가서 일하고, 하루에 8시간 근무하고. 거기서 노력이 부족한 곳에 넣는단 말이오. 주로 탄 캐는 데지. 탄 캐는 데는 굴진이 있어, 기본 굴진이라고. 앞으로 전방을 마련하기 위해 하는 게 기본 굴진이고, 탄을 캐내기 위해 채탄장을 만들려고 뚫는 게 준비 굴진이야. 그다음이 채탄이지. (어르신에게 채탄을 맡았는지 묻자 고개를 끄덕이셨다.) 그때는 내무성 장교들이 계속 따라다녔어.

나는 목수 기술이 있으니까 목수 일을 해야 하는데, 그런 거 상관없이 다 들어가서 했지. 소대장들이 다 인솔한단 말이오. 소대장이라는 게 북한군이야. 그 사람들이 들어갈 때도 입증하고, 나와서도 인원 점검하고. 근데 일손이 모자라니까 위험한 탄광에서 (노동할 인원을) 요구한단 말이오. 몇 명 배치하는 게 그날그날 다르지. 우리는 돈을 안 받았어, 부대에서 관할했지. 군대 식량을 공급받는데 거기서야 제대로 다 주지, 식량 그런 건.

귀환 국군포로를 만날 때면 '이야기 약탈자'가 된 기분이 들곤 했다. 나는 어르신들의 이야기를 듣고 그 말씀을 기록으로 남기고자 그분들을 찾아뵌 것이었다. 인터뷰를 시작하기에 앞서 이러한 만남의 취지를 설명드렸다. 그런데도 그분들이 상처를 들춰내며 숨을 몰아쉬거나, 눈을 감거나, 말씀을 멈추시면 내가 몹쓸 짓을 하고 있다는 생각이 머릿속을 떠나지 않았다. 어르신이 먼저 떠나보낸 아들에 대해 이야기하실 때도 그랬다.

"마누라가 핏덩이 같은 걸 두고 사망했으니"

(내무성 건설대 생활은) 한 3년인가 하고, 1956년에 43호 내각결정이 내려왔어. (내무성 건설대가 해산된 후) 북한 노동자들에게 하던 대우를 그대로 해주는 거니까 탄광에 배치됐단 말이오. 그때부터는 개별 노동자 대우였지. 집에 못 가게 됐으니까 자리를 잡아야 되겠구나…. 임시생활을 할 수 있게끔 이부자리 하나랑 옷을 한 벌씩 해주더라고. 양복이지 뭐. 이불이라는 게 모포 1개. 2만 원 (받은 거) 생각난다. 어떻게 썼는지도 모르겠어.

해산되고 나서는 한 방에 살기도 하고, 작은 방에 살기도 하고 그랬지. (할머니는 "한 방에 서너 명씩 살았다"고 설명하셨다.) 호실을 배정받아서 정확한 인원은 모르겠어. 포로만 있는 게 아니라 의용군 제대 군인도 있었지. 다른 사람들은 제대하자마자 결혼한다고 난리야. 나는 결혼 생각이 있지 않았다고. 뭐 그렇게 생각이 없더라고.

세월이 흘러가니까 친구들이 소개를 해주더란 말이오. 의용군으로 입대했다가 먼저 결혼한 사람이 자기 마누라의 사촌이라며 소개해줬어. (중매인은) 경상도 상주 사람인데, 한 호실에 있었지. 고향을 뜬 사람들은 감정이 잘 통하기 때문에 그 사람은 당에 입당했는데도 나하고 친했지 뭐.

첫 마누라는 평양 방직공장에서 일했는데 부모가 없고 성분도 좋았어. 결핵이라는 게 무서운 병인 줄도 모르고 결혼해 살다 보니까, 1960년 12월 15일에 아들을 (낳았지). 이후 돌이 조금 지난 다음에 마누라가 사망했어. 핏덩이 같은 걸 두고 사망했으니 내 심정이 어떻겠소? 그래서 바로 군위원회에 찾아가려고 했지. 찾아가는 길인데 친구가 그러더라고. 가지 말고 마누라를 얻어서 양육해라. 그 친구 소개로 둘째 마누라를 얻었단 말이오. 월남가족이라고 해서 그간 시집을 못 간 사람이야. 임신을 못하는 사람이지.

탄광에서 일한 거? 1956년 6월 24일인가, 부대 해산하고 탄광에 배치됐단 말이오. 나는 목수니까 건설이지, 아오지탄광 건설. 목수 일이 굉장히 업무량이 많았을 때야. 전쟁 때 집이란 집은 죄다 마사졌으니까[부서졌으니까]. 목수가 절실히 필요하다 보니 나를 거기에 배치하더라고. 그래서 목수 일을 계속했지 뭐. 한 5년 했지.

북한에서는 노동시간이 8시간 된단 말이오. 왜 그런가. 목수지만 노동시간은 8시간을 더 연장해서 못 한다고, 노동권 때문에. 같은 노동이라서 차별은 없었어, 내가 기술이 높으니까. 어릴 때부터 목수 일을 해서 완전한 기능공이야. 내가 기술이 높으니까 무시를 못 하지. 가구 만드는 것도 있고 건구도 있고 의자

전문도 있고 여러 종류가 있다고. 나는 문 짜는 게 기본인 기능공이란 말이오. (목수 가운데 국군포로는) 없었어. (국군포로는) 다 탄 캐는 데로 보냈지.

예전에는 사람들이 우스갯소리로 "잘못했다간 아오지에 끌려간다"는 말을 하곤 했다. 실제로 아오지탄광은 가혹한 노동으로 악명 높은 곳이다. 어르신은 그 아오지탄광에서 일어난 사고를 떠올리셨다. 기억은 희미해져 있었다. 어르신의 손을 바라보며 그 시절을 짐작해봤다. 어르신은 "손가락이 3개만 절단돼 북에서나 남에서나 장애인 혜택을 받지 못했다"고 하셨다.

"손은 기계 가공하다가 그렇게 된 거야"

제대한 다음에 (아오지)탄광에서 큰 사고가 두 번이나 났어. 1958년에 가스 폭발 사고로 33명이 죽었다고. 사고가 두 번 난 건 기억해. 1957년인지, 1958년인지 하여튼 2차가 가스 폭발로 17명이 사망한 일이야. 33명 폭발 사고가 난 후에 또 사고가 난 건데 연도는 잘 모르겠어.

손은 탄광 연구실 작업을 할 때 동원돼 다쳤지. (어르신은 왼쪽 셋째, 넷째, 다섯째 손가락이 절단된 상태였다.) 기계 가공하다가 그렇게 된 거야. 그러니까 러시아에 있다 온 사람이 목수 일 하던 사람들에게 기계를 도입한다면서 안전상 그런 거 없이 막 받으니까. 내 손이 다친 다음부터는 안전 대책을 마련해서 일하게끔 조치를 취했단 말이오.

나간 손가락에 이게(엄지와 검지) 포함되면 보훈 혜택을 받아, 북한에서도 그렇고 여기서도 그렇고. 여기서는 장애 6급이란 말이오. 보조금이라는 게 없지. 김일성사상연구실을 꾸리는 데서 일하다가 기계에 손을 넣어서⋯. (언제 다쳤는지) 잘 모르겠다. 1961년인지 하여튼 모르겠어.

(다친 뒤) 처음에는 전차수리공을 했다고. 내가 전차에 대한 논문을 썼단 말이오. 목수 일을 안 한다며 야간전문학교(아오지석탄전문학교)에 다녔거든. 나는 기술전문자격증이 있어. 목수 일 안 하고 전차관리사로 설비 관리, 수리 같은 걸 했지. 그래서 야간전문학교를 졸업할 때 전차수리공으로 배치받았단 말이오. 갱내 철길을 고치는 일이 있어.

탄광에서 기동 선동대가 재적을 어디에 두냐면 차도에 둔다고. 갱내 차도라고 하면 식량이 일단 800(하루 800그램)이란 말이오. 내가 손을 다친 다음에 대우를 받아야 되겠어서 차도에 적을 뒀지. 그리고 연로 보장을 받을 때(만 60세)까지 일했어. 드문드문 차도 일도 하고.

(학교는) 예비과가 6개월이란 말이오. 내가 원래 집에 있을 때 공부를 못한 한이 있어서 계속 야간 공부를 했지. 부산에서 목수로 일하면서 야간 중학교를 조금 다니다가 군대에 갔어. (부산에서) 일할 때 내가 하숙하던 집에 여자아이가 있었는데, 그 아이의 중학교 책을 하나하나 공부했지. 일 갔다 와서 들여다보고, 모르면 물어보고. 그때는 농사짓는 사람의 자식도 중학교, 사범학교에 다 갔단 말이오. 나는 아버지가 노동을 하다 보니까 갈 형편이 못됐지. 근데 예비과는 전문학교를 입학할 수 있는 준비 단계야. 거기를 졸업하고 전문학교에 편입해 3년간 다녔어.

그런데도 목수 일이 있으면 자꾸 나를 동원했단 말이오, 계속. 내가 기술이 있으니까. 행정 부지배인이라는 사람이 우리 마을에 살았다고. 한창 13차 세계청년학생축전을 할 때도 계속 동원시키지 뭐. 기술이 있으니까. 그래서 부지배인한테 목수 일을 하던 손이 이렇게까지 다쳤는데 이제 동원하지 말라고 하니까 가서 보기만(감독만) 하라는 거야, 일하지 말고. 그런 데서 축제 상품을 만드는 과업이 떨어졌지.

국군포로는 북한 사회에서 다양한 차별을 받는다. 어르신은 일터에서 경험한 차별에 대해 말씀하셨다. "국군포로는 일을 잘해도, 오래 해도 그만한 대우를 받기 힘들다"는 이야기였다. "어렵게 기회를 얻어 노동자 복지 혜택을 누렸다"고 말씀하시는 어르신의 얼굴이 상기됐다.

"북한에 있을 때 휴양소를 딱 두 번 가봤지"
/

북한에서는 친구로 지내도 성분이 좋은 사람이랑 친해. 좋은 사람들끼리 지내지. 계속 감시를 한다고. 할 말도 하지 못하는 게 북한 사회란 말이오. 인권이 없으니까. 북한에서는 당원 아닌 사람은 차별을 많이 받아. 어디 가서 발언권도 없고. 나는 당원이 되는 것에 신경 안 썼어. 기술이 있어서 서로 오라는 판이라 신경 안 썼지.

북한에는 인민반이라는 게 있단 말이오. 반이 30세대인데, 거기에 감시가 붙어 있다고. 내가 성분이 나쁘니까 도주할 궁리를 하지 않는가, 김일성이를 해치려고 공작을 하지 않는가 항상 보위부가 감시해. 인민반장들이 아무 일 없어도 하루 한 바퀴씩 돌면서 온다고. 옆집에도 감시를 다 붙이고. 탄광은 모르겠는데 건설대에 있을 때 어느 사람이 없어져. 위에 보고가 돼서 그런 거지. 하도 오래돼서 다 기억은 못 하겠고 하여튼 공부한 사람들, 선생질 했다는 사람들, 인텔리들이 서너 명인데, 어디로 갔는지 몰라. 가만히 데려가니까.

그렇게 계속 감시 속에서 생활했지, 뭐. 노임은 동일하게 받지만 사회적 우대는 없단 말이오. 만약에 휴양소를 간다, 어디로 보낸다 그런 거는 (나를) 추천할 수 없어, 내가 성분이 나쁘니까. 북한에 노동자들을 위한 휴양소가 있는데 안 보낸단 말이오. 젊은 사람도 일 잘하면 추천해서 다 쉬라고 보내준다고. 일 못하는 사람도 자꾸 보내, 보름 동안. 갱내에서 일하는 사람은 18일 동안 휴식을 시키면서도 돈을 줘, 유급 휴가지. 노동 그런 건 사회주의 기본법을 적용하기 때문에 좋다고.

내가 한번은 지휘관에게 말했지. "밤낮으로 일은 썩어지게 하는데 휴양소도 안 보내준다"고. 근데 당에 보고된 모양이야. 보내주더라고. 내가 북한에 있을 때 휴양소를 딱 두 번 가봤지. 1980년대 함경남도에 있는 송흥휴양소. 그다음 염분휴양소에는 열이틀 있었나. 언제인지 모르겠는데 젊었을 때 갔단 말이오. 잘 놀았지. 기차도 나랏돈으로 가고, 내 돈은 안 썼어 두 주일 동안.

귀환 국군포로들이 공식석상에 나서길 꺼려하는 이유는 북한에 가족이 있기 때문이다. 아버지의 탈북 탓에 북에 남은 자녀들이 피해를 입을 수 있어 조심스러운 것이다. 실제로 귀환 국군포로의 권리를 주장하는 자리에도 갈 수 없다는 분이 많았다. 기자가 벌떼처럼 나타나 자신들의 신분이 노출될 수 있어서다. 하지만 어르신은 "나는 일없다. 관계없다"고 하셨다. 첫째 부인, 둘째 부인에 이어 장성한 외아들마저 사망했기 때문이다.

"아들이 죽은 다음에 결심했어, 가겠다"

(어르신에게 국군포로의 고충을 재차 묻자) 아들이 계속 원망하더라고. "아버지, 왜 나를 낳았어요?" 군대도 못 가지, 당에도 못 들지, 높은 학교에도 못 가지. 자식이라는 게 얼마나 마음고생하고 그랬으면 아버지한테 원망을 하겠어. 내가 그렇게 원망 들으면서 살아온 사람이오.

(아들이) 북한에 있을 때 전문학교를 나와 기술자격증을 가졌단 말이오. 다른 사람들은 거기 나오면 간부과에 등록해 다 한자리씩 한다고. 근데 우리 같은 경우는 국군포로니까 써먹을 뿐이지 그런 게 없어. 아들도 탄광에

서 일했는데, 며느리도 온전하지 못하고…. (할머니가 "어르신 아들이 처지를 비관해 알코올중독에 빠진 뒤 신경에 문제가 생겨 사망했다"고 설명하자 어르신은 침묵하셨다.) 아버지를, 자식이 아버지를 원망해. 그래서 내가 항상 마음에 가책을 받는단 말이오.

우리 아들이 중학교를 졸업할 때 내가 담임선생님을 찾아갔지. 선생들이 그런 거, 관여를 많이 한단 말이오. 선생들이 배정할 때도 군 노동과에 의견을 준다고. 그래서 선생한테 "우리 아이가 몸도 약하고 하니까 좀 좋은 부분에 보내달라"고 말하니까, "아버지가 성분이 나빠서 공부로는 못 간다"는 거야. 중학교 졸업하면 직장, 현장으로 가는 거지, 탄광. 그래서 내가 그랬지 담임선생님 보고 "아버지 직장에 보내라! 탄광 부지배인을 아는데 한마을에 사니까, 잘 아니까 탄광에 보내라!".

그래서 아들이 졸업했을 때 부지배인한테 가서 말했어. 부지배인이 "알았다" 그러지. (아들이) 몸이 약해서 채탄은 못 하고 운수 직장에 배정돼서 자동차수리공을 했다고. 우리 아들도 속이 많이 탔겠지.

아들 죽은 게 몇 년도인가. 내가 2006년에 나왔는데[탈북했는데], 두 번째 마누라는 계속 농사를 지은 거지 뭐. (할머니가 "둘째 부인은 영양실조로 사망했다"고 부연하셨다.) 배급도 제대로 안 주고 그렇게 곤란한 시절인 1997년에 (사망했지). (할머니는 "당시 어르신은 경비를 서면서 끼니를 해결했다"고 덧붙이셨다.)

나한테 탈북한 친구가 있어. 브로커한테 나를 알려준 모양이야. (브로커가) 나를 찾아왔더라고. 장마당 경비 서는 데로도 찾아오고. 몇 번, 두어 번 찾아온 걸 내가 좋게 보냈어. 나도 예민한 사람이라서 내가 가겠다고 나서면 나한테 어떤 불행이 닥쳐올지 모른단 말이오. 그래서 몇 번 온 걸 거절하고 거절하고 했지. 아들이 죽은 다음에 결심했어, 가겠다.

(탈북 전) 사는 건 그냥 그랬어. 그때 훈장도 받고 해서 식량을 하루 600(그램)도 받았단 말이오. 2급 훈장 탔지. 내가 일을 잘했기 때문에 계속 공로 메달을 받았다고. 부대 있을 때 받은 것도 있고. 식량 600에 노인으로 40프로 받았어. 기본 노임의 40프로. 한국 올 때는 600이라는 게 뭐 어쩌고 하면 얼마 안 됐지.

사람들은 '국군포로가 자유를 찾아서, 고향을 찾아서 남한으로 넘어왔을 것'이라고 생각하곤 한다. 하지만 "탈북해 남한 가족들로부터 돈을 받아오면 북한에 있는 가족을 살릴 수 있다"는 브로커의 말을 믿고 탈북한 경우가 많다. 북한에 가족이 있는 상황에서 탈북을 감행해 가족 이산의 아픔을 또다시 경험하려는 이가 얼마나 될까? 어르신은 그런 점에서 여느 귀환 국군포로들과는 달랐다. '죽기 전 고향 땅에 가겠다'는 마음 하나로 탈북하셨다.

"내가 가다 죽더라도 고향을 가야 되겠다"

내가 북한에서 뭘 믿고 살겠소? 아들 하나 있던 게 그리 됐는데 누구를 믿고 마음이 편안하겠소? 짐승도 자기 난 골에 가서 죽는다고 하니, 가다 죽더라도 고향에 가야 되겠다 그렇게 생각하고 브로커를 만나 말했지 "가겠다". 아무 날 어디로 나오라 하더라고. 그래서 나가니까 그 길로 무산, 무산역을 통해서 고무산으로 해서, 무산광산이 있단 말이오. 브로커하고 북한 군인하고 셋이 이렇게…. 둘이 나를 인솔하니까 통행증이 없어도 됐지. 기차를 타거나 이래야 통행증이 필요한데 걸어가니까 검문소만 피하면 되거든.

여기 식대로 말하면 화물차 잡아타고 브로커하고 같이 갔어. 영예군인 집인데, 다 통하는 사람들이더라고. 만약에 검열을 오더라도 영예군인 집은 그렇게 (검열을) 안 한단 말이오. 그러니까 안전성을 위해 거기서 자고 대기하다가 아오지에서 무산까지 하루인가, 하룻밤 자고. 북한 군대에서도 곧 제대하는 사람은 돈이 필요하니까 가담한다고. 브로커는 전문으로 하는 사람들이라 이미 중국 쪽에 다 연결해둬서 마중을 나와 있지.

두만강을 건너니까 자동차가 대기하고 있더라고. 옷도 갈아입지 못하고 물에 흠뻑 젖은 상태로 차를 탔지. 우리는 옷을 입은 상태로 겉에, 위에 걸치고 이고 건넜단 말이오. 양쪽에서 부축하면서. 물이 여(가슴팍)까지 오더라고.

대련^{다롄}에 갔는데 여관 비슷한 집이야. 하룻밤 잤지. 대련에 간 거는 배를 타서 넘기자고 시도한 거 같아, 브로커들이. 근데 잘 안 되니까 단둥으로 가더라고. 단둥에서도 안 되니까, 나중에는 어딘가 하니 심양^{선양}, 심양 영사관 거기로 갔어.

심양영사관에 들어간 다음부터는 자유롭고 마음도 편안하더라고. 어쨌든 적을 대한민국으로 썼으니까 집에 간다는 생각뿐이지. 중국에서는 한 석 달 있었나. 심양영사관에서 비행기를 태워 보냈는데, 비행기 태우면서 가만히 있으라 하더라고, 내리지 말고. 한국 국정원에서 나를 데리러 온 거야. (어르신에게 몇 명이 함께 왔는지를 묻자) 일곱 사람. 마음이 놓이지 뭐. 계속 근심, 걱정하던 마음이 그저…. 그렇게 해서 한국까지 왔지.

어르신은 "한국 정부가 국군포로 송환을 위해 노력하지 않았다"고 비판하셨다. 대체로 무표정한 얼굴로 덤덤하게 이야기하던 어르신이 이 부분에서는 언성을 높이셨다. 국군포로 송환 노력을 하지 않은 전 대통령들에 대해서 말할 때는 눈에서 분노가 일었다.

"포로가 된 사람들을 데려오자고
말 한마디 입 밖에 낸 적 있는가"
/

정부가 정전협정에 의해 그렇게 됐으면 (국군포로들을) 데려오는 게 자기 임무란 말이오. 미군포로들은 유골까지 다 가져가는 판인데, 왜 우리 한국 사람들은 데려오지 못하는가? 한국 정부가 잘못한 거지. 남한 대통령이, 민주 인사가 나서면 무슨 소식이 있을 수 있겠다 싶었다고. 전에 김대중이가 민족인사라고 해서 북한에도 많이 참여하고 그랬단 말이오.

근데 우리 국군포로에 대해 말 한마디라도 한 게 있소? 장기수들은 고이 모셔다 주면서 왜 자기네 사람들은 데려가자고 안 했는가? 김대중이라는 게 제 노릇은 퍼주고 훈장이나 타고 했지. 실제로 대한민국을 위해 싸우다가 포로가 된 사람들을 데려오자고 말 한마디 입 밖에 낸 적 있는가?

(어르신에게 북한 정부는 국군포로의 존재를 부인한다고 말하자) 그렇게 하면 다 불러내 담화를 해서 실제로 그런지 확인해야지. 집에 가겠다던 사람들은 주로 아오지탄광하고 하면탄광에 보내졌단 말이오. 그리고 가겠다고 하면 죽일까 봐 겁이 나서 그랬는지 몰라도 남겠다고 한 사람들은 광산으로 보냈다고. 지상으로, 함경남도 무산광산 이런 데로.

(어르신에게 탈북 당시 소감을 묻자) 마음이 확 풀리지 뭐. 내 발로 건너서 넘어오는데 그때는 노무현이가 대통령 할 때란 말이오. 그 사람들이 우리 같은 사람들 마중하러 나오겠소? 다 빨갱이들인데. 우리 오는 걸 좋아하지 않는 놈들인데. 세월이 어떻게 될지 모른다고 김정은이가…. 한국 국군이 완전히 와해 상태가 됐단 말이오.

내가 만난 대다수 국군포로는 경제적으로 어려웠다. 하지만 어르신은 군인연금에 1억여 원을 예치해 매달 170만 원가량을 연금으로 받고 있어 비교적 풍족한 편이셨다. 물론 어르신도 자본주의 세상에 적응하면서 '수업료'를 톡톡히 지불했다. 전 동거인의 가족을 비롯해 자신의 가족에게도 돈을 떼였다. 어르신의 고된 남한 적응기가 이어졌다.

"아버지나 형이 국군포로라면 이렇게 무관심할 수 있겠는가"

(남한에 와서는) 동생하고 큰집 조카가 국정원에 찾아왔더라고. 정이라는 게 있을 수도 없고, 동생 역시 그랬단 말이오. 친척들을 만난 뒤 친척들이 내가 옛날에 없어진 국군포로가 맞다고 해 전입신고를 하고 국정원에서 두 달 동안 교육을 받았지. (전역식을 위해) 연대에 갔을 때도 동생이 왔더라고, 국정원이 연락해서. 개별적으로 사람이 붙어. 인권센터^{북한인권정보센터}가 붙어서 한국이 어떤지 다니면서 견학을 시킨단 말이오. 그다음에 이런 거 하고 전역비^{정부지원금}를 줘서 고향으로 보내지. 거기서 곧장 고향으로 왔어. 그러다 왜 서울에 올라왔는가.

(보상에서) 1억을 떼서 군인연금에 넣었단 말이오. 그래서 지금 군인연금을 타고 있지. (할머니가 "5억 2,000만 원을 받았다. 5,000만 원을 브로커 비용으로 준 다음, 마산에서 1억 5,000만 원에 집을 샀고, 동생한테 6,000만 원을 빌려줘 2억 6,000만 원이 남았다. 이후 동생과 불화가 있어 마산 집을 팔았다. 소개를 받은 여성의 집에서 두 달간 지내다가 그 여성의 가족에게 1억 5,000만 원을 떼이고, 나머지 현금은 한성무역에 사기를 당해 현재 자산은 0원이다. 그래서 지금 매달 나오는 군인연금 170만 원으로 생활한다"고 전하자 어르신은 침묵하셨다.) 집 판 돈은 가지고 올라왔지. 그런데 국군포로가족회^{6·25국군포로가족회}라고 있었는데, 거기서 (전 대표

인 이○○가) 한성무역 회사에 투자하라고. 그래서 일이 그렇게 된 거야.

(인터뷰를 마치며 어르신에게 추가로 하고 싶은 말씀이 있으신지 묻자) 어머니를 잊지 마라. 어머니는 조국이란 말이오. 나는 그걸 말하고 싶소. 어머니를 잊지 않는 건 나라를 잊지 않는다는 뜻이오, 조국을 잊지 않는다! 내가 전쟁 나가서 싸우는 것도 어머니를 지키기 위해 싸우는 거고, 고향을 지키기 위해 싸우는 거란 말이오. 그러니까 지금 후세들이 나라를 지키고 있는데 항상 마음속에 어머니를 생각하라, 나는 그걸 말하고 싶소. 어머니는 곧 조국이라고.

누가 대통령이 되든 간에 자기 사람을 잊지 말아야지. 국군포로들이 거기 많이 있었지만, 대통령들이 찾아오려고 노력한 적이 있는가? 민주열사요, 별난 놈들이 대통령을 했지만 국군포로가 아오지탄광에만 해도 500명 넘게 있었는데 송환시켜서 찾아온 사람이 있는가? 없단 말이오. 다 자체적으로 (아오지탄광에서) 6명이 넘어왔지. 나라가 위급할 때는 동원하더니, 자기 사람들이 그렇게 포로가 됐는데도 찾아오려고 노력한 대통령이 몇이나 되는가? 제 자식을 찾지 않는 것과 같단 말이오. 고향에 돌아오기 위한 브로커 비용을 국군포로가 내는 게 마땅한 일인가? 만약 당신네 아버지나 형이 국군포로로 북에 억류돼 있다면 이렇게 무관심할 수 있겠는가? 나는 그걸 말하고 싶소.

이대봉 어르신은 북한에서 목수로 일할 때 사고로 세 손가락을 잃었다.

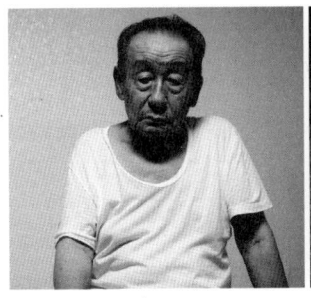

06 최기호
(2022년 7월 7일 취재)

> "(군대를) 안 갈 수 있는 기회가
> 두 번 있었단 말이야.
> 내 솔직히 양심껏 온 거야"

강원도 춘천시 아파트에서 홀로 지내시는 어르신을 2022년에 찾아뵈었다. 북한 '7월 7일공장'에서 일하셨다는 어르신을 뵌 날은 공교롭게도 7월 7일이었다. 아파트 계단을 올라가니 현관문이 보였다. 문을 두드리고 신원을 밝히자 문이 덜커덩 열렸다. 신발장 앞에 군부대에서 보내온 쌀이 놓여 있었다. 어르신이 무표정한 얼굴로 "날씨가 더워서 선풍기를 틀어도 시원하지 않다"며 "바람부터 좀 쐬라"고 하셨다. 어르신은 선풍기 한 대를 내 쪽으로, 다른 한 대를 본인 쪽으로 향하게 놓고 느릿한 말투로 또박또박 말씀하셨다.

"서상리 사람들 다 피란 갔지"
/
강원도 춘천군 서면 서상리에서 태어나 서면에서 국민학교 졸업을 맞았

1928년 9월 25일	강원도 춘천군 출생(양력)
1952년 9월	입대, 3사단 22연대 1대대 2중대 화기소대 배치
1953년 7월 24일	강원도 김화에서 포로로 잡힘 내무성 건설대 제대 후 7월7일공장에서 철강 노동
2002년 5월	탈북
2002년 10월	남한 정착

지. 여자가 둘, 남자가 넷 이렇게 육남매, 내가 셋째야. 형, 누이 그다음이 나. 우리 아버지가 원래 집 짓는 걸 했단 말이야. 생활은 넉넉지 못하지. 나밖에 국민학교 다닌 형제가 없어. 춘천군 서면 금산공립학교.

내가 재능이 대단했어. 책을 한 권 읽으면 보지 않고 다 외우는 그런 특수한 머리야. 학교 졸업 맞고 가정이 곤란해서 사범학교, 농업학교는 못 가고 우두에 농업시험장이 있었어, 노구치시험농장. 한국 사람들 탄압하고 그런 건 없었어. 그저 연구하는 데만 목적이 있었단 말이야. 한 1년 일했어. 나와선 우리 집이 시제 차리는 논이 조금 있어서 농사일을 도왔지.

아버지하고 같이 가을에 묘지 풀 깎으려고 올라가면 눈앞에 다 보여, (춘천을 가로지르는) 삼팔선. 미군은 파란 천막을 친 채로 사철 생활하고, 러시아[당시 소련] 군대들은 저 강 건너에 벽돌로 집을 짓고 벽에 하얀 횟가루를 칠한 채로 쌍방이 경비를 서더란 말이야.

삼팔선에서 우리 집이 6킬로 미만이야. 가깝지. 1950년 6월 25일 새벽에 어머니가 "삼팔선 쪽에서 콩 볶듯 한다"고, 총소리가 콩 볶듯 난다는 거야. 집 안을 다 그렇게 깨워. 그때가 한 5시나 됐을 거야 새벽. 포탄이 우리 동네에도 막 떨어지고. 그래 온 식구가 놀라서는⋯. 우리만 그런 게 아니야. 서상리 사람들 다 피란 갔지.

북한강 저쪽으로 삼악산까지 가는 길이 있단 말이야. 철교 건너서 와 보니 춘천이 콩 볶듯 해. 남한강 쪽에 가니까 뱃사공이 건너게 해줘서 안성으로 해 천안을 향해 갔다고. 어머니, 아버지, 동생 둘 데리고. 나는 지리책 보면 어떻게 해야 빨리 가는지를 다 안단 말이야. 밥을 얻어먹으면서 걸어갔는데 사람들이 다 인심이 좋아, 피란민이라고 밥도 많이 주고. 잠은 보릿짚을 쌓아놓은 데서 자고 그랬지. 그때 어머니는 오십 살이고 아버지는 육십 살. 동생은 열 살….

천안까지 가서 기차에 막 올라탔더니 서쪽으로 가더라고. 당진까지 간 거 같아. 당진 갔다가 합덕이라는 데서 구양교를 건너 평택으로 해서 춘천으로 돌아오는데, 가는 길마다 사람들이 가르쳐주더란 말이야. "인민군대가 산꼭대기에 있으니까 저리 가지 말고 이리 가라"고.

돌고 돌아 춘천에 왔는데 북한 인민군이 후퇴하면서 남은 패잔병들이 저 화천지대에 집결해서는 그 새끼들이 춘천을 두 번째 해방시켜서 (우리가) 마석까지 피란을 갔단 말이야. 그때 춘천 국회의원이 최규옥이야. 국회의원이 피란민들 위해서 납작 보리쌀을 배급해줘 먹었지.

춘천이 전쟁지대라 경찰이 대부분 원주로 도망가고 별로 없었어. 수가 모자라니까 내가 의용 경찰에 들어갔다고. 북한군들이 쳐 나왔다가 산에다 버리고 도망친 군수품, 개인이 주워서 집에다 보관하고 있는 것들을 압수하는 그런 일도 하고. 북한군이 쳐 나왔을 때 제 세상 된 거처럼 날뛰던 놈들을 붙잡아 경찰서에 넘기고. 한 3개월 동안 있었어.

현관문 두드리는 소리가 들렸다. 어르신이 문을 열자 요양보호사가 들어왔다. "뭘 그렇게 사온 거야?"라고 어르신이 물으니 요양보호사는 "날이 더워서 시원한 거 해드리려고요"라고 답했다. 어르신이 고개를 끄덕이곤 다시 옛 시절을 떠올리셨다.

"국방군에 들어가는 게 더 떳떳하잖아. 그렇지?"

그런데 학교 선배 경○○가 "예비역 사단에 가서 사과지도원을 하라"는 거야. 사과는 전선에 물품을 보내는 거라고. 그때 사단 물품을 다들 마음대로 가져갔는데, 내가 통계를 잘못 작성하면 내가 책임을 져야 한다는 거야. 그래서 3~4개월 하다 그만뒀어.

그때 미 8군이 춘천에 주둔해 있었어. 265부대에 들어가서 1년 있었다고. 처음에 통역관한테 "나도 일하겠다"고 얘기했지. 전선에 무기, 휘발유 이런 걸 공급하는 부대란 말이야. 건설 재료가 일본에서 오면 제재를 한다고. 미군이 자동차에다 재료를 싣고 제련소에 맡기는데 나더러 그걸 다 하라는 거야. 지프차를 주면서 타고 다니라고 그래. (집이) 건너편이니까. 아침에 일찍 일어나서 윗옷 벗고 강을 건너가서 다시 윗옷 입고 미군 부대에 들어갔단 말이야.

우리 동네 구장이 "젊은 사람은 다 군대 가고, 동네에는 군대 갈 사람이 이젠 별로…" 그래. 나더러 국방군에 나가라는 거지. "나도 이제 군인으로 나가겠다" 대답했어. 그리고 미군부대 와서 얘기했단 말이야. 그랬더니 (부대장) '캬프댕' 앞에서 사무 보는 미군이 "이거 갖다 주고 그냥 오라"는 거야. 그걸 가져다 내려니까 양심에 꺼려서 못 내겠더라고. 한국 사람인데 미군 앞에서 일하는 것보다 국방군에 들어가는 게 더 떳떳하잖아. 그렇지?

내가 군대에 가겠다고 하니까 어머니가 몹시 섭섭해하더란 말이야. 사람이 염치가 있지. 우리 부락에도 형제밖에 없는데 형, 동생 둘 다 전사한 집이 있었어. 군대 나가서 저러는데 그냥 살 수 있겠어? 내가 원래 날쌔서 잘 할 거라 생각했는데 막상 가보니까 중대, 대대 집단이 잘해야지, 몇 사람이 잘해서 되는 게 아니야.

춘천경찰서 앞에 집결해 원주로 나가서 신체검사를 했어. 학교 1년 아래인 형사 홍○○이가 (거기에 있던) 둘은 자기랑 사촌 간이라 뽑았어. 그리고 나한테 "같이 순사 하자"고 그래. 안 갈 수 있는 기회가 두 번 있었단 말이야. 군대 갈 사람이 없는데 하나, 둘 뽑아내면 누가 군대 가겠는가. 내 솔직히 양심껏 온 거야.

원주에서 기차 타고 간 게 포항. (1952년) 9월에 포항 가서 일본 배 LST 그거 타고 제주도 모슬포에 가 내렸어. 거기에 육군 제1훈련소가 있는데, 바람이 세고 막 돌이 날아오고 먼지가 날아오고 해서 눈병앓이를 거의 한 달 했다고. 한 달 후에 훈련을 시작했는데 훈련은 1숙영지, 2숙영지, 3숙영지, 4숙영지, 5숙영지까지 끝내야 육지로 온단 말이야. 5숙영지는 어딘가 하면 한라산 꼭대기에 있어. 거기 갔더니 "밤이면 한라산 빨치산들이 와서 무기를 훔쳐가니까 앞에 나타나면 발사하라"는 거야.

훈련이 끝나니까 다들 부산으로 와서 무기 휴대하고 전선으로 나가는 판이지. 기차 타고 간 데가 대구야. 여학생들이 전선으로 나가는 군인들을 배웅하던 모습을 지금도 잊을 수 없단 말이야. '전선으로 나가는 군인들에게 국가적으로 정말 큰 기대를 가진다. 전선에 나가서 똑똑히 싸워라' 그걸 직감적으로 느꼈지.

그래 가지고 서울에 오니까 잿마당이야. 서울에서 간다는 게 동쪽으로 해서 춘천에 왔단 말이지. 어느 쪽으로 가는가 했더니 이쪽으로 오잖아. 내 어머니 있는 서상리를 눈앞에 보면서도 소식을 전할 길이 없어. 어떻게 소식을 전하겠는가….

춘천중학교에 집결해 있는데 모두 웃통을 벗으라는 거야. 전선 부대들이 와서 신체 좋은 신병들을 골라 간단 말이지. 그다음에 웃통 다 입고 M1 휴대하고 탄창을 3개, 4개씩 허리띠에 꽂아서 갖고 다녀. 백골부대야 그게. 22연대 1대대 2중대 화기소대에 배치됐다고.

이렇게 양심을 지키면서 살면 무엇을 얻게 되는지 궁금했다. 현실적으로는 손해를 볼 가능성이 더 크기 때문이다. 어르신의 말씀을 들으면서 '양심을 지키면 떳떳하게 살 수 있다'는 것을 새삼 깨달았다. 어르신은 시종일관 당당하게 이야기하셨다.

"정전 사흘 전에 포로가 됐단 말이지"

화천에 가서 전투를 시작하는데, 전선에 가니까 명태 꼭대기 타는 냄새가 어찌나 코를 찌르던지, 사람 썩는…. 사람이 죽으면 거기다 휘발유를 뿌려서 불태우는 것도 있고, 또 양손이 다 묶인 채로 전사한 사람들도 있어서 머리를 붙들고 경사진 데를 끌고 내려오고… 그걸 보니까 가슴이 막….

처음에 가서 중대 연락병을 했단 말이야. 특무상사가 곁에 앉아 가만히 보더니 대대 전화수로 보내더라고. 3개 중대에서 벌어지는 전투 현안에 대해서 대대 전화수한테 계속 전화가 온단 말이야. 대대 전화수는 그걸 또 상부에 보고해야 하고. 대대에서 전화할 수 있는 사람은 능선을 따라서 한 100미터 떨어져 있어. 사격을 당할 수 있기 때문에 어두울 때 가라는 거지. 그래서 어두울 때 가는데 발이 자꾸 걸려서 보니까 시체들이 많더란 말이지.

갔다 와서 보니까 중대가 포탄에 맞아서 중대장하고 연락병하고 둘 다 죽었어. 죽기 전에 나더러 "빨리 가라" 하더라고. 그게 이상하단 말이야. "빨리 가라" 그런 게. (내가) 한 50미터 그 정도도 가기 전에 중대에 직사포가 딱 맞아서 천막 친 것도 먼지가 되고…. 그걸 보고 가니까 부관이 중대장 역할을 하더라고.

부관이 나한테 "오늘부터 화기소대 연락병 하라"는 거야. 그래서 내가 그걸 하는데, 갑자기 주무사가 나를 찾아와서 609 빠데리^{배터리}, 609가 이름이고 무전기에 달려 있어. 아주 무거워. 이거(책가방) 2개 되는 거 같아. 근데 이 새끼가 "이거 중대장이 너더러 가져가라 했다"는 거야. 맨 돌밭인 데다 깜깜한 밤이니까 미끄러지면서 전초선까지 갖다 줘야 해.

목적지에 거의 갔는데 적들 신호탄이 올라오는 거야. 공격하라는 신호탄이야. 따라오는 중사는 언제 도망쳤는지 없고. 날이 새니까 맨 그 새끼들만 있어서 포로가 됐지. 화천하고 김화하고 거의 경계선이야. 7월 27일에 정전됐는데 사흘 전에 포로가 됐단 말이지.

이리저리 도망치고 볶아치고 해서 막…. 내 중대에서는, 선임하사 이름도 잊어먹었어 성은 노가인데, 또 다른 병사 김○○이, 김□□이 이렇게 셋이 있더라고. 나까지 넷이 잡혀서 내무성 건설대 생활을 다 같이 했다고. 다 죽었을 거야.

끌려가는 도중에 (황해도) 곡산 산비탈에서 하룻저녁 자고, 곡산까지 순전히 걸어서 갔어. 무장한 놈들이 국군포로 5명 사이에 하나씩 꼈단 말이야. 포로가 한 30명 됐지. 쉬는 과정에서 국방부 특무상사가 잘못됐어. 중국놈들이 체온계 가지고 있는 걸 보고 "당신네 그거 하나밖에 없는가? 우리는 많다" 자랑했단 말이야. 강동수용소에 가보니까 그 사람이 없어.

(평안남도) 강동군 포로수용소가 총집결소야. 거기에 임시 수용됐지. 건물이 큰 게 있는데 3층 높이만 해. 지붕이 큰 데를 보니까 'PW$^{prisoner\ of\ war\cdot전쟁포로}$'라고 써 있단 말이야. 전쟁 포로다 이 말이지. 거기에서 빨갱이 사상 이런 거를 집어넣는다고. 하루인가 이틀 있었는데, "판문점으로 가서 포로를 교환한다"는 소리가 들려. 기차에 가서 가마니를 다 깔았는데 판문점으로 가는 게 아니라 계속 가더라고.

함경북도 은덕군으로 끌려갔지 뭐. 원래 경원군인데, 그 새끼들이 '경' 자는 이조 시대에 지은 이름이라고 없앤다는 거야. 일본놈들이 인조 석유공장을 거기다 건설했어. 석탄에서 석유를 뽑아낸다고. 노동자들이 들어갈 벽돌집을 아주 많이 지었더란 말이야. 한 달 좀 더 되게 교육받았어. 김일성이가 애국자라는 것만 가르치더라고. 그다음에 (아오지)탄광에 집어넣었어. 거기서 내가 권양기 운전하는 걸 배웠다고. 굴속에서 석탄을 끌어올리는 기계지.

요양보호사가 음식을 만들어놓고 돌아갔는데도 어르신은 "이거 다 하고…"라며 나중에 드신다고 했다. 요양보호사는 평일에 3시간 동안 머물면서 식사와 청소를 도와주는데, 발목을 다치는 바람에 당분간 요양보호사 책임자가 대신 오고 있었다. 어르신에게 "식사를 먼저 하시고 다음에 찾아뵙겠다"고 말하자 고개를 가로저으셨다. "괜찮아. 계속 이야기해도 돼."

"화학공장에서 일한 게 거의 40년이야"

그중에서 다섯 사람을 화학공장에 먼저 배치했단 말이야. 목수 재간이 있거나 미장을 잘하거나 그런 사람들을 뽑아서. 그러니까 나머지 사람들한테 사회 진출하는 걸 보여주려고…. 우리가 나온 다음에 한 달 더 있다가 몽땅 탄광에 배치했더라고.

(내가) 화학공장에서 일한 게 거의 40년이야. 다섯 사람을 화학공장에 뽑아 보냈는데 두 사람은 어떻게 됐는지 나도 몰라. 1개 화학공장 안에 직장이 15개 된단 말이야. 1개 직장에 거의 100명 돼. 그러니까 약 1,500명 된다고.

조○○이는 사망한 거 알아. 일제강점기에 일본으로 끌려가 쇳물 녹이는 거, 그 노란 쇠, 황동 알지? 용해하는 걸 배웠단 말이야. 근데 직장 생활하다가 앓고 사망했어. 또 한 사람이 있는데 권○○. 만날 국군포로라고 직장에서 구박하지, 북한 보위부에서도 계속 조사하고 말이야. 제 새끼들도 아버지가 국군포로라 공부를 더는 못 하고, 사회에서도 나쁜 데 배치받아 원망하니까 기차 가는 데 뛰어들었어. 자살했다고. 윤○○는 목수로 배치된 다음에 소식을 몰라. 경상도 출신들이 말하는 게 좀 거칠잖아. 나쁘게 보고 보위부 새끼들이 만날 붙어 다녔는데 이후 소식이 없어. 안○○이는 마누라가 북한 공산당(원)이란 말이야. 과부라서 안○○이하고 같이 살았지. 다니지 않아서 소식도 모르고.

처음에 들어가니까 월급을 아주 조금 주더란 말이야. 공장 지배인을 찾아갔지. "결혼해서 식구가 둘인데 더 힘든 일을 시켜달라, 월급을 좀 높여달라" 그러니까 선반에서 일하게 하고 월급을 높여주더라고. 그래 선반에서 58세까지 일했어. 쇠 깎는 기계 이름이 선반이야. 7월7일공장_{은덕화학공장}

에서 고무직장 선반공을 했어.

　일하면서 기다란 쇠 1,200마를 베어링을 맞춰야 하거든. 베어링 맞추는 그게 보통으로 해서는 안 된단 말이야. 마이크로미터라는 건 1밀리의 100분의 1까지 잴 수 있는 거야. 마이크로미터로 오작동하면 붙들려 간다고. 신경을 몹시 쓰는 일을 했단 말이지.

　(결혼은) 공장 들어가서 1년 있다가 했어. 내가 처음에는 석탄 쳐내는 데 있었거든. 구루마^{수레}를 끌어서 공장에 넣으면 2층에 가서 석탄을 씻고 다른 공정으로 넘긴다고. 그 직장에 있을 때 설비차장이 자기 처제를 소개해 줬어. 처제 집이 두만강역이야. 같이 갔는데 그쪽 아버지가 "남쪽에서 돌아온 사람인데 어떻게 믿고 딸을 주겠느냐?" 그래. 마을에 연세 많은 분이 무슨 의견을 줬는지 아버지가 딸한테 가서 물어보고 온 모양이야. 와서는 "자기들끼리 좋다 하니까 할 수 없지" 그래. 같이 간 사람이 내가 국군포로라는 걸 알면서도 결혼식까지 해줬다고. (결혼한 해가) 1955년쯤 돼. 그렇게 살면서 아들 삼형제를 낳았어.

　귀환 국군포로 어르신들이 노동을 고되게 했다고 말씀하실 때면 그 실태를 더 잘 파악하려고 어르신의 눈을 응시했다. 하지만 자식을 잃었다고 이야기하실 때는 고개를 숙이며 애써 화제를 돌렸다. 한 인간에게 처절한 상처를 말하게 하는 것 자체가 '폭력'이었다. 자식 이야기를 하는 어르신의 표정이 점점 굳어갔다.

"가슴 아파서 어떻게 죽었나 물어보지도 않았어"

　결혼 생활을 하면서 아들 셋을 낳았는데 아내가 먼저 죽었단 말이야. 인파 결핵이 왔어. 엄마 젖을 먹고 있던 막내를 살리자고 농촌에 가서 염소젖을 사다가 먹이고, 남겼다 그냥 먹였더니 식중독이 왔는지 막 게우고 죽더라고. 돌 되기 전에 죽었어. 셋째는 그렇게 죽고.

큰아이는 아마도 지 엄마한테 유전된 거 같아. 얼음사탕 같은 거 사다 주면 먹지 않고 얼굴에 대고 있더니 삼사일 앓다 죽었어. 장가가서 한 스물여덟인가, 스물아홉 살 때 탄광은덕 회암갱에서 일하는데 먹지를 못하니까 영양 부족으로 병이 난 거지. 아버지가 국군포로니까 탄광이나 보내고, 광산이나 보내고 그저 그 꼴이야. 문건이 따라다니는 걸 알아, 아이들이.

갑산군 동광에 배치됐는데 이것둘째아들도 장가가서 거기서 새끼 둘을 낳았어. 근데 하루는 둘째 며느리가 나를 찾아와서는 "아버님이 생활을 도와주면 아이들하고 집에 그냥 살고, 그러지 못하면 수산 부분에 가서 벌어 먹이겠다"고 그래. 남편이 어떻게 죽었다는 소리를 안 하더라고. 그래 내가 가슴 아파서 어떻게 죽었나 물어보지도 않았어. 1995년, 1996년 2년 사이에 무리로 굶어 죽었단 말이야. 그 통에 죽었지.

나 그거 얘기해야 돼. 내 아래 동생이 1차 북한이 내려왔을 때 붙잡혀서 인민군대를 갔다고. 근데 내가 북한에 가서 공장에 들어간 지 두 달 거의 됐는데 아, 길가에서 우연히 만났단 말이야. 이 새끼 북한 군대 소위 박았더라고. 그래도 처음에는 형제간이라 반갑다 했지. 그런데 내가 국군포로니까 피해가 가는 건 뻔하잖아. 그다음에 군복 벗고, 평안도 신창지구 종합탄광이라는 데 배치받았단 말이야. 무연탄 캐는 공장에 들어가니까 동생의 부인이 너무나 심한 화병에 걸려서 치매가 오고 오래 앓다가 죽었어. 동생이 나 혼자 있다는 거 알고 친구의 처형을 소개했지. 그래 서○○이한테 낳은 계집애가 셋이야.

첫째하고 막내는 내가 한국에 데려왔어. 둘째는 "어머니 모시고 있어라" 하고 안 데려왔지. 북한에서 나온 사람들한테 얘기 들으니까 서○○이가 나 나온 다음에 3년 살다 죽었대. 내가 2002년에 나왔는데, 동생도 1년 더 못 살고 죽었지.

근데 동생의 새끼들이 여자가 둘, 남자가 셋이야. 나 때문에 집안이 망하게 되니까 그 새끼들이 큰아버지 소리도 안 해. 내가 한 번 갔다가 아주 좋지 않은 인상을 받고 왔어. 뭐 본 체도 안 하고. 그래 나는 뭐 포기했지. 동생네 소식 알려고 하지도 않았고. 북한 정책이라는 게 조그마한 성분이라도 걸리면 다 이렇게 친단 말이야.

고통스러워하는 어르신의 표정을 보고 "다음에 또 오겠다"고 말씀드렸지만, 어르신은 이야기를 이어가려는 의지가 강하셨다. "나 오래 앉아 있기 힘들어. 마저 다해, 하고 싶은 거. 내가 말하는 거 쓰려면 끝이 없으니까 쓰지 말고 들어."

"58세에 직장을 그만두고 나왔어"

일을 죽어라고 했지. 일을 잘해야 내 생명이 유지되니까. 일을 잘하고 해마다 휴가를 받아도 계속 집에 있으니까 직장에 직업동맹이라고 있는데, 직업동맹에서 나를 추천해서 혁명전적지 답사를 다녀오라는 거야. 우리 공장에서 나 혼자 갔어.

20명이 모여서 양강도, 양강도에 혁명전적지가 많단 말이야. 거기에는 김일성이가 보천보전투에서 일본놈들 몇을 처단했다는 게 있고, 또 산에서 물이 막 흘러 내려오는데 보면 굉장해. 오호물동이라는 데도 갔고. 김일성이 중국을 드나들면서 빨치산 투쟁을 했다는 거야 거기서. 압록강에 있는 도랑이야. 그리고 예술 면에서는 아주 특수한 여자들이 오호물동 노래도 하고 그러더라고. 내가 그거 다 봤어. 백두산에도 가봤고. (간 게) 몇 년인지는 몰라. 휴가가 14일인데 그 기간에 다 돌아보는 거지. 특별 대우였어. 나도 한 번만 가봤지.

만 60세가 돼야 나오는데, 58세에 직장을 그만두고 나왔어. 기계 깎는 일은 눈이 좋아야 하는데 눈이 나빠져서 일이 정밀하지 못하니까…. 나와서 어떻게 살았느냐면 내가 다니던 공장에서 비료를 생산한단 말이야. 내가 가서 비료 좀 달라고 그러면 담 너머로 던지고. 그럼 정문으로 나와서 비료를 가져가고. 노친은 탁아소 야간 보모를 했단 말이야. 나는 혼자 산골에 들어가서 농사짓고. 산골 땅이라는 게 비옥하잖아. 비료를 주면 강냉이 싹이 또 이렇게 커.

하○○하고 같이 농사짓고, 곁에는 안○○. 이렇게 셋이 농사를 지었단 말이야. 하○○는 2004년쯤에 나왔어. 셋 다 국군포로지. 하○○는 (탈북해) 고향에 갔다가 원인 모르게 죽었어. 북한에 있을 때 하○○가 나한테 "지리산 빨치산 심부름을 조금 한 게 있어서 께름하다"는 거야. 그래 갈까 말까 하다가 나하고 같이 못 나왔단 말이지.

내가 화교민하고 계속 같이 일했다고. (중국은) 모택동^마오쩌둥이가 정권을 잡은 다음에 홍위대 활동이 무자비하게 진행됐어. 조금 잘사는 사람을 몽둥이로 때려 죽였으니까. 그게 무서워 중국에서 나온 사람하고 공장에서 같이 일했단 말이야. 그런데 중국에서 '과거에 과오가 있는 사람도 일없다'는 포고문이 내려왔어. 그래서 이 사람이 중국에 들어간다고 그래.

(내가) 편지를 써서 줬어. 한국에 들어가는 사람들이 있으면 전해달라고. '내가 죽지 않고 살았는데 한국에 갈 생각이 정말 있지만 돈이 조금 필요하

다.' 그걸 내가 편지에 써서 보냈지. 그랬더니 한국 국정원 손에 들어가서 다 예측이 됐단 말이야. (나는 남한에 가겠다는) 생각이 항상 있었지. 그런 기회를 얼마나 많이 봤다고. 딱 돈이 걸려서 못 하고 있었거든.

브로커가 올 거라고는 꿈에도 생각 못 했는데 브로커가 우리 집에 왔어. (브로커와) 삼봉리 교도에 가서 하룻저녁 잤지. 브로커가 한 남자를 데리고 갔는데 큰 자동차 주부타이어를 하나 가져갔단 말이야, 강 건너려고.

그렇게 노력했지만 잡혔어. 안○○ 새끼가 보위부에 연락해서 보위부가 승용차를 타고 와 붙들어 갔단 말이야. 하○○는 집에 없어서 안○○한테 말하고 갔다고. (함경북도) 은덕군 경찰서에 들어가서 감옥 생활까지 했는데, 내가 하도 직장 생활을 깨끗이 했기 때문에 다른 이들한테 물어봐야 "못했다" 소리는 안 하거든. 감옥 안까지 밀정이 들어왔어. "우리 여기서 나가면 다시 중국에 들어가자" 그래. 내가 딱 잘랐단 말이야. 이 새끼들이 밀정이니까 관리하는 사무실에다 얘기했겠지. 그래 한 달 있다가 나왔어. 강냉이 가루 그걸 시루에다 쪄서 몇 개 주는 거밖에 없어서 한 달 사이 얼굴이 뼈만 남았더라고.

탈북에 성공할 확률이 얼마나 될까? 언론을 통해 접한 탈북자들 사례만 놓고 보면 탈북 성공 가능성은 높아 보인다. 하지만 탈북 실패자들도 엄연히 존재한다. 실패한 이들의 이야기가 들리지 않을 뿐이다. '어려운' 탈출에 성공한 어르신이 힘주어 설명하셨다.

"두 번째 와서 넘어간 게 성공했단 말이야"

그렇게 석방되고 일주일도 안 돼서 브로커들이 또 찾아왔어. 우리 집까지 오면 감시당하니까 막내딸네를 알려줬단 말이야. 막내딸이 와서는 "브로커가 또 찾아왔다고" 그래. 이웃들도 냉대하고 친절하게 대하는 사람이 없어. 국군포로로 경찰서에 붙들려 갔다 오니까. 내가 죽든 살든 이번엔 무조건 브로커하고 같이 떠나자. 두 번째 와서 넘어간 게 성공했단 말이야.

석탄을 실어 오는 기차의 높이가 사람 키보다 높아. 거기를 브로커하고 같이 올라가서 뚝 떨어져 숨었지. 기차가 (함경북도) 온성이라는 데를 두만강으로 해서 간다고. 중국으로 넘어가는 거기에서 내렸어, 브로커하고 같이. 남양읍에 있는 울타리가 사람 키보다 컸는데 "저기로 빨리 들어가라" 하더라고. 들어가니까 북한 군대가 총에다 창을 꽂은 채 딱 서 있잖아. 아주 놀랐어 그때. 근데 여자 브로커가 "안심하라" 그래. 보니까 군대가 돈을 받은 거야. 통로를 가르쳐주더라고. 집에 가니까 남자 브로커가 또 있는데 물을 어디로 건너야 얕다는 걸 알아. 바지랑 신발을 벗지 않고 그 사람하고 손 붙들고 건넜는데 성공했지.

그렇게 중국으로 넘어와 집에 가니까 옷을 싹 갈아입히더란 말이야. 그리고 식사를 주는데 북한에서는 보지 못하던 입쌀밥에 파 있잖아, 이걸 가지고 장을 끓여서 밥 먹고 그러더라고. 처음 도착한 게 도문시투먼시지.

도문시에서 나를 데리고 있던 사람이 "빨리 돈을 보내주지 않으면 나를 북한으로 도로 보내겠다"는 거야, 그 브로커 새끼가. 가슴 쓰리잖아 그런 소리를 들으니까. 한국 브로커가 전화로 "빨리 연길옌지로 보내라. 잘못하면 (브로커 당신도) 우리 손에 잘못된다" 위협했단 말이야. 국정원들이 활동하기 때문에 없애치울 수도 있다면서.

도문시에 거의 한 달 있었어. 그런데 도문시에서 연길시로 넘겨줘서 가니까 다방집이야. 다방집 주인이 여자인데 그 여자하고 같이 한국에 나왔지. 거기서 한 달 정도 있을 때 한국에서 국방부, 적십자^{대한적십자사}, 통일부, 여성부^{여성가족부} 이렇게 4곳이 돈을 모아서 (여비를) 은행으로 보냈단 말이야. 그 여자가 은행에 가 돈을 찾아서 중국 경찰 두 사람을 샀다고. 그렇게 사 가지고 기차를 탔는데, 장춘시^{창춘시} 거의 다 와서 내가 내리니까 국정원 해외파들이 거기 와서 기다리고 있는 거야.

자동차는 국정원 해외파들이 이용했단 말이야. 계속 가는 거지. 연길에서 대련^{다롄}까지는 북한에서 부산 가는 거리야. 그렇게 멀다고. 대련에 도착한 날이 내 생일날이었어, 9월 25일. 국정원이 다 준비해놨더라고. 대련호텔을 베이징호텔 다음으로 친다는데, 대련호텔 2층에 상을 차려놨더라고. 그리고 내가 탄로 날까 봐 조그만 여관에 나를 넣어놨는데, 국정원 책임자지, 그 사람이 내 곁에서 떠나질 않아. 그렇게 한 일주일 있었다고.

하루는 나와서 사진을 찍으라 그래. 찍으니까 그다음 날 중국 주민증을 만들어 왔어. 그 전날에 동생하고 우리 제수의 큰딸하고 큰사위가 대련까지 왔더라고. 얘네가 왜 왔는가 하면 국가가 "국정원이 소비한 돈을 대련에서 와서 전달해라" 그래서 온 거야. 얘네는 (남한에) 하루 전에 오고, 나는 하루 더 있다가 김포비행장에 내렸지. 한국에 온 날이 10월 3일이야. 한국에 온 게, 고향에 온 게 얼마나 안도감이 (드는지)….

한국에 오니까 국정원이 나 보고 사단장을 만나라는 거야. 사단장을 만나니까 내가 포로가 됐을 당시 풍경을 물어봐. 사정을 말하고 부대에 갔지. 내가 복무했던 부대에 가서 전역식을 하는데, 그 부대 대원들이 운동장에 다 나와서 경례하더라고. 나를 데리고 사열했단 말이야.

사열이 끝난 다음에 국정원이 적금통장하고 내 도장까지 다 새겨서 손에 딱 쥐어주고는 "고향에 가라" 그래서 고향에 왔지. 국가에서 정착금으로 받은 1억 원을 국가에 바쳐서 예치해서 군인연금으로 타기로 하고, 5억 가지고 나왔는데 2억 5,000만 원 가지고 서상리에 집을 하나 지었단 말이야. 양옥집을 멋있게 지었는데 담당 형사가 자꾸 나 보고 "돈 있으면 달라"는 거야. "사망한 다음에 장례식 잘 해드린다"는 그런 소리를 하더라고.

　보훈회관에 다닐 때인데, 6월 25일 행사가 끝나고 갈비탕집에 갔더니 어느 새끼가 나 보고 "아주 좋은 여자 있으니까 만나보라" 그래. 그래서 만났는데 "일평생 모시겠다" 하더라고. 같이 살 것처럼 말해서 '줬단' 말이야. 일이 잘못됐잖아. 그것 때문에 서울 서초구 변호사협회에서 찾아와 재판까지 했어. (집을) 여자에게 주긴 주되 4,000(만 원)을 나한테 줬단 말이야. 명의가 넘어갔기 때문에 할 수 없다는 거지. 그냥 사기당한 거야.

　많은 귀환 국군포로가 가족관계가 좋지 않다. 국가로부터 받은 지원금을 형제, 자매, 자녀가 '빌려가거나 가져가' 불화를 겪었기 때문이다. 어르신은 담담하게 이야기를 이어가셨다.

"혼자 사니까 제일 마음 편해"

우리 사형제 다 죽고 나 하나 살고, 막내 여동생이 하나 있어. 이 동생이 나쁜 년이야. 내 동생이 나를 데려오느라고 조금 노력했단 말이야. 중국까지 왔다 갔다. 동생을 왜 미워하는가 하면 2억 5,000만 원을 빼줬다고, 친동생이니까 믿고. "네가 나 때문에 쓴 돈이 있으면 쓴 것만큼 빼라" 그랬더니 (정부지원금의) 절반을 뺐잖아.

그다음에 제수하고 동생하고 짜고 나를 딸네로 보냈단 말이야. 그리고 병원에 입원했는데 다리도 완전히 침대에다 딱 묶어놓더라고. 한 일주일 있으니까 제정신이 돌아왔지. (내가) 전셋집을 3,000만 원에 들었는데 그걸 생각 못 하고 갔더니 자식한테로 (전세금이) 입금됐다는 거야.

한 10년 넘었어. 춘천에 돌아와서 혼자 사니까 제일 마음 편해. 새끼한테가 있는 건 남의 집에 가서 얻어먹는 것만 못해. 나도 우리 어머니가 그리우니까 늙은 어머니 사진을 사진관에 가서 확대해 틀에 넣어 가지고 왔는데 보기 싫다고 뽑더란 말이지.

(큰딸이) 제 식구가 그립다면서 데려오겠다고 그래. 내가 3,000만 원을 뽑아 줬잖아. 전세 들었던 3,000만 원도 자기가 가져갔지. 그 딸을 데리고 오는데도 군비통제과에서 2,000만 원을 내라고 그래. 얼마 들어갔어? 8,000만 원 들어갔잖아. 막내딸은 데려올 때 돈이 없어서 1,000만 원밖에 못 줬어. 막내딸은 자주 올 생각을 하는데 "설 때나 오라"고 말하지. 전화는 자주 해.

국방부에서 그래, 1억 바쳤는데^{예치했는데} 내가 탄 (군인)연금만 해도 이제 2억이 된다고. 보훈처에서 돈 들어오고, 시청에서 들어오고, 도청에서도 들어오고. 이거 다 합하면 (월) 200만 원 돼. 군인연금만 해도 140만 원이 넘어. 보훈처에서는 35만 원인가 그렇고 도청에서는 30만 원, 시청에서는 35만 원. 그런데 집이 월세라서 40만 원이 자동이체 되거든.

임대주택에 들어가라는 거 안 갔어. 북한에서 나온 사람들, 곤란한 사람들 대개 임대주택에 넣는데 경찰이 간섭을 한단 말이야. 나는 경찰이라면 진저리가 나. 그 새끼들, 진심으로 도와주지 않고 말이야. 물론 다 그렇지는 않겠지.

지금 나라와 국방부와 보훈처의 뜨거운 관심을 받고 있어서 이제는 죽어도 여한이 없어. 한이 없지만 한국에서 돈 때문에 부부간 살인 사건, 부모도 죽이는 사건이 많은데 그런 사람들은 무조건 총살시켜야 한다고. 총살시키지 않으면 계속 나온단 말이야. 근데 그러지 못해 한국이. 나쁜 놈들이 많다는 건 알아야 돼. 언제나 조심해야 된다고.

귀환 국군포로 어르신들을 만나 대화해봐도 그들의 트라우마를 단번에 알아차리기란 쉽지 않다. 그런데 어르신은 외부에 대한 '경계심'이 유독 강해 보였다. 어르신은 "자식도 믿기 힘들다"고 말씀하셨다.

"친구라는 건 사귈 필요도 없어"

귀에 보청기를 꽂았어. 박격포 소리 그게 얼마나 무서운지, 들으면 귀가 먹어. 전쟁 중에 귀가 나빠져서 보청기를 껴야 되는데, 북한은 보위부 새끼들이 자기네 눈에 거슬리는 사람은 보청기를 못 끼게 한단 말이야. 남의 말 엿들을까 봐. 더러운 새끼들이야. 한국에 와서 보청기를 꼈어. 한쪽만 껴도 남하고 대화할 수 있으니까, 한쪽 하면 100만 원 돈이야. 한쪽만 들리면 되지. 폐가 좀 나빠. 아이 때 밤을 따 먹으려고 밤나무에 올라갔다가 떨어져서 피까지 토하며 앓았다고. 허리를 다쳐서 이런 것도 하나 못 들어. 운동을 하려고 해도 다리가 아파서 못 해. 쓰레기는 요양보호사가 와서 버려주고.

한국에 오니까 아는 사람도 별로 없어. 동창회를 했는데 13명 정도야. 군대 생활을 한 놈이 없다고. 다 요리조리 도망친 놈들이야. 다 제 이익을 위해서

지, 국가 이익을 위해서 희생한 건 없어. 친구라는 건 사귈 필요도 없어. 택시 부르면 여기까지 온단 말이야. 택시 타고 상점 가서 필요한 거 사고, 거기서 다시 택시 타고 여기 와서 내리면 되지. 한 달에 한 번 그렇게 해.

국군포로는 원래 송환해야 한단 말이야. 말로는 국군포로라고 하면서 국가가 데려온 게 있는가? 다 제 발로 도망쳐 왔지. 누구를 원망하겠어. 국가를 원망할 수도 없는 거야. 북한 새끼들은 완전히 봉쇄한다고. 국군포로는 하나도 없다 하더래.

(국방부 지원을 받아 북한인권정보센터에서 매년 1박 2일 여행을 가는데) 이번에 청와대 다 돌아보고, 양산 수도경비 군부대에 가서 신형 무기들 관람하고…. 가보면 군악대가 정문에 가득 서서 나팔 불고 그래. 화려해.

내 사진을 찍어서 뭐 하게. 나는 지금도 밤에 잘 때 저거 걸어놓고, 또 거는 거^{걸쇠} 그거까지 다 걸고 잔다고. 간첩 새끼들이 언제 어느 틈으로 올지 모르니까. 내가 북한놈들한테 골탕을 먹여놔서 저놈들이 앙심을 품을 수 있으니까. 하여튼 공개되지 않도록 조심해야 해. 이름은 써도 되지 뭐. 국방부에서도 공개한 이름이니까 이름은 써. 북한 새끼들, 피 맺힌 원수야.

(예전에) 큰딸이 전화 왔더라고. 내가 한국에 왔으니 돈 보내달라고. 내가 한국에 온 지 3개월도 안 됐는데 전화번호를 어떻게 알았나? 제 새끼도 못 믿는단 말이야. 내가 (국립)서울현충원 안장 대상이래. 비석을 만들어놨는데 자식들 이름을 쓰라고 그러더라고. 막내딸 하나만 쓰라 그랬어.

이제 속에 있는 하고 싶은 말은 다 했어. 나는 언제나 속에 담는 사람이 아니고, 생각한 걸 다 말하는 솔직한 사람이지. 어물어물하는 그런 사람 아니야.

(바나나 우유를 건네며) 한 잔 마셔 얼른.

(잠금키) 까만 거 누르면 돼. (문 덜커덩) 예 조심해서, 내려갈 때 살살 내려가. 조심히 가.

 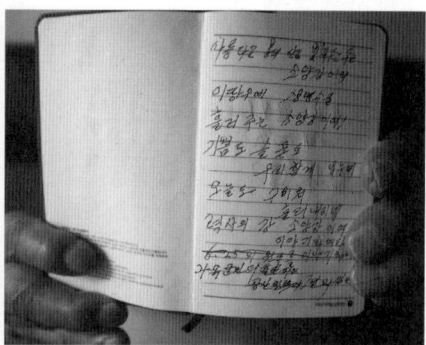

최기호 어르신이 탈북 후 전역식을 하며 22연대 연대장으로부터 받은 기념패(왼쪽)와 전쟁 및 소양강을 떠올리며 쓴 자작시.

3장

교화소 출신
탄광 노동자

07 김성태

(2022년 9월 19일 취재)

"교화소에 있는 13년 동안
이 한 번 안 닦은 거 같네"

어르신은 2022년에 뵈었다. 그 전에 몇 차례 인터뷰를 청했지만 그때마다 "건강이 좋지 않아서 인터뷰를 할 수 없다"고 하셨다. 어르신은 귀환 국군포로 가운데 교화소 생활을 증언해 줄 수 있는 유일한 생존자다. 경기도 남양주시 호평동에 있는 어르신의 아파트를 찾았다. 어르신은 아파트 건물 밖에서 나를 기다리고 계셨다. 인터뷰는 거실에서 진행했다. 거실 한쪽에 몸이 불편한 아내분이 누워 계셨다. 인터뷰를 한 지 5시간쯤 됐을 때 어르신은 "이제 힘든 이야기는 그만하자"고 하셨다. 그러고는 열쇠 꾸러미를 가져와 건넌방 문을 열고는 사과 다섯 알을 꺼내 나에게 건네시며 "가면서 잡숴"라고 하셨다. 13년 동안 '생지옥'을 경험한 어르신의 삶을 글로 옮겨본다.

"장남이라서 나만 학교에 다니고 그랬어요"
/

나는 얼굴이고 이름이고 공개해도 일없어요. 이제 (북에) 아무것도 없으

1932년 4월 4일	경기도 포천시 출생(음력)
1948년 3월 15일	입대, 7사단 1연대 3대대 대대본부 배치
1950년 6월 29일	경기도 양주에서 포로로 잡힘 13년 동안 교화소 생활 후 주원탄광, 수산탄광 굴진공 생활
2001년 4월	탈북
2001년 6월	남한 정착

 니까. 나는 1932년 경기도 포천시 군내면 하성북리에서 출생했습니다. 내 (나이) 90이요 시방. 북에 있을 때도 생일을 그날로 해서 음력 4월 초나흗날이 내 출생일이야. 동생이 (내가) 중국에 있을 때 와서 면회를 하고 (나를) 데려왔단 말이에요. 근데 죽었어요, 폐암으로. 육남매가 그렇게 다 죽고 시방 남은 게 의정부에 사는 여동생 하나야. 내가 맏이예요.

 내가 그래도 공부를 하고 초등학교 졸업도 하고…. 거기가 농촌이라 아버지하고 어머니는 농업에 종사하셨어요. 내가 신읍학교 졸업생이에요. 33기인가 그래요. 엄마가 국문으로 학교 시간표를 다 적어주고 책보를 싸줘서 들고 가 공부했어요. 내가 아홉 살에 입학했고 열한 살에 대동아전쟁, 2차 세계대전이 일어났단 말이에요. 그때 조상말은 못하고 일본말로 통역해서 회화를 했다고. 그렇게 4학년인가 5학년 때 해방이 됐지. 부모님이 농사지어서 벼도 심고, 밭도 있고 하니까 콩, 팥, 조 이런 거 심으면서 살았어요.

 거기서 뭐야, 남로당이요 민주당이요 서로 싸우고 아주 소란했어요. 당파 전쟁이 나서 서로 비방하고. 그게 열네 살 때니까 알겠더라고. 서로 매질하면서 싸우고 그랬어요. 1948년 3월에 서북청년단이 나와 가지고 막 빨갱이라고 하면서. 결사대야, 결사대. 목숨 걸고 빨갱이라면서 그저 눈에 불을 켜고 계속 싸웠어요. 구경했지요 우리는. 그때만 해도 미군이 쌀, 밀 이런 거 공급해주고 그랬단 말이에요.

1948년에 이동백 한의원에서 급사로 일했어요. 거기서는 약도 지어주고 하는데 급사 노릇을 하면서 좀 배우려고…. 졸업한 다음에는 신읍에 와서 살았지요. (집에서) 한 5리, 3킬로 정도 돼요. 장남이라서 나만 학교에 다니고 그랬어요.

그러면서 내가 열일곱 살이 됐단 말이에요. 신읍에 경비대들이 와 가지고 군복을 입고 모집을 했어요. 열일곱 살인데 나이 두 살을 늘려 가지고 국방경비대에 입대했지요. 군대가 멋있어 보이고 하니까. 친척 중에 전쟁으로 잘못된 사람은 없어요. 아버지 친척이 일본 군대에 갔다가 해방되니까 왔더라고요. 북해도에 갔다가 와서 결혼식도 하고 그런 걸 구경했어요.

이야기는 군 입대로 이어졌다. 어르신은 반말을 거의 하지 않으셨다. 겸손하고 공손하게 경어체로 말씀하셨다. 질문하면 이렇게 답하셨다. "네네, 그래요, 맞아요." 무척이나 깍듯하게 대해주셨다.

"내가 목격했어요, 6월 25일 전쟁을"

/

그래 20명을 거기서 모집해 가지고 경기도 가평으로 갔어요. 부모님 몰래 입대한 거예요. 인사도 못 하고 그냥 왔지요. 그 말 듣고 엄마가 가평에 왔더라고요. 너무 반갑게 떡이랑 해서 가지고 왔어요. 그래서 소대원들 나눠주고, "훈련 잘 받으라"고 그러는 것밖에는 못 들었지요. (가평에서 훈련은) 한 서너 달, 너덧 달 하고.

그다음에 청평 수력발전소가 있었어요. 경비대는 발전소 같은 큰 기관들을 보위하고 있었단 말이에요. 거기 신공덕이라는 데서 경비를 서고 그랬지요. 일요일이면 외출도 나왔어요. 나는 가평에 와서 청평 발전소에서 근무했어요, 한 대여섯 달.

미군들은 저 삼팔선 경비대니까 삼팔선 경비 서고 했는데, 10월 1일이겠구나. 10월 1일 국군으로 편입되면서 미군들하고 교체됐단 말이에요. 미군은 일본으로 가고, 소련은 자기 나라로 가고. 소미공동위원회에서 그렇게 결정을 했어요. 우리는 국방경비대들이 삼팔선을 다 보위하고 있었지요. 그렇게 된 거예요, 1948년에.

7사단 1연대 3대대는 김○○이 중대장이고, 3대대 본부에 있었어요. 1개 연대에 12개 중대가 있었고요. 그래 가지고 삼팔선 밑 초성(哨所)에 가서 1개 대대가 자꾸 교대한단 말이에요. 한 서너 달 있다 바꾸고. 나는 연락병을 했어요. 대대장 지프차를 타고 다니면서 대대장을 보위하니까 수월했지. 나이가 어리고 곱게 생기고 해서 대대장 연락병을 시키더란 말이에요. 같이 있으면서 대대장 식사랑 차도 다 공급해주고, 거기서 생활했어요.

그다음에 이등중사가 됐어요. 시방 말로 하면 병장이지. 의정부에서 한 15리 떨어진 곳에 하사관학교가 있었어요. 나를 승급시키려고 하사관학교에 보내더라고요. 거기 갔는데, 그러니까 1950년이지. 그해 6월 25일에 바로 전쟁이 일어났잖아요. 거기 가 있다가 내가 목격했어요, 6월 25일 전쟁을.

일요일이었단 말이에요, 바로 그날. 토요일에 집에 다녀와서 일요일에 대대 본부에 있었어요, 의정부 3대대. 그래서 거기서 자는데 밤 서너 시쯤 되니까, 삼팔선 밑에서 번개가 치면서 우레 소리가 나더란 말이에요. 그게 바로 북한군이 전쟁을 발발해 가지고 진격하는 소리였어요. 그리고 9시쯤 되니까 중계방송을 통해서 외출 나온 부대 대원들은 다 부대로 빨리 복귀

하라고, 시방 중공군이 침략해서 들어온다고 해서 다 중대로 집결했어요.

그래서 6월 26일에 전투에 참가했지요. 12중대에서 와서 포 쏘고 그러는데 사람들이 수없이 희생됐어요. 소들도 다 포탄에 맞아서 죽고. 아, 전쟁의 참화가 이렇게 무섭구나, 이 세상에 전쟁이 없어야지, 전쟁이 이렇게 참혹하고 정말 수많은 사람의 생명을 앗아가는구나 하는 걸 느꼈어요.

어르신은 내가 질문을 하면 구체적으로 답변하시면서 "아니, 그게 아니고, 아니요, 그게 맞아요"라고 몇 번이나 말씀하셨다. 포로로 잡힌 경위를 자세히 설명해달라고 하자 "별거 없어요, 그거"라고 간단히 정리하셨다. 어르신이 말씀하신 경위는 이렇다.

"맥이 없는데 어떻게 때리겠어"

(1950년) 6월 29일에 내가 무명고지에서 전투를 하는데 중대장이 부상을 당했단 말이에요. 덕정, 덕정계선. 중대장을 업고 오다 (내가 발등에) 파편을 맞아서 그렇게 포로가 된 거예요. 아, 업고 내려오니까 작전참모, 통신참모, 그다음 뭐야 부관, 이렇게 체포돼 있더라고요. 다 장교들이지.

덕정에서 잡혀서 밤에 수송됐어요. 그리고 연천에서 이틀인가 묵었는데 비행기들이, 그 쌕쌕이들이 떠 가지고 습격도 하고 폭격도 하고…. 그다음에 함경북도 회령 군마훈련소 자리에 포로수용소가 조직됐는데, 거기 가서 훈련받았지요.

한 1,500명 되더라고, 그때 본 포로가. 외국인은 없었어요. 대대, 중대, 소대, 분대 이렇게 나눠 가지고 인민군대들이 다 보초 서고 한단 말이에요. 훈련이라는 게 전진하는 거, 후진하는 거더라고. 가만히 있으면 병이 걸리니까 운동시키는 거예요. 공부도 시키고.

김일성종합대학교, 김책^{김책공업종합대학교} 그런 학교를 나온 졸업생들이 별을 하나씩 다 달고서 우리를 공부시켰어요. 원시사회, 봉건사회, 사회주의사회, 공산주의사회 이런 걸 가르치더라고요. 공산주의는 수에 따라 그저 자동화돼서 마음대로 먹고 쓰고 한다고. 원시공동체사회는 유인원 있잖아요, 원숭이가 사람이 됐다는 그것도 가르쳐주고 그러더라고요. 원시공동체사회에서는 다원을 알려주는데, 뭐 이런 거 다 배우려면 오래 걸리지. 공산주의사회의 우월성을 얘기하더라고요. 근데 (배고픈데) 그게 머리에 들어가겠어요? 안 들어가지. 그저 머리만 끄덕끄덕하는 거예요.

거기에 6월, 7월, 8월, 9월까지 넉 달 있었는데 수없이 많이 죽었어요. 앓아서 죽고 전염병에 걸려서 죽고. 정말 옷도 하나 갈아입지 않고 그대로야. 목욕도 한 번 못 해봤어. 그저 굶주림에 시달렸단 말이에요. 맥이 없는데 어떻게 때리겠어. 비듬나물^{비름나물}, 배가 고프니까 그거 훑어다가 소금 얻어 와서 국 끓여 먹고 그랬지요. 20호^이가 생겨 가지고, 전염병이 발생해 가지고…. 걔네들은 20호라고 그래요 이를. 20호가 깨워서 아침에 일어나 쓸면 바가지로 하나씩 돼요. 40명, 30명씩 그렇게 자니까 청소를 하나 마나지.

2022년 경기도 하남시에서 6·25전쟁에 참전했던 원면식 어르신을 인터뷰한 적이 있다. 그 어르신은 "국군포로로 억류돼 차라리 죽겠다는 마음으로 비눗물을 들이켰는데, 그 일로 병이 심하게 나 행렬에서 뒤처지게 됐고, 감시가 소홀한 사이에 탈출할 수 있었다"고 말씀하셨다. 과연 얼마나 많은 국군포로가 이분처럼 전쟁 도중 탈출에 성공했을까? 안타깝게도 김성태 어르신은 그러지 못한 경우다. 노력이 부족했던 것일까, 아니면 운이

따르지 않았던 것일까?

"조국 반역자라고 13년형을 주더란 말이에요"

/

서너 달 되니까 9월, 10월에 한국에서 남로당이라고 들어간 사람은 다 군관학교에 보내더란 말이에요. 한 300명 돼요. 밤에 열차에 태우고 아오지탄광에서 내리게 하더라고요. 우리한테 해방전사라고 그랬어요. 뭐 다른 얘기도 안 해. 누런 거, 지원군들 입던 거, 솜 든 거 입으니까 뜨뜻하지.

그다음에는 피연으로, 10월, 11월에 군마훈련소로 보내더라고요, 백마군마훈련소. 거기에 18개 중대가 있는데, 몽골에서 말들을 끌고 와 훈련시킨단 말이에요. 한 사람이 말 2마리씩을 훈련시켰어요. 거기서는 나도 잘 먹었단 말이지. 말은 하루에 건조 풀 6킬로에 알곡 3킬로, 강냉이랑 콩, 수수, 보리 뭐 이런 거 3킬로씩 먹어야 돼요. 근데 그거 다 못 먹어요. 새로운 물체를 보면 공포심을 많이 가져서 뛰고 그런다고. 그걸 밤에 끌고 다니면서 익숙하게 하는 일이었어요. 아주 친숙해졌어, 말하고.

한 번은 내가 특무장하고 싸우다가 말다툼을 해서 도망쳤단 말이에요. 내가 어디까지 왔느냐면 평안남도 대동군까지 왔어요. 한 닷새 걸렸어요. 나는 이남으로 오려고 그랬단 말이에요. 근데 피복 증명서가 있어야 되는데, 그걸 못 뗐어요. 그래 가지고 거기에 대위가 와서 강의하는데 "부대를 이탈한 사람은 전 부대로 돌아가라"고 해서 순순히 차 타고 돌아왔지요. 부대 와서는 부대장님한테 가서 얘기하니까 군인선서 외우라고 하더라고요. 그렇게 관대히 봐줬어요. 지금은 군인선서 못 외우지. 아, 군번이야 다 하지. 1105514. 군번을 알았기 때문에 한국에 온 거예요. 아니면 어떻게 한국에 오겠어. 그건 생명이에요.

1953년에 행군을 해서 강원도 회양에 갔어요. 스탈린이 죽은 날이에요, 3월 5일인가. 그래서 기억이 나. 북한에서는 스탈린 대원들을 하나님처럼 아주 우러러 모셨어요. 그때 한 달 동안 행군해서 회양까지 갔지요.

거기 가서는 보름간 휴식을 했어요. 말들은 다 본 기본부대에 배속시키고. 우리는 2군단 몇 사단으로 갔는데 나는 정찰소대로 갔단 말이에요. 나는 하사야, 부분대장이란 말이지. 그런데 1952년 치안대에 가담했던 (사람들의) 아들들이 입대를 했어요. 국군이 평양을 해방시켰잖아요. 그때 태극기 들고 만세를 했다고 종파로 몰려서 가게 된 (사람들의) 자식들이란 말이에요. 그래 그 자식들을 입대시킨 거지, 대원으로. (대원들과) 뜻이 맞아서 데리고 나오려다가 7월 18일에 내가 체포됐어요.

거기 한 놈이 신고를 해서 체포돼 7월 25일에 군사재판에 회부됐는데 조국 반역자라고 13년형을 주더란 말이에요. (재판에서) 부인했지. 근데 재판에서 차○○이라는 놈이 "하사님이 먼저 가자고 하지 않았는가? 하사님이 가자고 했다"고. 내가 "언제 그랬나?" 말대답하고 말았지. 걔가 고자질을 안 했다면 넘어갔겠지요, 7명이. 한 사람은 나보다 낮고. 그래서 서너, 너덧 사람이 형을 다 받았어요. 나는 책임졌으니까 더 받고.

그런데 형을 받은 다음 27일에, 그러니까 1953년 7월 27일에 휴전이 됐잖아요. (재판하고) 이틀 만에 휴전됐어요. 휴전되니까 포 소리가 아주 조용하더라고요. 그래서 너무 기뻐들 했지.

어르신은 "동료들을 데리고 탈출을 시도했는데, 한국 정부가 알아주는 것은 없다"며 너털웃음을 지으셨다. 어르신은 근래 사망한 한 귀환 국군포로가 자신처럼 교화소 생활을 오래 했다고 기억하셨다. 2006년 사망한 조창호 중위가 교화소 생활을 했다는 사실은 모르고 계셨다. 현 시점에서는 국군포로의 교화소 생활을 알려면 1호 귀환 국군포로인 조창호 중위의 자서전 《돌아온 사자》(1995)를 읽는 것 외에는 별 방법이 없다. 조창호 중위가 10년 넘게 교화소 생활을 한 내용을 책에 자세히 실어놓았기 때문이다. 나는 그 책에 나온 내용이 맞는지, 그 내용에 대해 어떻게 생각하는지를 질문하며 인터뷰를 이어갔다.

"(13년간) 이빨도 못 닦아봤어요"

13년이라는 세월 동안 많이도 돌아다녔어요. 원산교도소 감방에 들어갔는데 원산에는 두서너 달밖에 안 있었고 평양, 함흥에서 아무렇게나 1년 있었지. 평양교화소에는 한 달 머물렀어요. 그다음 함흥으로 와 가지고 좀 많이 있었지요. 한 2~3년. 남포 벽돌공장에서 벽돌을 만들었어요. 그런데 1954년에 도주를 했다가 혼났어요. 한 1년 정도 있다가 그런 거예요. (부령 수용소에서) 석회석 공장에도 있었고. 고무산, 석회산 해 가지고…. 시멘트 원료가 석회산이란 말이에요. 청진은 나중에, 고무산이 거기가 중심 같아. 나야 미약하고 하니까 장갑도 뜨고, 그물도 뜨고 하면서 집(교화소) 안에서 일했어요. 어떤 사람들은 집에서 미숫가루, 겨울에는 내복도 가져오는데 나야 총각이니 뭐 어디서 얻어. 강냉이에 콩밥이지. 강냉이에 콩이 40프로 들어가요. 콩이 들어가야지, 안 들어가면 사람이 못 견뎌요. 그것도 1급, 2급, 3급, 4급, 5급이 있어요. 일 안 하면 5급이에요. 노동에 따라 달라요. 1급은 800그램인데 사회보다 100그램씩 적게 준단 말이에요. 5급이 제일 조금 받는 거예요. 숟갈로 하면 두 숟갈이면 다 먹는 거야. 나는 5급 그 정도 됐어요. 물이 되도록 씹는단 말이에요. 그럼 구수해요. 반찬은 된장국 하나고 다른 건 없어요. 시라지국^{시래깃국}이지. 이밥은 김일성 생일날, 그다음에 노동당 창건일, 정월 초하룻날 그렇게…. 드문드문 해물도 먹을 수 있어요, 명탯국, 동탯국. 생활이라고 말할 게 없어요. 영양실조 걸려서 죽는 경우가 많다니까.

(한 방이) 학교 교실 정도 돼요. 안에 40명 정도 있었지요. 어느 교화소나 변기통은 다 있단 말이에요. 이 구석에다 놔요. 그래 가지고 밤낮 점검한다고. 아침과 저녁, 그렇게 두 번을 해요. 문 열고 반장이 차렷 한다고. 번호 하나, 둘, 셋, 넷… 정원이 30명, 35명 이렇게 있어요. 맞으면 가고. 아침에 자고 나면 변기통을 쏟아놓고 돌아오고 한단 말이에요.

이불은 (한 채를) 세 사람인가 덮어요, 네 사람인가. 옷 갈아입을 때, 봄여름이 지나고 그다음 가을철에 제일 바빠요. 개인은 내의가 있겠어요, 뭐가 있겠어요? 북에 있는 사람들은 내의고 뭐고 가져다주고 하는데 나는 그렇지 않지요. 추울 때가 많아요. 그래서 나 정말 혼났어요. 광목이지요. 그 여름옷, 겨울옷 그렇게 준단 말이에요. (겨울에는) 솜옷을 준다고. 그걸로 생활했어요. (옷은) 쇠로 된 건 하나도 없어요. 끄나풀로 맸지요. 붉은색은 아니고, 국방색도 있고 그래요.

목욕도 못 했어요. 그러니까 옷을 찐단 말이에요. 전기 찌는 걸로. 20호가 생기면 큰 야단이에요. 전염병이 온다고. 그래서 계속 찌고 하니까 이는 없었지요. 목욕을 어디서 하겠어요. 목욕한 생각이 안 나. 세수할 때 세면장이 있겠어, 뭐가 있겠어. 이빨도 못 닦아봤어요.

대화가 무르익는 사이 요양보호사가 집에 들어왔다. 요양보호사가 "아, 손님이 오셨구나. 점심에 국수를 해야겠어요"라고 했다. 그래서 식사시간이 다 됐으니 다음에 찾아뵙겠다고 하자 어르신은 "뭘 또 한 번 와요. 다 하지. 여기서 식사하고 가요"라면서 말씀을 이어가셨다. 부엌에서 점심식사를 준비하는 소리가 들려왔다. "한국 교도소 견학을 다녀왔다"는 어르신은 한국 교도소와 북한 교화소를 대조하며 설명하셨다. 이야기는 어르신의 교화소 탈출기로 이어졌다.

"생지옥이 어디 있겠어, 그게 지옥이지"
/

남포수용소에서 1954년에 내가 탈출했단 말이에요. 평양 복구 건설에 동원됐어요. 남포 벽돌공장, 거기서 벽돌을 생산해야 하니까 그리 간 거지. 벽돌을 만들었어요, 기와도 만들고. 3월이에요. 아, 1954년 4월이구나. 일은 힘들지 배는 고프지. 나는 죄가 없다, 내가 무슨 죄가 있는가, 그 생각이 머리에 인식돼 가지고 도망을 쳤단 말이에요. 이리로 도망을 오려고. 오후 4시쯤 돼서, 5시인가에 강사한테 대변보러 가겠다고 하고는 도망을 쳤지요.

집집마다 들어가니까 먹을 게 하나도 없어요. 배가 고파서 밤에 강냉이랑 이런 거 좀 먹으려고 했는데 하나도 없더란 말이에요. 죄수복을 갈아입었지요. 안 그러면 잡히니까요. 평양으로 가려고 했는데, 강계도 못 갔어요. 강서까지 갔더랬어요, 평남 강서. 거기서 잠복한 경비대에 붙잡혀 가지고 새벽에, 새벽 5시인가 정확히 기억이 안 나는데 도로에서 "서!" 하더란 말이에요. "정지!" 해서 보니까 간수란 말이지. "네가 성태야?" 그래서 "네, 그렇습니다" 해가지고 독방 처분을 15일간 받았어요.

가형은 안 받고 쇠사슬로 만든… 아, 여기 양 손목에 허물^{자국}이 있어요, 여기. 자세히 보면 허물이 있어요. 철사로 동여맨 자리예요. 이게 오래돼서 그렇지, 자리가 푹 패어서. 그때 구타를 많이 당했어요. "너 이 새끼 어떻게 도주했어?" 하면서…. 허허허. 그래서 "잘못했습니다. 이제 잘 교화를 받겠습니다" 했지 뭐.

독방 처분 15일이라는 게 이렇게 좁은 데서 오금을 죄고, 밥 갖다 주고… 아휴, 정말 혼났어요. 정말 죽을 뻔했어요. 다리나 올리겠나, 앉은뱅이가 돼 앉은뱅이. 눈 감고 그냥 (그 자세로) 자고. 주먹밥이지 뭐, 그릇에. 화장실은 선생한테 얘기해요, 변보고 싶다고. 독방에서 반성을 해야 하는데, 글쎄 악심이 나. 반성이 뭐야, 반성이. 이 죽일 놈들, 내가 죽으면 죽었지… 그렇게 뉘우침 없이 더 악심이 난단 말이에요.

(여기에 15일간 있다가) 함흥교화소에도 있었고, 그다음 청진 그 어디야, 구보산. 구보산에 시멘트공장이 있어요. 부령수용소인지, 고무산이 거기가 중심 같아. (시멘트공장에서) 석회석 싣는 거를 했어요. 세 톤. 한 조^{분대}에 10명이란 말이에요. 그러니까 하루에 10명이 30톤을 실어야 하지. 그렇지. 30톤씩 실어야 해, 이렇게 큰 거를. 석회석이 나오니까 벙어리 장갑이라고, 그걸 끼고 싣는단 말이에요. 그래 가지고 한 사람이 석 톤씩 실어야 해요. 못 실으면 선생한테 욕먹고 했어요.

근데 어찌나 힘이 들던지, 누가 주저앉더란 말이에요. 인제 오후 5시가 돼서 수용소로 오는 길에 그냥 주저앉더니 죽었어요. 고무산에서. 선생을 부르니까 벌써 숨이 넘어갔더라고요. 너무 과도하게 일을 하다 보니까, 제대로 못 먹고 약하니까…. 그런 걸 내가 목격했어요. 교화소에서 죽어간 사람이 많아요. 면회 왔다가 그냥 돌아간 사람도 있고요.

노동하다 그렇게 죽더라고. 목격한 게 많아요. 생지옥이야. 생지옥이 어디 있겠어, 그게 지옥이지. 수용소는 그 뭐야 노동을 시킨단 말이에요, 밭이라든가 이런 거를 해서. 그 주변이 몇 킬로였지. 폭이 이 정도인데, 깊이가 2미터, 3미터 되는 데가 있어요. 그렇게 해서 밑에다가 철사나 못을 박아서 도망 못 가게 해놔요. 함정을 다 파놓는 거예요. 교화소는 범위가 큰 데고, 수용소는 작은 데지.

어르신에게 계속 이야기하셔도 되겠느냐고 묻자 "예, 재미있어요"라고 답하셨다. 요양보호사가 상에 비빔국수를 차려놓은 뒤 아내분을 챙겨서 모시고 왔다. 네 사람이 앉자 어르신은 요양보호사를 칭찬하셨다. "고생이 많아요. 우리 권사님입니다. 하나님의 자녀지." 식사를 마친 후에는 "수고 많았어요. 맛있게 잘했어. 100점이네. 잘했어요. 잘 먹었어요"라고 하셨다. 요양보호사는 "어르신이 긍정적이라 오래 사시는 거 같아요. 저야말로 감사드리지요"라며 웃었다. 우리는 요양보호사가 설거지하는 소리를 들으며 대화를 이어갔다.

"손가락을 세면서 '언제 고향에 가나'…"

그런데 결핵에 걸려서 수산교도소에 들어갔어요. 청진에 있는 거기 교도소에 오래 있었어요. 청진병원에 가서 치료받고 약을 갖다 먹으면서 13년간을 지냈단 말이에요. 뭐, 감방에서 수갑도 뜨고 그물도 뜨고, 해어 잡는 거, 바닷물에서 고기 잡는 거 그거. 구멍이 큰 건 2미터, 3미터짜리, 또 구멍이 작은 건 1미터짜리예요.

그때 누가 있었느냐면 같이 감방 생활하는 김응빈, 서울시당위원장 하던 사람이 있었고, 그다음에 한응수라는 사람이 있었어요. 고고학자. 그게 김일성이가 스위스에 있던 사람을 데려온 거예요 공화국으로. 또 김응빈은 소련 아카데미아 거기, 그 뭐야 교장인가 하다가, 아니 했었다는데 온 거예요. (감방에서는) 조그마한 스무 살 아이들이 이 새끼, 저 새끼 해요. 그러니까 죄인이 되면 높고 낮고가 없이 평등하더란 말이에요.

(국군포로가 누군지) 이마에 써 붙이지도 않고 하니까 몰라요. 근데 간첩은 다 안다고. 간첩들은 "나는 어디서 잘 먹고 잘 입었다" 하면서 다 얘기해요. "나는 죽어도 여한이 없다. 남조선에서 대우를 잘 받고 해서 한이 없다"는 거예요. 1953년, 1952년 전쟁 때 많이 들어오고, 전쟁 후에도 많이 들어왔더라고요. 말하자면 애국자지. 이런 사람들 말 듣고 한국이 얼마나 잘사는지, 얼마나 잘살고 있는지 알았어요.

그러니까 (교화소에서 나온 건) 1966년 7월이에요. 13년이 지난 다음에 스물세 살에 들어갔다가 서른여섯 살에 나왔지요. 1966년 7월 18일에. 그런데서 13년을 꼬박 살고 왔어요. 나와서도 '내가 나갈 때가 됐는데'라고 손가락을 세면서 '언제 고향에 가나' 하는 그런 꿈을 여러 번 꿨어요.

이야기 도중에 어르신은 자두를 먹고 하라고 권하셨다. "아, 빨리 시원하게 그거 좀 잡숴요. 이거나 좀 잡숴. 저 노친네, 양반이 와도 그냥 누워 있고 그렇지 뭐. 이거 잡숴요." 10여 년 전 귀환 국군포로를 처음 뵈었을 때가 생각났다. 그때도 누군가가 내게 이렇게 먹을거리를 자꾸 권하셨던 것 같은데, 그분이 어르신이 아닐까 싶었다. 이야기는 교화소 이후 생활로 넘어갔다. 어르신은 주원탄광과 수산탄광에서의 생활을 들려주셨다.

"잘 먹으면 낫고 못 먹으면 결핵에 걸리고"

나는 그 뭐야, 당학교도 못 갔어요. 교화소 생활하다가 왔으니까. 당학교도 못 가니 어떻게 되겠어요? 일했지 탄광에서. 그 (함경북도 온성) 주원탄광. 거기 있으면서 노친을 만났단 말이에요. 노친이 어디서 왔냐면 대동군에서 왔다고. 그래 가지고 아들 둘 낳고. 나보다 한 살 아래예요. 그때가 서른다섯 살이야. 마음이 정말 무던하고, 처갓집에 가보니까 교육받은 여자들이더라고요. 내 노친 두어 번 (결혼) 했어. 과부가 많아요, 탄광이니까. 인물도 괜찮고 해서…. 아들이 여기 와 있어요. 시방 내가 다 끊어버렸지. 아들 둘인데 하나는 북한에서 죽었어요, 며느리하고 다 있었는데. 그건 말할 수가 없어. 30대 때지. 얘기할 필요가 없어.

(일한 건) 굴진. 국영에서 개인이 하는 데로 왔어요, 수산탄광이라고. 땅굴 팠어요, 발파해 가지고. 그다음에 삽질해서 탄을, 굴진이라는 건 동발 세우고 이런 걸 계속하는 거예요. 지방 공업 탄광에서 나와서 수산탄광으로 와 가지고 배려를 잘 받았어요. 고기요, 생선이요, 해어도 많이 먹고. 탄광이 해변가에 있어서 수산탄광이라는 이름이 붙은 거예요.

내가 나이가 60 정도 되니까 견학을 보내더라고요. 나라에서 대우를 해줘서 갔어요. 처음이자 마지막으로 평양 견학을 갔지요. 임수경이 간 다음에 누구지, 남자하고 둘이 넘어왔더란 말이에요. "조국 통일! 조국 통일!" 평양시를 돌아다니더라고. 똑똑히 봤지. 옥류관에 가서 국수도 먹어보고 했어요. 3시간씩 걸려요, 식사 기다리는 게. 아휴, 못 갈 데야.

그러다가 결핵에 두 번 걸려서 사회보장을 두 번 받았단 말이에요, 수산탄광에서 10년 동안 일하다가. 글쎄, 잘 먹으면 낫고 못 먹으면 결핵에 걸리더라고. 국영탄광에는 결핵병원, 그 요양 휴양소가 있지만 이런 데는 없단 말이에요. 그런 데 가서 1년 먹으면 낫고, 또 나가서 채탄하고 굴진하면 결핵에 걸려버리고. 그렇게 사회보장을 받았어요.

어르신은 교화소 이야기를 하는 중간에 "그만하자"고 완강하게 말씀하셨다. "다 했어요. (교화소 얘기) 그만해요. 하나 마나야. 됐어, 됐어. 하지 말아요." 이야기는 탈북 과정으로 옮겨갔다.

(예순 살이 넘어서는) 사회로 나와 산꼭대기에 가서 농사를 지었단 말이에요. 한 번은 그러니까 중국에서 날아왔어요. "김성태 아버이 없는가?" 2001년인가, 동생이 시방 중국에 와 있다면서 (브로커가) 나를 데리러 왔더라고요. 그래 가지고 내가 돈이랑 경비를 다 줄 테니까 넘겨 보내달라고. 아니, 아들이랑 다 같이. 예예. 같이 가 가지고 넘어왔단 말이에요.

그다음 중국에 한 달쯤 있다가 전화를 계속해서 동생이 왔어요, 저 뭐야, 연길^{옌지}비행장에. 근데 50년 동안 헤어져 있었으니 어떻게 알겠어요. 동생인지 뭔지. 내가 "동생 몸 어디에 뭐가 있고 뭐가 있고" 얘기하니까 동생이 "우리 형님이 맞습니다" 그래요. 거기서 화해하고 동생이 돈을 주더란 말이에요. 돈을 주면서 이거 쓰라고. 그래서 넘어오게 된 거지.

거기에서 방송이 들어와 가지고, KBS 방송국에 얘기해서 김성태라는 사람이 어떻게 넘어오는지 방송을 해달라, 동생이 보냈단 말이에요. 국방부에 제기해서 왔더라고요. 그래서 국방부에서 와 가지고 벌써 공작원 둘이 따라붙었어요.

그다음 나하고 아들하고 거기로 해 가지고 대련^{다롄}으로 해서 심양^{선양}에 오니까 두 사람이 나타났어요. 그리고 그 집으로 안내해서 거기서 점심 먹고 쭉 얘기하니까, 한국에 대한 걸 아주 잘 설명해주더라고. 3시쯤 되니까 브로커가 왔어요. 먹이고 보호해준 대가를 치러야 될 거 아니에요. 3,000달러요, 4,000달러요 그래서 돈을 줬어요. 브로커하고 동생하고는 심양비행장에서 집으로 오고. (그 돈은) 국방부에서 줬겠지, 국가에서.

그다음 양복을 한 벌 주더라고요. 그리고 3시에 택시가 와서 타니까 대련에 내렸어요, 9시에. 그다음은 화물선에, 나하고 아들하고. 그 사람이 우리를 소개해서 이리로 오게 된 거예요. 그 사람하고 같이 왔어요. 그래 가지고 29시간 걸리더라고 인천항에 오기까지.

대성공사에서 한 달간 심사를 받고, 기계화부대라고 거기 가서 전역식을 하는데 친척들이 왔더란 말이에요. 내가 원래 (서울) 신길에 집을 받았어요, 22평짜리. 시방 생각하면 내가 대가리가 좀 못됐단 말이지. 신길에 집을 공짜로, 거기 들어가 있었으면 일없겠는데….

(정부지원금을) 4억 5,000인가 받았어요. 그래서 동생들한테 2,000만 원씩 주고. 내가 25평짜리 집을 의정부 호원동에 9,800만 원인가를 주고 (샀지), 2001년에. 나는 전세를 들고 수원에 2억 7,000짜리 상가를 샀단 말이에요. 그다음 집을 팔아서 아들이 경북에 15세대짜리 원룸을 두 채 샀는데 1년 있다가 다 날렸어요.

수원 상가는 남아 있었는데, 그게 글쎄 2억 7,000에 나가더라고요. 그다음 바로 한성무역이 망할 때 그걸 판 돈을 밀어 넣었단 말이에요. 그러다 보니까 2억 7,000을 홀랑 날려버렸어요. 그때 (상가가) 안 팔렸으면 일없는 건데…. 연금이란 건 없어요. (한성무역에 투자한 돈은) 못 받지요, 뭐. (한성무역 대표가) 징역을 2년 7개월 살았다고 하잖아요. 7월에 나왔대. 우리 돈 다 떼 가지고…. 인생사가 그래요.

어르신에게 가족과 왕래하는지 여쭙자 고개를 저으며 "그래도 살아나가"라고 담담하게 답하셨다. 어르신과 이야기를 나누는데 어디선가 청아한 리코더 소리가 들렸다.

"마음이 너무 영광이지"

그래도 먹고사니까. (월) 24만 원 노령연금에 (기초생활)수급자, 그리고 전쟁수당이 나와요 40만 원인가. 그럼 한 100만 원 잘 타. (가족의) 괄시 그런 것도 없어요. 그래도 살아나가. 거의 다 그래요. 나는 국가에서 다 해주니까, 그까짓 거 관계가 없어요. 그래도 먹고사니까 어쩌겠어요. 남부럽지 않게 살고 있어.

내가 피연에 있을 때 장○○이라는 사람이 있었어요. 남한을 그리워한다는 이름이더라고. 그 사람하고 친하게 지냈어요 군마훈련소에서. 고졸이고 아주 지식분자인데 내 대원으로 있었단 말이에요. 1954년에 김화인지, 그리로 해서 넘어왔다고 그랬대. 그리고 우리 (부모님) 집에 들러서 (김성태가) 얼마 안 있으면 올 거다 말했대요. 그래서 내가 (탈북해서) 장○○이를 찾았단 말이에요. 장○○이가 일곱 사람인가 돼, 우리나라에. 근데 비밀이라면서 알려주지 않더란 말이에요. 그래서 찾질 못했어요.

나는 뭐, 시방 죽어도 여한이 없어요. 오래 사는 거야, 정말. 한국에 나왔으니까 이리 오래 사는 거지, 북에서 살았으면 죽었을지 몰라.

아, (대통령 취임식에 가서) 영광이지요 뭐. 취임식에 나하고, 유영복이하고 또 한 사람 이렇게 3명이 갔어요. 그날 차가 왔어요. 그것도 물망초에서 해서 간 거지. 물망초에서 왔어요. 아, 박선영 이사장님이 최고야. 윤석열 대통령이 아주 원칙적으로 잘하는데 글쎄. 마음이 너무 영광이지. 그런 자리에 앉게 돼서 너무 영광이지.

건강은 괜찮아요. 이게 시방 척추협착이에요. 2년 됐어요. 건강해서 산에도 잘 다니고 그랬는데 갑자기 이렇게 됐어요. 내가 먹은 약이 뭐요, 요양보호사님? 일주일 동안 먹은 게? (요양보호사가 "헬리코박터균 잡는 약이에요"라고 답했다.) 그게 걸렸어. 약이 쓰고 그런데 이제는 좋아요 아주. 코로나코로나19가 뭐예요? 안 걸렸어요. 우리는 (백신을) 4번 맞았어요, 요양보호사가 잘해서 제때. 다른 병은 없어요.

복지관에는 안 다녀요. 나가기야 나가지. 평소에는 운동을 해야 해요, 허리가 좋지 않으니까. 내가 시방 아흔 살인데, 옛날에는 생각도 못 하던 나이야. 가문에서 제일 오래 살았어요. (이사 온 지) 한 10년 됐는데 여기 물이 좋은지, 터가 좋은지 건강하더라고. 여기는 공기가 아주 신선해서 자고 일어나면 거뜬해요.

에이, 해칠 사람이 누가 있어. 나는 그런 거 하나도 없어요. 나는 겁나는 게 하나도 없어. 그럼요. 하나님 믿으니까 여기서 항상 기도해주시고. (현재 함께 사는 할머니는) 12년 같이 살았어요, 13년인가. 여기 와서 만났지요. 조카가 와서 만나게 해줬어요. 노친의 조카요.

아휴, 이제 그만해요. 교화소는 시방 얘기한 거 그대로야. 자꾸 나이가 먹으니까 잊어버리고 그래. 아이고, 끔찍해요, 끔찍해. 죽다 살아났는데 자꾸만 얘기하라고 하면 어쩌겠어요. 시간이 많이 갔어요.

나도 반가워요. 이렇게 조용히 얘기하고 가면 좋지. 시원한 거나 마저 잡숫고 가요. 죽으면 다인데 뭐. 죽으면 다인데….

교화소 생활을 13년 동안 한 김성태 어르신의 양쪽 손목에는 쇠사슬 자국이 그대로 남아 있다.

4장

인민군 출신
농업 노동자

08 故 포로 C
(2016년 11월, 2020년 8월 25일 취재, 2020년 8월 26일 전화 취재)

"자다 일어나서도 아들 생각에···
그걸 계속 후회하지"

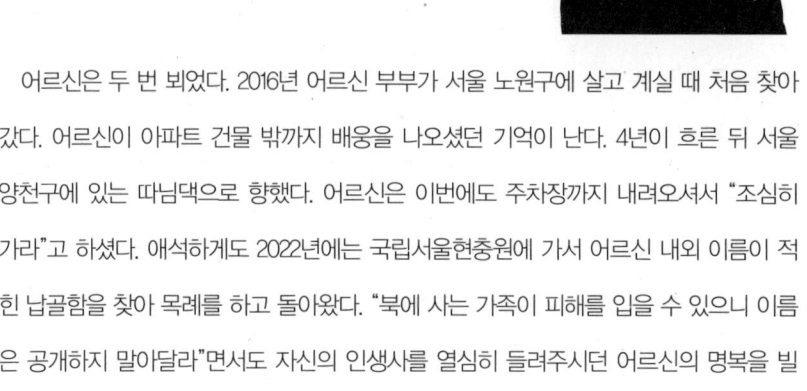

어르신은 두 번 뵈었다. 2016년 어르신 부부가 서울 노원구에 살고 계실 때 처음 찾아갔다. 어르신이 아파트 건물 밖까지 배웅을 나오셨던 기억이 난다. 4년이 흐른 뒤 서울 양천구에 있는 따님댁으로 향했다. 어르신은 이번에도 주차장까지 내려오셔서 "조심히 가라"고 하셨다. 애석하게도 2022년에는 국립서울현충원에 가서 어르신 내외 이름이 적힌 납골함을 찾아 목례를 하고 돌아왔다. "북에 사는 가족이 피해를 입을 수 있으니 이름은 공개하지 말아달라"면서도 자신의 인생사를 열심히 들려주시던 어르신의 명복을 빌며 그 이야기를 옮겨본다. 어르신은 북에 두고 온 아들과 딸 이야기부터 하셨다.

"아들이 아직까지 소식이 없소"

아들이 하나인데, (나는) 우리 아들이 주선해서 압록강을 넘었단 말이오.

1933년 11월 6일	경기도 출생(양력)
1950년 12월 4일	입대, 3사단 22연대 1대대 중화기중대 기관포소대 배치
1951년 2월 12일	강원도 횡성군에서 포로로 잡힘 인민군 제대 후 노동지도원 생활
2008년 5월	탈북
2008년 9월	남한 정착

 아들이 나한테 전화를 해와서 아들한테 "무사히 갔는가?" 물어봤더니 "어떤 놈의 새끼가 보위부에 신고해서 잡혀 왔다" 그래요. 그래서 둘째 딸한테 브로커를 통해 300만 원을 보냈다고. 딸이 북한 감옥이라는 감옥은 다 돌아다녀 봤는데 없다는 거지. 그래 내 추측은 정치범수용소에 갔겠다. 아직까지 소식이 없소. 정치범수용소에 가면 죽은 거나 다름없단 말이오.

 근데 내가 잘못한 게 뭔가. 회령정치범수용소에 우리 노친 친척이 하나 있다고. 근데 내가 그걸 통해서 구출할 생각을 못 했단 말이오. 왜 그게 생각이 안 났는지. 지금도 그것 때문에 자다 일어나서도 아들 생각에…. 그게 계속 후회되지.

 보릿고개 적에는 배급을 제대로 안 준다고. 저기 압록강 쪽에서 조금만 가면 큰 농장이 있는데 거기에 노친 고모가 살았어. 딸을 들쳐 업고 노친이 얼었다 녹은 감자라도 얻어 온다고 갔단 말이오. 업고 다녔으니까 네다섯 살 됐지. 거기 갔다 와서부터 거품 물고 자빠지고 자빠지고 그렇게 하다가 마지막에는….

 내가 원래 그 (양강도) 혜산 사무원으로 일해야 하는데, 배급도 안 주고 해서 도당유과에…. 내가 남반부 출신이니까 나 같은 사람을 보는 부서란 말이오. 그래 과장한테 얘기했다고. 장모님까지 모셔서 우리 식구가 아홉

이라 "내가 이렇게는 못 살겠고 농촌에 가서 아홉 식구 먹여 살려야겠다". 그러니까 어디에 농장을 만든다고 했으니 거기로 가라는 거지.

1990년이니까 내가 오십 살 조금 넘었을 때야. 거기 가니까 시공지도원을 시키더라고. 80센티짜리 자막대기 하나씩 들고 다닌단 말이오. 거기서 뜨락토르트랙터로 나무뿌리를 갈아 젖히고, 철마 뜨락토르로 벌목한 나무를 매서 가고, 나무뿌리 밑에다 무한비료 넣어 폭파한다고. 그렇게 땅이 다 됐다 하면 내가 나가서 자막대기를 들고 몇 평이다 하는 거지. 얼마라고 계산해야 노동자들이 임금을 받는단 말이오. (나이) 60이 넘으면 일을 그만두는 거 아니겠소. 근데 내가 60이 됐는데도 더 해달라고 해서 한 3년을 더 해 7~8년 일했지.

그렇게 하고 나와서 결혼한 아들을 따라간 데가 양강도 보천군. 도저히 불편해서 못 살겠더라고. 며느리라는 게 얼마나 괘씸한지, 아침 먹기만 하면 노친더러 가서 나물이나 캐오라 그런다고. 아, 도무지 못 보겠어. 거기 무슨 희귀한 나물이 있었던 모양이야. 노친이 그거 꺾자고 하다가 바윗돌에 굴러서 손목이 하나 병신이 됐어. 안 되겠더라고. 우리 노친이 "살 만한 집이나 하나 마련해달라" 이렇게 했단 말이오.

목재창고 경비 보는 경비막이 있는데, 가마니 두어 개 걸고 살면 되겠다 싶어서 우리 아들이 와서 가마니 걸어주고 변기 떨어진 거 다 수리해주고…. 그때부터 거기서 노친이랑 사는데, 거저 살 수 없으니까 나물을 캐러 다니고 했단 말이오. 거기 사람들 인심이 얼마나 좋은지 사는 게 불쌍하다고 김치도 가져다주고, 저녁이면 심심하다고 티브이도 보라고 하고. 그럭저럭 살면서 신세 많이 졌지.

귀환 국군포로들은 남한에 오기 전 '중국에서' 남한 가족을 만나는 경우가 많았다. 만

남은 누군가가 손을 내밀 때 성사됐다. '남한 가족'이 북한에 사는 국군포로를 찾기도 했고, '북한에 사는 국군포로'가 남한 가족을 수소문하기도 했다. 이렇게 가족을 만난 국군포로는 남한으로 향했다. 하지만 어르신의 탈북 경로는 조금 달랐다. 어르신이 애석한 표정을 지으셨다.

"30분 동안 끌어안고 울었어"

하루는 장마당에 갔는데, 어느 중년 여성 둘이서 철판 같은 손잡이 달린 걸 가지고 비닐플라스틱 땜질을 하는 거야. 보니까 만들기도 간단한 거 같더라고. 노친은 낭구나무를 줍고 나는 땜질을 했단 말이오. 비닐식기, 비닐장갑 녹이면 착착 붙는다고. 앉아서 그걸 한참 때우면 얼굴이 시꺼메진단 말이오. 아, 이거 아는 놈들이 보면 어떻게 하겠나 싶어 고개를 푹 숙이고….

하루는 앉았더니 아들이 "아버지 고향에다 편지 쓰세요" 그래. 어쨌든 썼어요. 보냈다가 퇴짜 맞고 "다시 쓰세요" 하더라고. 그래서 '부락에 향나무가 크게 논 가운데에 있다' 이런 거까지 다 썼단 말이오. 그래서 가족이 다 봤고 합격이 됐어.

연락이 닿으니까 만나러 가는 거지. 혜산에서 조금 내려가 강구라는 데가 있어요. 브로커 집에서 저녁식사를 먹고 떠나는데 압록강 폭이 넓단 말이오. 내가 헤엄을 못 치니까 자동차 주부타이어 있잖아. 주부에 바람 채워서 그 위에 판자를 깔고 나를 거기에 앉혔다고. 우리 아들이랑 브로커가 나를 밀고 그렇게 해서 강을 건넜단 말이오.

건너가니까 저쪽에서 승용차 불빛이 쫙 오는 거지. 그걸 타고서 한 20리 달린 거 같아. 간 데가 어디냐면 (중국) 장백현인데, 내가 들어가니까 의사가 "영양제 주사를 좀 맞아야 되겠습니다" 그래.

그럭저럭 이틀이 지났는데 2006년 9월 13일 저녁에 우리 형제가 다 왔더란 말이오. 우리 누님, 그다음에 우리 남동생, 미국에 사는 누이동생, 매제 이렇게 넷이 왔다고. 9시 한 반쯤 만났는데 30분 동안 끌어안고 울었어. 슬픈 울음도 있고, 너무 기쁘기도 하고…. 세상살이 얘기 다 하고 살아온 얘기 다 하고 그렇게 헤어졌지.

그때 내빼야 하는데 집에 노친을 두고 왔으니 그럴 수가 없단 말이오. 우리 아이들도 잔뜩 있잖아. 그래서 그렇게 못 했지. (동생이) 돈도 못 주고 아무것도 못 줘. 돈이고 뭐고 브로커가 조사해서 다 뺏는다고. (브로커) 비용은 다 줬어 동생들이. 근데 우리 아들은 어떻게 했는지 우리 누이가 금가락지 준 거 하나 숨겨 가지고 와서 그거 팔아 돈 좀 만들었지.

이야기는 탈북 배경으로 옮겨갔다. 내가 만난 귀환 국군포로들은 "남한에 넘어가 돈을 얻어서 그 돈으로 북에 사는 가족을 살리려고 탈북한 사람이 많다"고 증언했다. 그렇다면 어르신이 일흔다섯이라는 연세에 사선이 될지도 모를 국경선을 넘은 이유는 뭘까.

"귀때기를 후비니까 바퀴 새끼 세 마리가 나오는 거야" /

계속 땜질하면서 살다가 하룻저녁에 우리 아들이 12시쯤 돼서 왔어. ○○이라고, 우리 아들 친구가 있단 말이오. "○○이가 오토바이를 가져올 테니 엄마하고 둘이 그걸 타고 ○○이를 따라가면 한국에 간다"고. 2008년 5월이지. (먹고살기 힘들어서 탈북했는지 묻자) 그렇지.

그날 저녁에 숱하게 고생했어. 오토바이를 끌고 산꼭대기를 넘고 넘고 해서 그 새끼들을 피해 갔단 말이오. 압록강 따라 조금만 가면 국방경비대가 안내를 한다 그러더라고. 국방경비대는 돈 처먹고 하는 거지. 우리 노친은 헤엄을 칠 줄 모른단 말이오. 그 아새끼^{애새끼}가 국방경비대지. 노친을 둘이서 끄는데 아, 추워서 오들오들 떨고. 저쪽에서 승용차가 (우리를) 태워가지고 한 30리를 내려왔단 말이오. 새 옷도 주고 중국 고급 담배도 주더라고. 내가 원래 자다 말고도 담배를 몇 대씩 피우는 담배고래였는데 무슨 생각이 들었는지 그때부터는 안 피우잖아.

그날 밤 8시 쪼끔 돼서 승용차 타고 1,400리를 달려간 데가 어딘가 하면, 아침 7시까지 달려서 심양^{선양}에 도착했단 말이오. 보니까 여관이야. 밥 가져다주고 문은 딱 잠그고. 근데 그 안에 다 있어, 화장실이고 뭐고 티브이도 있고. 거기서 댓새 잘 있었지.

근데 하루는 승용차를 타라고 해서 들어가니까 "엎드려!" 그런단 말이오. 아무래도 40분은 달린 거 같아. 나가니까 심양영사관 직원 열댓 명이 쫙 서 있는데 "오시느라 고생 많으셨다"면서 심양영사관 총영사라는 사람이 악수를 하더라고. 그래서 들어간 데가 심양영사관이야. 거기 남자 호실에 국군포로 왕○○이가 있고, 납북자 김○○가 있더란 말이오. 젊은 사람들이 아침마다 신문을 가지고 와서 한국 소식도 알려주고. 거기 티브이에서 맨 처음 본 드라마가 〈거침없이 하이킥〉이야. 거기 대여섯 달 있었어요. 그다음 비행장으로 나와서 비행기 타고 왔지.

그렇게 해서 나는 60년 만에 고향 땅에 올 수 있었단 말이오. 2008년 10월. 10월 1일이 국군의날 아니오. 그날 국방부의 안내를 받아서 내 소속 백골부대에 가서 전역식을 했단 말이오. 연대장한테 내가 보고한 뒤 연대장하고 같이 차에 탔는데, 전 사단이 모인 운동장이 커요. 큰 운동장을 한 바퀴 싹 도는데, 계속 앉아 있는데… 아, 그날 일이 머리에서 계속 생각난다. 국정원에서 조사받으면서 병원 치료도 했단 말이오. 성남에 국군수도병원이 있거든. 낮이면 국정원 선생이 나를 태워서 성남병원에 가. 그때 나를 진찰하고 귀때기를 후비니까 바퀴 새끼 세 마리가 나오는 거야. 그리고 또 진찰해보니까 간이 나쁘더란 말이지. 그래서 간염 치료를 계속 받고. 아, 그거 끝나고 고향을 찾아갔는데 깜짝 놀랐어. 가로등이 사람이 없는데도 불이 확…. 북한에선 어디 그래요? 초도 사기 어려운 데 있다가 오니까, 와….

고향을 묘사하는 대목에서 어르신 얼굴이 환해졌다. 어르신은 바닷물이 빠졌을 때 동네 아낙들이 조개를 캐 오던 모습을 열심히 묘사하셨다. 탈북 과정마저 신나게 설명하던 어르신은 어머니를 그리워하며 여러 차례 이야기를 멈추셨다.

"카빈총 세 발 쏴보고 전선에 나갔단 말이오"

우리 부락 앞에는 자그맣고 또 큰 섬이 여남은 개 돼요. 동네 아낙들이 거기 가서 바윗돌에 붙은 굴을 따온단 말이오. 그걸 머리에 이고 가 읍 이런 데서 팔면 쌀은 못 받고 수수나 콩 이런 거 받아서 온다고. 아, 고생을 많이 했지 우리 어머니…. 우리 어머니가 내가 군대 간 그 이튿날부터, 정월 새벽부터 계속 빌었다는데. 그래서 내가 탄이 빗발치는 곳에서도 살아남았다고. 내가 조금만 피곤한 거 같으면 우리 어머니는 재까닥 눈치를 채 가지고 바다에 나가서 굴이나 이런 걸 잡아와서는 밥 따로 앉혀서 나를 먹이고 했다고. 그런 어머니를 생각하면 눈물이….

내가 국민학교 다닐 때 공부를 잘해서 계속 최우등이었단 말이오. ○○

공립국민학교. 내가 1933년생인데 우리 부락에서 거기까지 10여 리야. 고개 5개를 넘어야 학교를 간다고. 아, 참 힘들게 다녔어요. (커서는) 농사짓는 거지. 아버지가 조금만 불편하시면 밭갈이, 논갈이 내가 다 하고. 벼 이렇게 수확해서 세우는 거, 타작을 해야 하는데 그것도 내가 소에 실어서 다 하고. 겨울이면 나무를 기차게 해서 산더미처럼 쌓아놓고….

저녁이면 무릎 꿇고 앉아서 아버지한테 한문을 배우는데, 유교 사상이 가득한 《목민심서》라는 거, 그다음에 주판 놓는 거, 붓글씨 쓰는 거…. 한문은 내가 여섯 살 때부터 배웠지. 마을 앞에 3리나, 4리쯤 되는 데야. 우리 어머니가 아침에 나를 등에 업고 가서 서당에 내려주면 훈장한테 천자문을 배우고, 저녁에는 어머니가 또 데리러 온단 말이오. 그래서 천자문은 다 배웠지.

군대는 1950년, 말하자면 자원입대했어요. 내가 보니까 아, 이거 가만히 앉아 있을 수가 없더라고, 젊은 혈기에. 그래서 "나도 군대 간다". 마을 청년들이 많이 같이 갔지. 나보다 나이 많은 이가 대부분이야.

대구에 가서 삼덕국민학교 거기서 훈련을 15일 동안 받았어요. 야외에서 박격포 훈련을 하지. 포탄 넣는 거, 싣는 거 다 하는데, 사과 장사 노인네들이 줄줄 따라온단 말이오. 그때 배고파서 그랬나, 대구 사과가 어찌나 맛있던지. 이팝[이밥]은 이팝인데 반찬도 온전치 못하고 그저 무 다꽝[단무지]…. 동내의도 없어서 광목으로 만든 속옷 입고 잿빛 있는 모자 쓰고. 그리고 대구 팔공산이라는 데가 있는데, 거기 가서 카빈총 세 발 쏴보고 전선에 나갔단 말이오.

영화에는 종종 전우들이 포로가 된 동료를 적진에서 구출해 나오는 이야기가 등장한다. 〈라이언 일병 구하기〉(1998·미국) 역시 그런 영화다. 내가 만난 어르신들의 경험을 종합해보면 이런 일은 일어나지 않았다. 그래서인지 귀환 국군포로는 대부분 자신을 외면

한 남한 정부에 감정이 좋지 않았다. 어르신은 정부뿐 아니라 자신의 지휘관을 강하게 비판하셨다.

'그 총참모장 하던 자식 총살하라'

(경상북도) 춘양이라는 데가 있어요. 백골부대 3사단이 있는 곳인데, 내가 2군단 3사단 22연대 1대대 중화기중대 기관포소대에 있었단 말이오. 중화기중대라는 곳은 무기가 박격포도 82밀리 박격포, 60밀리 박격포, 60밀리 로켓포, 그다음에 0.5인치 기관포가 있다고. 내가 탄약수인데, 탄약통이 얼마나 무거운지 그저 2개를 짊어지고 고지에 오를 때면 힘들어 못 견뎌.

미군 애들 군용 트럭이 있어요. 그걸 타고 춘양이라는 데서 출발해 저 강원도 영월, 평창 여기를 쭉 지나갔단 말이오. 근데 어찌 된 일인지 자동차가 툭 튀면서 내가 한 15미터 나가떨어졌어. 1951년이지 뭐, 2월. 그때부터 이쪽이 아프더라고, 옆구리가. 나중에 진찰해보니까 간이 나쁘더란 말이지.

(포로가 된 게) 1951년 2월 12일인가. 좌우간 원망스러운 게 그때 북한군은 무전기가 없었어. 통신병들이 전화기를 들고 다니면서 통신줄을 늘리고 전화하고 그랬는데, 우리 국군은 소대장 이상 간부는 전부 개인 무전기를 가지고 다녔단 말이오. 지휘관들이 작전 지휘를 잘못했기 때문에 우리가 포로가 된 거라고. 지휘관들이 적과 싸우자면 적을 알아야 하지 않소. 근데 그게 없었다 이 말이오. 내 어린 소견에도 무전기랑 다 가지고 있는데 왜 그렇게 못 할까….

정찰병이나 척후병을 보내 미리 감지했으면 우리가 포로는 안 됐다고. 나는 지금 그걸 원망하는 거야. 정세균 그분이 국회의장 할 때도 얘기했는데 "그쪽에 그 총참모장 하던 자식 총살하라!" 그랬어. "그 사람이 잘못해서 숱한 병사가 목숨을 바치고 포로가 되지 않았는가" 이 말이야.

강원도 원주 가기 전에 횡성이라는 데가 있어요. 대대장 이하 한 200명이 포로가 됐지. 기관총에 맞아 죽은 사람도 몇십 명 되는 거 같아. 그때 눈이 이렇게 쌓였는데 뒤에서는 중공군 놈들이 쫓아오고 어디 갈 데가 없으니까 골짜기로 내려갔단 말이오. 내려가는데 앞에선 북한군 놈들이 기관총으로 들입다 쏘고…. 들은 소리에 의하면 중대장은 포로가 된 게 아니라 자결했대. 소대장, 분대장 다 붙잡혀 갔지. 아, 그렇게 끌려가는데, (시간은) 아침 한 7시.

그때 우리는 수류탄 두 알을 여기에 찼단 말이오. 공격용, 방어용. 중화기중대니까 카빈총도 있고 탄알 200발도 차고 가고. 지휘관들이 죽을 때까지 절대로 무기를 버려선 안 된다 그래서 딱 가지고 있었다고. 그런데 그놈들이 10명에 하나씩 중간 중간 서서 끌고 갔단 말이오. 아, 지금도 후회스러운 게 그때 '너 죽고 나 죽고 해보자'고 인솔하는 놈부터 쐈으면 다 사는 거 아닌가, 포로 안 되고…. 아, 그때 생각을 잘못했다고 지금 와서도 계속 후회한단 말이오.

북한에 억류된 6·25전쟁 국군포로는 크게 두 그룹으로 나뉜다. 하나는 '내무성 건설대'에 편입돼 광산·탄광 노동을 하고, 제대 뒤 기존에 하던 일을 하는 부류다. 다른 하나는 '인민군'으로 편입되고 제대 뒤 농업·임업·공업 부문에 종사하는 경우다. 내가 만난 몇몇 귀환 국군포로는 "인민군으로 편입돼 편하게 산 사람들과 고통스럽게 산 우리를 동급으로 취급해선 안 된다"고 강하게 주장하셨다. 이들이 '강제적으로' 인민군이 된 것이 아니라 '자발적으로' 인민군이 됐다는 이유에서다. 인민군에 편입된 어르신에게는 어떤 사연이 있을까.

"의향을 물을 게 뭐야. 잡혔으니까 무조건이지"
/

죄다 끌려갔는데 분대장, 소대장, 대대장 다 어디로 갔는지 없어. 다른 데로 데려간 거 같아. 북한군 대위란 놈이 그러더란 말이오. "동기들, 남조선 괴뢰도당 밑에서 얼마나 고생했는가? 이제 당신들은 남조선 인민을 구원하는 해방전쟁에 참가해야 한다." 그러면서 우리를 '해방전사'라고 딱 이름 붙이는 거 아니겠어. 의향을 물을 게 뭐야. 잡혔으니까 무조건이지.

그래 가지고 1개 대대를 편성했는데 4개 중대란 말이오. 그중에서 1개 중대는 경비중대가 되고 3개 중대는 담가들것대대지. 그게 뭔가 하면 전선과 후방을 왔다 갔다 하면서 나갈 적에 포탄, 식량, 수류탄, 탄약 가져가고 들어올 적에는 부상병들 담가에 태워서 병원에 데려다주고 하는 거야. 나는 운 좋게 경비중대에 떡 배치됐단 말이오.

그래서 강원도 양구까지 걸어서 갔어. 우리가 도착한 데가 어딘가 하니, 강이 넓지는 않아요. 강이 흐르고 양쪽에는 뾰족뾰족한 산인데, 위에서 항공기들이 기관총을 쏴대도 잘 맞지 않는 이런 벼랑이 있는 곳에 중대가 배치됐단 말이오. 담가대대 안에 경비중대가 있는 거지. 천막을 쳐놓고 거기서 밥도 해 먹고. 사단 이름이 인민군 제5군단 안동 12사단이야.

그런데 국군장병들이 비행기 타고 다니면서 방송을 한단 말이오. "인민군 장병들이여, 고생하지 말고 넘어오라." 평생 먹고살 거 마련해준다는 거지. 그리고 삐라전단를 싹 떨군다고. 그럼 보위지도원이라는 자식들이 "절대 만지지 마라. 만지면 독이 묻어 있어 죽는다" 그래.

그때는 중대장 연락병이었어. 아, 근데 양구에 있을 적에 보위군관이 나한테 쪽지를 써주면서 "전달하고 오라"는 거야. 가는 데가 20리인데 포 사격하는 지역이란 말이오. 그걸 돌파해야만 보위군관이 준 쪽지를 전달할 수 있는데 내가 죽을 거 같은 거지. 가다가 그 자리에서 찢어버리고 "갔다 왔습니다" 그랬어. 그런데 보름 있다가 탄로 나서 해제됐지.

그런데 연락병에서 잘리고 보병중대에서 일하니까 실컷 먹고 좋았다고. 창고 과장이랑 어떻게 해서 친해졌는데, 일주일에 20킬로 쌀 한 포대씩을 가져온단 말이야. 그 쌀을 강원도 인민들한테 주고 개새끼랑 바꿔다가 일주일에 한 번씩 개장국을 해서 먹었어. 아, 우리 잘살았어.

그러다 1951년 10월에 기동 전술을 썼단 말이오. 김일성이 중공군한테 넘겨주고 5군단은 후방으로 들어오라는 거야. 아, 그때 죽을 뻔했지. 8시부터 하룻저녁 200리를 행군한단 말이오. 대로로 행군할 때 우리 국군하고 유엔군이 조명탄을 쏘고 다니면 개미 새끼 하나 건너는 것도 다 보여요. 그게 무서워서 산골짜기로만 간단 말이오. 낮에는 걷지 못해서 엎드려 있고. 그런데 강원도 안변이라는 데가 있어요. 거기 걸을 적에 그놈의 땅 진흙이 얼마나 차진지. 아, 붙으면 떨어지지를 않아서 밤에, 달밤에 죽을 뻔했다고.

어르신에게 인민군으로 편입된 국군포로로서 겪었던 어려움이 무엇인지 묻자 상기된 표정으로 인민군 생활을 마저 설명하셨다. 어르신은 "군대에 있을 때 당원이 됐다"고 짧게 언급하셨다.

"국군포로니까 대학에 안 보내고"

자리 잡은 게 함경남도. 그런데 거기서 처음으로 정치 학습이라는 걸 했단 말이오. 1952년이지. 나는 또 운이 좋아서 소대장이 "너는 총을 잘 쏘니까 언제 산에 가서 좀 가져오라"고 하더라고. 그래서 기다란 아식보총을 메고 탄약 5발을 챙겨서 정평이라는 데 큰 호수가 있어요. 거기 가서 쐈는데 한 방에 맞고 턱 떨어지더란 말이지. 2월이라 추운데 군복 입은 채로 뛰어 들어가서 잡은 게 기러기야. 얼마나 무거운지 12킬로는 되는 거 같아. 그 기러기를 1개 소대가 국을 끓여서 실컷 먹었다고. 그래서 명포수라고 이름이 났잖아.

그리고 함흥시 경무부에서 나왔는데, 내가 거기 뽑혔단 말이오. 여기로 하면 헌병이지. 군마훈련소 말도 타고. 그때는 내 세상이야. 천길이라는 곳에 장마당이 있는데 북한군이 외출증도 없이 뭐 사 먹고 그러는 거 붙잡아다 훈련시키고…. 함흥시에는 기생집이 가득해서 장교들이 병사들 취침시켜놓고 나온단 말이오. 술 처먹는 걸 끌어다가 영창에 넣고 그랬지.

내가 생활을 잘하고 정직하게 하니까 그다음에 기본 전투부대에 배치하더라고. 강원도 김화군 처소리라는 데 있었는데 영웅 중대란 말이오. 그때 사단을 대표하는 깃발 있잖아. 그 군기를 호위하는 군기중대에 내가 배치됐지. 중대 구성을 쭉 보면 1948년에 1개 대대를 이끌고 입북한 대대장이 있어요. 하나는 의용군으로 입대한 사람인데 배낭에 바이올린을 넣고 다닌단 말이오. 심심할 때 바이올린을 켜는데 아주 처량해서 눈물이 날 정도야.

우리는 정전협정이 됐는지도 모르지. 그다음에 김일성이가 전후 복구를 위해 8만 명을 제대시킨 적은 있어요, 인민군 8만 명. 그런데 나는 연대 참모장이라는 사람이 군관학교 보내려고 나한테 시험까지 보라고 그랬어. 합격했는데 내 뒷조사를 해보니까 국군포로란 말이지. 군관학교 가면 장교가되는 거야. 그런데 내가 국군포로니까 대학에 안 보내고 저 백두산 밑에 양강도 도간부학교로 보냈단 말이오. 그래서 대들었더니 "간부학교 중에서는 최고다"라는 거야.

1958년 8월에 제대비 4,000원에 무인무탁비 만 원. 나는 북한에 가족이 없으니까 그걸 받았지. 그걸 가지고 증기기관차를 타서 길주에서부터 올라가는데 8월 13일인가, 14일인가 칙칙폭폭 칙칙폭폭 꼭대기를 겨우 올라가더란 말이오. 차창 밖으로 보니까 감자밭에 감자꽃이 피었더라고. 고향에서는 모내기 전에 피는 건데 '아, 별난 데구나' 하면서 갔지.

(갔더니) 8월 15일이 명절날이라 쉬고 다음 날 오라 그러더라고. 그래서 압록강 여인숙까지 내려와서 잤어. 고향 생각이 나더만. '이제 여기서 살아갈 궁리를 해야 되겠다'는 생각밖에 없어. 1958년 8월 최고인민대위원선거를 할 때야. 근데 공민증이 있어야 선거를 할 거 아니오. 공민증 내자고 사진관에 갔는데, 어떤 신사가 자기가 입은 웃옷을 벗어주더라고, 이걸 입고 사진 찍으라면서. 아, 고맙다 했지. 내가 한 번 보여줄게, 그 사진. 지금도 가지고 있다고.

거실 마룻바닥에 앉아 이야기를 나누던 어르신이 몸을 힘들게 일으켜 방으로 들어가셨다. 겉옷 안주머니에 있는 지갑에서 사진을 조심스럽게 꺼내 들고 나와 보여주셨다. 빛바랜 사진 속에서 앳된 청년이 빙그레 웃고 있었다. 이제는 세월의 흔적이 묻어 있는 얼굴로 어르신이 이야기를 이어가셨다.

"나는 국군포로니까 생산하는 기관으로"

그래서 거기 가니까 2호실에 들어가 있으라는 거야. 들어가니까 세 놈이 있더란 말이오. 그 세 놈은 국군포로가 아니라 의용군에 입대해 북한군에서 근무하던 놈들이야. (국군포로는) 나 혼자란 말이오. 그 사람 말이 딱 맞더라고. 학습 조건도 좋고 기숙사 조건도 좋고. 우리는 1년 동안 배우는 학습반이고, 6개월반이 있고 또 3개월반이 있고.

이렇게 해서 9월 초하루부터 공부를 하는데, 생전 들어보지도 못했던 소련 볼셰비키 공산당 역사를 배운단 말이오. 그다음에 레닌, 스탈린이 뭐 하는 자식들인지, 그리고 조선 역사도 배웠지. 조선어 문법도 배우고 문학도 배우고 음악도 배우고. 어쨌든 부지런히 공부해 가지고 어떻게 했는지 알아요? 우등을 했단 말이오.

1년 과정은 졸업이야. 졸업하는 사람이 우리 학급에는 몇 명인가 보니까 38명. 간부도 되고 하는데 나는 국군포로라서 생산하는 기관으로, 도인민위원회 농업부로 가라 그러더라고. 같이 졸업한 의용군 출신 자식들은 어느 도당비서, 어느 민청위원장, 어느 기업소 과장 이렇게 배치됐단 말이오. 아, 이게 어찌나 기분이 나쁜지….

그래서 가보자 하고 갔지. 한 20리 걸어가면 종축^{우랑 품종의 가축}목장이 있는데, 가니까 노동과에 떡 배치하더라고. 노동하는 거 평가하고 거기에 따라서 노동자들의 노임을 지불하는 노동정량지도원을 하라는 거야. 알았다. 내가 어렸을 때 아버지한테 주판 놓는 법을 배웠기 때문에 일을 많이 했단 말이오. 과장이 잘한다고…. 용기가 나더라고.

김일성이가 내놓은 구호가 뭐냐면 '풀과 고기를 바꿔라'. 목장에 들어서면 크게 딱 붙어 있단 말이오. 그래서 종축 새끼를 내어서 잘 키운 다음에 다른 농장에 공급하는 역할을 했지. 돼지만 있는 게 아니라 양도 있고, 젖소도 있고, 토끼도 있고, 꿀벌도 몇십 통 있다고. 나는 노동정량지도원이니까 잘하는 거 못하는 거 평가했어. 그러니까 잘못 보이면 안 될까 봐 나한테 꼼짝 못 하지.

한 7년 있었는데, 여기서 대우받고 그러면 뭘 해야 되겠다 싶어서 노동신문사하고 편지가 됐단 말이오. 노동 통신원이라는 직책으로 목장에서 일어난 장면들을 적어서 보내니까 좋다는 거야. 〈노동신문〉에 기사가 떡 실리니까 초급당비서 봐, 지배인 봐, 관리공들 봐, 세포비서 봐… 내가 최고라는 거지. 그래서 대우받고 살았어요. 그때까지 결혼은 안 됐지요.

어르신에게 결혼이 늦어진 이유를 물었다. "글쎄 내 얘기 좀 들어보세요. 그 얘기가 곧 나와요." 어르신은 노동정량지도원으로 생활하면서 누렸던 호사를 하나 둘 설명한 뒤 결혼을 하게 된 배경을 들려주셨다. 내가 만난 귀환 국군포로 11명 가운데 탈북 후 북한의 아내와 함께 생활한 분은 2명이었다. 어르신은 조강지처와 해로하신 분이시다.

"나 이렇게 산다, 이런 사람이다"

군에서 문화예술축제 경연대회를 한다고 왔어요. 그래 내가 대본을 만들어서 연극도 하고 노래도 하고 춤도 하고…. 우리가 얼마나 잘했는지 1등을 했단 말이오. 군 경연대회를 하면서 숙박한 집이 우리 장모님 집이었다고. (이후 조직에서) 나한테 민청학습강사를 하라더라고. 그래서 학습강사를 할 적마다 우리 노친 집에 가서 숙식하고, 또 어떻게 해서 우리 노친을 소개받았지. (아내는 내가 국군포로라는 걸) 다 알고 (결혼) 했지. 그래도 "나는 당에 충실하기 때문에 나 이렇게 산다, 이런 사람이다". 생각이 있으면 뭐라고 했을 텐데 내가 괜찮거든.

내가 그 목장에 배치됐다고 그랬잖소. 거기에 병아리 까는 부화기라고 있어요. 누가 밤에 계속 보지 못하고 앉아서 졸았다고. 그래서 불이 났거든. 그 뒤로 새로 사무실을 지었지 번듯하게. 새로 건설된 데는 고지대농업연구소 사람들이 왔단 말이오. 기사, 준박사 이런 사람들이 많이 들어왔지.

1963년 8월 8일 김일성이가 자기 노친 김성애하고, 김일성종합대학교에 다니는 학생들하고, 고관급들하고 거기를 왔어요. 양강도 현지지도를 하는 거였단 말이오. 그때 김일성이를 4미터 밖에서 처음 봤지. 우리가 꽃다발을 준비해서 딱 주고. 그때 내가 단단히 마음먹고 한 번 찔렀으면 대한민국 영웅이 되는 건데, 그렇게 못했단 말이오.

이후에 나는 목장에 있으면서 공산대학교에 다녔어요. 공산대학교는 김일성이가 이남 출신들을 공부시켜서 앞으로 통일되면 남조선에 나가 간부가 되도록 하는 학교란 말이오. 자율 근무를 보고 4시에 나와서 혜산공산대학교까지 걸어가면 7시가 된다고. 북한 본토박이들 학습반이 있고, 남조선에서 들어온 국군포로나 의용군이 있는 학습반이 있고…. 본토박이 학습반은 숙식을 하지만 우리는 7시에 와서 2시간 동안 하고 간단 말이오.

학급반이 한 50명씩 되지. 조선노동당 역사, 무슨 역사, 그다음에 지리학, 세계지리, 우리나라 지리… 여러 가지 많아요. 4년 동안 그놈의 산길을 밤에 혼자 걸어야 했다고. 아, 무시무시하지. 그래서 올 적에 기다란 나뭇가지를 쥐고 걸으면 집에 11시 반 이렇게 도착해요. 그래서 우리 노친 깨워서 밥 먹고, 다음 날 깨서 출근하고. 어려운 지식 같은 걸 메모해 가지고 다니면서 외우고 또 외우고 공부했더니 내가 최우등을 했단 말이오.

최우등을 해서 도당위원회 지도원으로 가겠다 싶었는데, 내 뒤를 캐보니까 포로병인 거지. 그래서 그냥 일하는데 초급당비서가 "너 간부학습단 강사를 해라" 그래서 강사를 했어요. 그랬더니 소문이 났단 말이오, 내 이름이. 그래서 혜산시 시당에서 관광을 보내줬어요. 생전 처음 묘향산 국제친선전람관을 가봤지. 묘향산에 보현사라고 있어요. 보현사에 뭐가 있는지 알아요? 우리나라 역사에 길이 빛날 팔만대장경이 있단 말이오. 그거 다

봤습니다.

그리고 공산대학교에 다닐 적에 그 사업에 착수했지. 그러니까 주민등록그룹파인데, 김일성이가 6월 4일에 명령해서 64그룹파라고도 한단 말이오. 말하자면 선생님 부모는 누구이고, 형제는 누구이고, 형제의 형제는 누구이고, 외삼촌 외사촌은 누구이고, 그다음에 할아버지 할머니, 그 위에 증조할머니, 고조할머니, 칠촌, 팔촌, 외가의 외삼촌 몽땅 다 조사한단 말이오. 어떻게 살았는가. 그 일을 3년 정도 했어요. 전국 도처에 안 가본 데가 없지. 내 말씨도 다 알아.

책임비서 밑이 조직부장이거든. 조직부장이 와서 그 조사한 내용을 이제 문건으로 준단 말이오. 그러면 해당 기관의 최고책임자인 당비서가 평가한다고. 거기에 기반해서 간부사업도 하고, 대학 보낼 사람은 대학 보내고, 군대 보낼 사람은 군대 보내고, 간부로 등용할 사람은 간부로 등용한단 말이오.

어르신에게 "기억력이 좋으신데 기록을 해두시면 좋겠다"고 하자 방에서 책을 한 권 꺼내 오셨다. 물망초에서 펴낸 《그들은 잊지 않았다: 6·25전쟁 참전용사들의 생생한 회고록》(2014)이었다. 어르신은 "익명으로 썼다"면서 책을 펼쳐 내용을 소개하셨다. '노동당 당원증'을 설명한 대목에 눈길이 갔다.

'휴전선이 가로막혀 오도 가도 못 할 실향민 신세가 되어버렸다. 내 나이 겨우 스무 살이었다. 나는 이를 악물고 생각했다. 북한 사회에서 살아남으려면 모든 면에서 다른 사람들보다 우수해야 한다고. 현실의 장벽을 뛰어넘어야 한다고. 그러려면 무엇보다 조선노동당 당원이 되어야 했다. 국군포로 출신 인민군으로 제대했기 때문에 편견과 의심을 사지 않기 위해 조선노동당 당원증이 꼭 필요했다. 그러기 위해 나는 죽을힘을 다했다고 할 정도로 열심히 노력했다. 기어이 당원증을 손에 넣었고, 이를 발판으로 농업과 관련한 공부도 할 수 있었다.'(224쪽)

"물망초에서 책 쓰는 거, 거기서 2등 맞았거든. 내 글을 높이 평가해줘서 얼마나 고마운지, 김현 변호사님이." 기분 좋게 말씀하시던 어르신이 아내 소식을 전하며 이내 슬픈 표정을 지으셨다.

"여기 한 바퀴 돌면 2,600보라고"

이 여자 만나서 살았는데 2019년 2월에 먼저 갔어요, 저쪽으로. 한 번은 철도역(지하철역) 출입구를 찾느라 할 수 없이 올라갔다 내려갔다 했다고. 심장에 너무 많이 부담을 받아서, 올라갔다 내려갔다 많이 해서 밤새 앓기 시작하는데 이거 큰일 났거든. 의사를 만났더니 심장 수술을 해야 한다고 7,000만 원을 내라는 거야. 그 돈이 어디 있겠소. 이틀에 한 번씩 병원에 가서 영양제 주사를 계속 맞히고 그냥 있었지. 서울 중랑구에 있는 병원은 탈북자들 병원비 40프로를 국가가 보상해준다고 해서 입원시켰는데, 마지막에는 완전히 쓰러져서 요양병원에 들어갔단 말이오. 우리 딸도 그렇고, 국방부에서도, 우리 친구들도 계속 와주고 했어요. 물망초 사람들, 정착지원본부 사람들, 우리 친척 다 왔다 가고. 안 왔다 간 사람이 없어.

노원구 살다가 노친이 죽고 딸이 데리러 와서 따라왔지. 나가서 걷기나 하고, 여기 호수 공원 좋은 데가 있어요. 거기 한 바퀴 돌면 25분인데 2,600보라고. 두 바퀴만 돌면 그날 운동은 대단히 좋은 거지. 매일 가지는 않고 날씨 좋을 적에 (가지). 복지관은 그만뒀소. 차라리 집에서 음악이나 듣고 티브이나 보는 게 낫지.

(경제 상황을 묻자) 한성무역 그 자식한테 돈 7,000만 원을 떼이고 못 받고 있단 말이오. (정부지원금) 그건 잘 기억이 안 나네. 브로커 비용이 3,500만 원이고, 형제들한테 1,000만 원씩 주고, 그다음에 (딸한테) 2,600만 원짜리 승용차 하나 해주고, 국방부에서 (군인연금으로) 110만 원씩 받고, 보훈처에서 35만 원, 노령연금이 8만 원. 그래서 (매달 받는 돈은) 한 160만 원 되지. 살 만해.

(주변에 사는 지인은) 강○○이밖에 몰라요. 근데 거리가 멀리 떨어져서 자주 만나지는 못해. 물망초 행사는 빠져본 적이 없소. (모자에 있는 태극기 배지와 훈장 배지를 가리키자) 이거? 전쟁기념관에 가면 매점이 있는데 2개 다 매점에서 산 거요.

다른 사람한테도 물어봐요. 이때까지 말한 내용은 한국에 돌아와 국가정보원에서 조사받을 적에 다 얘기한 거라서 별도의 기밀은 아닙니다.

고생했소 오늘. 조심히 잘 가요!

어르신은 생전에 모자를 자주 쓰고 다니셨고, 시 짓기와 그림 그리기를 즐기셨다.

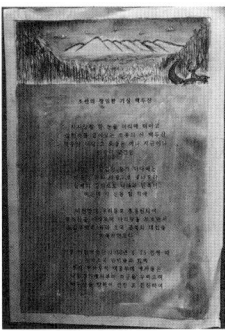

09 국군포로 D
(2013년 5월 21일, 2020년 8월 21일, 2022년 9월 7일 취재)

"아들이 북한에 있어서 못 만나요.
그게 가장 슬프지"

어르신의 나이는 거꾸로 가는 듯하다. 2013년 처음 만났을 때는 어둡고 피폐해 보이셨다. 2020년에는 무덤덤하게 말씀하셨는데, 2022년에 뵈었을 때는 슬픈 이야기를 하면서도 소리 내 웃으셨다. 이제는 슬픔의 경지를 초월하신 것일까? 아니면 어르신 곁을 지키는 할머니 덕분에 얼굴에 미소가 번지시는 것일까? 어르신의 이야기는 이렇게 시작됐다. "편하게 앉으라고, 말할 줄도 모르고 아무것도 없고 그래."

"아버지가 면회 한 번 왔더라고 훈련소에"
/

고향은 제주도. 제주도 북군이 고향이야. 생일은 1933년 10월 1일. 부모가 생활이 곤란했다고. 지주의 토지를 받아 가지고 농사지어서 절반은 주

1933년 10월 1일	제주도 출생(음력)
1951년 1월	입대, 5사단 27연대 2대대 6중대 배치
1951년 5월	강원도 양구에서 포로로 잡힘 인민군 제대 후 황해남도에서 농부 생활
2007년	탈북
2008년	남한 정착

고, 절반은 먹고. 바다 옆에 밭이 있어, 토전. 거기에서 모래를 죽 패서 바닷물을 끼얹고 마르면 물 주고, 한 일주일 동안 그렇게 하면 모래가 소금같이 바짝바짝 해져. 그다음 큰 통에 부어서 소금물을 뽑는다고. 그 물을 끓이면 완전 소금이 돼. 저 한라산 먼 데로 가야 소금도 파는데, 열댓 킬로 정도 가지고 가면 10시쯤 거기 도착해. 한 댓 시에 출발해야 하지. 어머니하고 나하고 소금 지고 가서 팔면 되는데 팔지 못하면 그냥 지고 오고. 장날에 좁쌀, 콩 이런 거 사서 죽 쒀서 먹는다고.

첫째 형하고 둘째 형은 일본 가서 미장하고 있었어. 셋째 형은 제주읍에 가서 목공 노동하고. 다들 학교는 못 갔지. 나는 소 풀도 해 오고 먹이고 그렇게 생활했다고. 형들이 돈도 좀 보내줘서 밭 400평을 샀어. 제주도는 고구마를 많이 심어. 땅 파고 묻어서 겨우내 꺼내 먹고. 보리, 조 그것도 모자라서 고구마를 주로 먹고살았다고. 뭐 함지^{나무로 짜서 만든 그릇}, 낭구^{나무}로 만든 함지. 사발도 없어서 그렇게 살았어.

아버지가 절간 믿으면서 집 윗방에다 부처 초상화를 모시고 아침저녁으로 물도 갈아 넣고, 아버지가 못 하면 내가 대리로 또 물 갈아 넣고 했다고. 한 번은 밭농사를 짓는데 (도둑이) 몽땅 다 잘라 간 거야. 그러니까 아버지가 부처님을 잘 모시지 못해 이렇게 당했다고 해서 아버지하고 싸움까지 한 게 생각나네.

신기한 게 뭐가 있냐면 남로당이 자꾸 습격해 오니까 부락에 이 높이로 돌을 쌓아서 문을 딱 해 가지고 들어오지 못하게끔 그렇게 생활했다고. 맨날 밤에는 경비를 나갔어. 한 번은 아버지하고 나하고 같이 초소막에서 자고 경비를 서는데, 경찰이 경비를 잘못 섰다고 두 줄로 쭉 세워 가지고는 처벌이라면서 서로 때리라는 거야. 아버지하고 나하고 섰는데 서로 때리라 해서 "야!" 하면서 때리고…. 그건 잊어먹지 않아.

군대 안 가려고 그런 건 없었어. 우리 형들은 1950년에 가고 나는 1951년에 입대했다고. 전쟁 일어나자마자 형은 갔지. 어머니가 주먹밥 몇 덩어리 해서 싸준 걸 들고 군대에 가서 신체검사 받고, 바로 (제주도) 훈련소로 갔다고. 그다음에 아버지가 면회 한 번 왔더라고 훈련소에. 아버지도 소리치고 했는데 그게 마지막이야. "잘 싸우고 오라" 그랬지. 와서 막상 얘기도 못 하고. 군대 규율이 세니까 덮어놓고 딱 자르고 처벌받고 그렇지 뭐. 서로 손질하고 아버지는 그냥 가고 말고, 나는 처벌받았어.

어르신은 자주 "그거 얘기하나 마나야"라고 하셨다. 아버지와 함께 경비를 서다가 서로 때린 장면을 이야기할 때는 허탈하게 웃으셨다. 국군포로 경험이 아닌 어린 시절에 대한 질문을 이어가자 이렇게 말씀하셨다. "딴 거 또 물어보라고. 빨리빨리 하라. 언제 다 하나?"

"운동장을 사방으로 보니까 시체가 너저분해"

1월에 훈련받는데 훈련소 규율이 얼마나 센지, 식당에 줄서서 들어가 앉으면 밥을 다 차려놓고 있다고. "식사 시작!" 명령 떨어져서 밥을 먹다가도

"식사 그만!" 하면 먹지 못하고 놔야지. 그걸 마저 먹겠다고 못 해. 단추도 반짝반짝 닦아야지, 조금만 거뭇해도 규율 위반이라고 처벌받고 그랬어. 차렷 자세에서 때리고, 엎드려서 기합하고 그랬지 뭐. 내가 잘못했구나 그렇게 생각하고 말지 불평하거나 그런 건 없었어. 한 달 동안 하는 거 나 죽었다 생각해야 된다고. 그때 군대 가족들이 비지, 뭐 그런 거 만들어 팔았어. 훈련소 들어가니까 (다들 주머니에) 얼마씩 넣고 갔다고. 비지, 떡 그런 것도 마음대로 사 먹다가 처벌받고. 나는 돈도 못 가지고 갔어.

그거 끝나자마자 배 타고 부산으로 왔다고. 부산에 한 일주일 있다가 전방 부대로 가서 그냥 사흘 동안 행군했어. 그게 양구. 양구 가서 5사단 27연대 (2대대) 6중대에서 전사 생활했지. 졸병이지, 뭐 졸병, 보병.

4월, 5월 두어 달 동안 매복근무를 했어. 적들 들어오면 숨어 있다가 체포하고 쏘고 그런 임무. 전선에 배치받아서 밤에 나가 매복근무를 선다고. 그다음에 식량이 보장 안 돼서 "사민 집에 가 식량도 뺏고 뭐든 훔쳐 오라"고 해. 그럼 거기 가서 제대로 되면 뭐 좀 훔쳐 오고, 안 되면 또 먹을 것도 없이 굶고, 왜 그냥 왔냐고 처벌도 받고…. 토끼 그런 것도 있으면 훔쳐 오고, 쌀 같은 것도 있으면 가져오고…. 그때는 주인 없이 집만 남아서 거의 다 그렇게 있더라고. 된장이고 간장이고 있으면 퍼 오고. 군대 나가서 배 많이 곯았지.

1951년 5월에 갑자기 포탄을 퍼붓더니 공격해 들어오는 거야. 양구지, 뭐 양구. 그렇게 생활하다가 갑자기 포탄을 막 산에 퍼붓기 시작해서 그때 귀를 다쳤어. 그냥 총 쏘고, 뭐 하다가 부대가 해산돼서 지휘관도 없고, 조직도 없고 분산돼서 왔다 갔다 하다 다 도망쳤다고. 우리끼리 10명 정도 모여서 넘어오려고 하니까 사방에서 총소리가 나지.

포위망 때문에 일주일 동안 먹지 못하니까 5월에 풀도 좀 뜯어 먹고 했어. 먹지 못하니까 배고픈 줄도 모르고, 나중에는 노곤해서 걸음걸이도 안 되고…. 바위 밑에 앉아 있는데 갑자기 인민군대가 와서 "손들어!" 하더라고. 손들었지 뭐.

한 시간 동안 끌고 가더라고. 가니까 포로가 된 사람들이 가득해. 미국 군인도 2명 있고. 밥 안 주냐고 물어보라 그러더라고. 포로 집결한 데 가니까 인민군대 지원군 공작하는 바람에 몇백 명 돼. 인민군대 인솔 하에 어디로 가는지 알아? 학교 마당 거기 모여서 하루 잤는데, 자는 동안 운동장을 사방으로 보니까 시체가 너저분해. 군대도 다 싸워서 잡아 죽이고 하니까. 그걸 보니 아, 한숨이 나오고…. "개별 행동하면 무조건 쏜다"고 을러메는 바람에 개별 행동도 못 하고, 시키는 대로 "네, 네" 하면서 쫓아다녔다고.

국군포로는 크게 두 유형으로 나뉜다. 하나는 국군포로가 된 뒤 내무성 건설대 생활을 거쳐 탄광, 광산에서 노동자로 살아간 경우다. 다른 하나는 인민군대에 편입한 뒤 제대해 일반 노동자로 지낸 경우다. 내가 만난 몇몇 귀환 국군포로는 인민군으로 편입한 이들을 자신과 동급으로 분류하는 것을 불쾌해하셨다. 중노동하며 차별을 받은 자신과 비교적 편하게 생활한 그들을 다르게 대해야 한다는 것이었다. 인민군에 편입한 어르신에게는 어떤 사정이 있었을까?

"다 군대 입대하겠다고 했어"

하룻밤 자니까 강냉이밥을 줘. 대엿새 정도 행군해서 강원도 원산에, 신고산 인민군대 훈련소가 있더라고. 나 같은 사람이 한마당 가득 있지 뭐.

거기서 "너희들 다시 군에 입대하겠냐, 후방에 가서 학교 가겠냐?" 그렇게 얘기하고, "결심들 가지고 답변해라" 하고는 한 사람 한 사람 불러서 담화하는 거야. '학교 보내준다는 건 거짓말이다'가 머리에 딱 오는 거지. 그래서 "군대 입대하겠다" 했지. 다 "군대 입대하겠다"고 했어.

포로가 된 사람은 인민군으로 다 편입됐다고. 한 몇백 명 되지 뭐. 군대 입대하겠다고 하니까 군인선서 다 하고, 한 달 동안 훈련받고, 부대에서 이리 가고 저리 가고 다 가게 하지 뭐. 하루에 한 끼 먹으나 마나 하면서 강냉이 삶은 거, 주먹밥 같은 거.

훈련 끝나니까 다 부대에서 데리러 왔더라고. 전방에 나가면 탈출하니까 다 후방에서 포탄 나르고 쌀 나르고 물 나르고 그런 거 했지. 인민군대에도 보위부가 뒤따라 다녔어, 우리가 어떻게 행동하나 하고. 앞에 내 친구가 하나 탈출했는데, 인민군 훈련소에서 탈출했는데 넘어가다가 잡혀서 그다음부터는 만나지 못했지.

그때 훈련받고 인민군대 배치받은 게 1052고지야. 소대에서 한 명씩 물 나르라고 맨날 배치한다고. 거기 물을 갖다 줘야 밥을 해 먹고 군대가 생활하는데, 물만 지고 거기 올라가면 (상대편에서) 그냥 하루에 한 명씩은 거기다가 조명 딱 비추고 지나가면 죽이고 죽이고 했어. 내가 15번째로 들어갔는데, 나는 그래도 그 임무 받고 올라갔다 내려갔다 했는데도 살았어. 물은 한 20리터 돼서 무겁지 뭐. 밑에서 가려면 한두 시간은 올라간다고.

아버지가 부처님을 잘 모셔서 내가 살았구나 하는 생각이 들더라고. 전에 (탈북해서) 동생네 가니까 동생이 그 얘기를 하는 거야. 아버지가 죽으면서 "부처님 불교 믿지 마라. 그거 필요 없다" 그랬다고. 아버지가 밤낮 기도하는데 형 둘 다 군대 나가서 죽었지, 그다음에 나까지 소식이 없지 하니까 아버지가 죽으면서 "부처님 믿지 마라"고 한 거야. 그래도 나는 '아버지가 기도 많이 한 덕분에 내가 살았구나' 하는 생각이 자꾸 들더라고. 속으로 나도 계속 기도하면서 다녔어. 나무아미타불 관세음보살, 그거지 뭐.

1052고지 봉우리하고 국방부 봉우리하고 16미터 거리야. 가깝다고. 가까우니까 사람이 나타나면 쏘고 쏘고 그러지. 거리가 가까우니까 홍보를 해, 홍보. 말 크게 하면 다 들리거든. 형을 보고 "형 넘어오라. 여기가 좋다"고 홍보도 해봤다고. (실제로 형이 있었는지는) 모르지 뭐. 거기서는 '인민군대는 인민을 위한 군대다. 고기가 물을 떠나 살 수 없는 것처럼 군대는 인민을 떠나 살 수 없다'는 정신사업을 계속해. 그 말을 자꾸 들으면 인민군대가 좋다는 게 머릿속에 들어간다고.

같은 상황에 놓여도 사람마다 다르게 처신한다. 어르신은 상황 대처 능력을 발휘해 위기를 모면하기도 했다. 일이 고되다는 임업 대신 농업으로 빠질 수 있었던 것은 어르신이 "약혼을 했다"고 거짓말을 했기 때문이다. 어르신은 "어쩔 수 없지 뭐"라는 말을 자주 하셨지만, 위기가 닥칠 때마다 체념하기보다 살아갈 방법을 찾으셨던 게 아닐까.

"친구를 그다음 날 잡아갔어. 그 말 한마디 했다고"

그러다가 정전이 되면서 군대에서 같이 생활했어. 정전이 될 적에는 후방에 있었지만 정전되고 나서는 본부대에 편입돼서 같이 생활한 거지. 처음 배치된 건 양구, 양구에서 전투를 했고, 그다음에는 2지대로 넘어오긴 넘어왔는데 어디 즈음인지 잘 모르겠어. 강원도 인제지 뭐. 1957년이나 됐겠나. 그런데 날짜가 돼서 1957년에 제대 명령을 받고 나왔다고.

1957년 8월인가 그때 제대 명령을 받으면서 (사람들을) 탄광, 임업 부문, 농촌 이렇게 세 군데로 다 보냈어. 거기서 "임업으로 가라"는 거야. 그래서 "1956년에 우리 분대장하고 황해남도에 갔는데 그때 휴가를 가서 처녀하고 약혼을 하고 왔다. 여자가 나 제대하고 올 날을 기다리고 있다. 그러니 임업이 아니라 농촌으로 갈 수 없겠나?" 하니까 한참 있다가 답변을 주더라고. "농촌으로 가라." 그래서 황해남도로 왔지. 약혼은 거짓말이지 뭐.
   한 리에 조합이 3개가 있어서 나도 한 군데에 배치됐어. 일단 살아야 하니까. 결혼은 1958년에 내 친구가 소개해서 했지. 결혼은 조합에 관리위원회라고 있는데 관리위원장, 부위원장, 세포비서가 다 한 개 조직이야. 근데 약혼했다고 하니까 관리위원회에서 이불 한 자리, 책상 하나, 그다음에 옷 한 벌 이렇게 해주고, 결혼한 다음 날부터는 집도 좀 해결해주고 하더라고. 집은 아래, 윗방 그 정도. (아내는 내가) 국군포로인지 모르지, 뭐.
   (마음이) 항시 걸리지. 국군포로 뒤에는 늘 사람이 있다고. 어느 장소를 가더라도 정부에 대한 말을 하나도 못 해. 한 모임이 있었는데, 모임이 끝나고 나더러 "떨어지라" 그러더라고. 경찰이지 뭐. 사진도 찍고. 그래 집에 와서 누가 사진을 찍는다고 얘기하니까 아는 사람이 있더라고. '이렇게 감시가 붙고 있구나' 하는 걸 그때부터 느꼈어. "어디 도망쳤다 하면 그 사진을 공개해서 잡으려고 사진을 찍었다"는 거야. 맞지 뭐.
   '우리가 포로가 돼서 이렇게 북한에 와 있는데 아무 때라도 대통령이 뭐 하면 우리를 데려가겠지' 하는 생각이 속으로 있었어. 그래서 한 리에 조〇〇이라고 포로병이 있는데, 야장간[대장간]에서 일하던 친구인데 우리 둘이 앉아 이야기했지. (주변에) 사람도 그렇게 많은 것 같지 않으니까 조〇〇이 "언제 우리 고향에 한번 가볼 수 없겠나?" 그 말을 주고받았는데, 그다음 날

잡아갔어. 그 말 한마디 했다고 1958년인지, 1959년에. 말 한마디 잘못하면 온데간데없어지고 만다고. 보위부가 잡아가지, 다른 데서 잡아가지 않아.

(조○○과는) 어떻게 너도 포로다, 나도 포로다 알게 돼서 서로 왔다 갔다 하면서 생활했는데, 이 친구는 다른 부대에 있다가 왔더라고. 남한 국군포로다 하고 친형제처럼 지냈어. (조○○은) 결혼해서 아들 하나 있었지. (다른 국군포로는) 오○○라고, 리가 달라서 있다는 말만 들었지 만나보진 못했어. 의용군들은 한 개 리에 대여섯 명씩은 있었어. 의용군은 계급적으로 높이 본다고.

북한 생활을 설명할 때 어르신이 언급한 친구는 단 한 명이었다. "고향에 가고 싶다"는 대화를 나눈 그 친구가 사라진 뒤 어르신은 자신의 속내를 숨기고 살아야 한다는 것을 깨달았다면서 한참 동안 말을 잇지 못하셨다. 결혼하면서 아내에게도 국군포로라는 사실을 숨겼던 어르신은 시간이 지나 신분이 드러나게 됐다며 안타까워하셨다.

"아들도 좋은 대학 추천받았는데 부결되고"

자식들한테도, 노친한테도 내가 국군포로라는 얘기를 안 하고 살았다고. 큰아들이 군관학교 추천을 받아서 조사원이 우리 집까지 왔어. 나를 만나지 않고 내 전적을 다 알아보고 갔는데 아들이 그러더라고, "군관학교 추천 받았다가 아버지 때문에 부결됐다"고. 둘째아들도 좋은 대학 추천받았는데 부결되고.

우리 처는 조금은 알고 있었어. 아이들한테 "너희 아바이 이런 사람이다. 너희 정신 차리고 살아라. 각성 높이고 살아라" 해서 그때부터 우리 아이들이 (아버지가) 국군포로라는 걸 알기 시작했지. 그때부터 아들이 노골적으로 나한테 "나는 공부도 잘했지만 아버지 때문에 이렇게 배치받는다"고 말하더라고. 셋째는 군에서 운영하는 농업대학교를 추천받아서 졸업했지. 내가 이렇게 되는 바람에 철칙 맞아서 다 산골에 있지만.

(일하는 건) 계속 협동조합 그저지 뭐. 농사는 군 경영위원회 지시를 받는다고. 한 개 리 작업반에 과수분조도 있고, 밭분조도 있고, 축산분조도 있고 그래. 수수분조는 논농사인데 구부려서 김도 매야 하거든. 허리가 아파서 몇 번 (다른 분조로 이동하고 싶다고) 제기했지. 밭분조, 축산분조, 과수분조는 다 마른 땅에서 하는데 수수분조는 논에 들어가서, 물 들어 있는 데서 일하는 거라고 몇 번 제기했는데도 안 되니까 그냥 힘든 대로 따라다녔지 뭐.

북한 생활이라는 게 조직화돼 있어서 다들 조직적으로 움직인다고. 내 몸이 내 몸이 아니고 조직의 몸이란 말이야. 자기 맘대로 못 한다고. 그러니까 일이라는 게 모내기 때는 새벽 4시에 나가고 밤 10시 돼야 돌아오고, 그 후에는 아침 5시에 나가서 일하는데 그 과정에서 잘 되고 못 되고 하는 걸 다 비판한다고. 작업반 회의 있지, 작업반 세포강연회 있지, 학습회 있지, 강연회 있지, 생활총화 있지, 리에 수령님 충성하는 학습회 있지… 하루도 빠지지 않고 해야 해. 학습회는 1시간, 2시간 막 이렇게 하지. 당원은 당 조직에서 뭘 하느냐, "이번 주에는 100프로 나갔수다. 몇 번 늦었수다" 다 총화해야 한다고. 친구끼리 다 비판한다고. 계속해서 비판할 게 있나. 그래서 서로 없는 것도 있는 것처럼 비판하기도 해. "아무것도 없수다" 그러면 "왜 없느냐?"고 따지니까.

(협동농장 생활 막바지에) 콩·가지·오이분조, 밭분조 분조장을 몇 년 동안 했

어. 1개 분조가 한 20명 되는데, 하다가 나이가 만 60 되면 제한다고. (농장에서 나와) 경비도 몇 년 섰어. 탈곡장 경비 서면서도 몰래 좀 훔쳐다 먹기도 하고. 자식들은 다 나가고 노친하고 나하고 둘이 곱게 생활하다가 집이 무너지게 돼서 딸이 들어와라 하니까 딸을 따라갔지. 살던 데서 살았으면 괜찮을 걸 딸 따라가서 망했다고. 집이 좁아서 잘 자리가 없지, 부양 식량은 하루에 300그램, 나중에는 300그램도 안 줬지. 농촌에 있으면 낟알 주워다 먹고 하는데, 읍에 들어가니까 주워 먹지도 못해. 한 1년 있었어.

국군포로들이 한국으로 돌아온 이유는 뭘까? 고향이 그리워서 돌아온 것일까? 내가 만난 분들은 "현실적으로 북한에서는 먹고살기가 힘들어 탈북하는 경우가 흔하다"고 말씀하셨다. 그런데 이 과정에서 브로커에게 속아 탈북한 분들도 있었다. 어르신도 그랬다. 브로커는 "남한에 사는 가족들이 돈을 주려고 중국에 와 있다"고 거짓말한 뒤 어르신의 탈북을 종용했다.

"브로커한테 속아서 강을 건넌 거야"

이산가족 상봉은 내용도 모르고 살았어. '언젠가 대통령께서 우리를 한 번 데려가겠지. 비전향 장기수도 다 보냈는데 우리도 데려가겠지….' 근데 속으로 '이젠 틀렸다', '고향 가보려면 이제 목숨 걸고 가야 한다'는 생각이 들더라고 그때부터. '죽어도 고향 한 번 가서 죽어야겠다' 생각하는 찰나에 우리 큰아들이 왔어.

큰아들이 브로커를 어찌어찌 만나서 나를 데리러 온 거야. 아들이 시키는 대로 따라갔지. 아들이 "아버지가 국군포로다" 그랬더니, 브로커가 눈을 번쩍 뜨고 '이 아바이 사업하면 뭐 되겠다' 하고…. 브로커가 우리 아들을 시켜서 아들이 나를 데리러 온 거야. 아들이 "아버지 동생이 미국 가서 돈을 많이 벌어서 아버지가 오게 되면 돈 주겠단다. 중국 장백 거기 와 있다" 그 말을 쓱 하더라고. 나는 브로커가 뭔지도 몰랐어. "아버지 한 번 가보자. 안 되면 말고, 되면 돈 받아올 거 아니냐." 그 말에 나도 얼씨구나 해서, 솔직히 말하면 '돈을 받아 가지고 와서 좀 살아보겠다' 했다고. 노친은 내가 갔다 오는 걸로 알았지. 그때 마지막으로 헤어졌어.

한 며칠 만에 기차 타고 (양강도) 혜산에 들어갔지. 혜산 들어가니까 브로커 집에 넣더라고. 밤에는 넘어갈 수 있나 감시하고. 닷새 만에 그자가 강으로 갔어, 연락이 됐는지. (2007년) 2월이야. 우리 아들하고는 떨어지고 브로커 2명, 나하고 셋이서 강을 건너는데 강이 얼어 있어서 걸어갔다고.

거기에 차가 대기하고 있었어. 가니까 중국 브로커 집이야. 큰 집에 한 상 차려놓았더라고. 닭이 통닭으로…. 가슴이 두근대서 먹을 수도 없고, 뭘 먹질 못하겠어. 아들은 건너가지 않고 혜산에서 떨어져 있었어. 일주일 뒤에도 아무 소식이 없더라고. "이거 웬일이냐. 강 건너가면 동생이 있다는데 우리 동생 어디 있냐?", "이제 와요 와요" 하면서 일주일을 끄는 거야. 그래서 "나는 되돌아 나가겠다", "조금만 참으라"…. 솔직히 말해 브로커한테 속아서 강을 건넌 거야.

근데 내가 아들 좀 만나자 하니까 우리 아들도 그 강을 건너서 나한테 왔어. 그때는 그 브로커가 국방부에 전화를 했는지 모르지. "돈이 왔다"고 하더라고. 돈이 왔다면서, 뭐 이런 함지에다 넣고 이렇게 보여주더라고. "한국에서 돈 왔으니 이 돈 가지고 아들은 집으로 가도 된다." 그렇게 아들은 그 돈 받아서 집으로 보내고 나는 가지 않고. "아바이가 남한에 가야 아들을 고향에 돌려보낼 수 있다"는 거야. 근데 나를 보내주지 않아서 "나도 여태 살면서 고향에 가보고 죽겠다는 결심을 가진 사람이니 빨리 보내달라" 계속 그러니까 보내주더라고.

아, 이제 생각난다. 브로커가 남한에 가려면 각서를 써야 한다는 거야. 내가 각서가 뭔지 아나. 여기 와서 알아보니까 '한국에 와서 돈을 타 가지고 7만 달러를 브로커에게 줘야 한다'는 각서란 말이야. 내가 각서를 쓸 줄 알겠나, 글씨 쓸 줄도 모르는데. "글도 못 쓴다"고 하니까 다 써주더라고. "보면서 쓰라"고 해서 하나하나 써 가지고 도장 빌려 가지고….

어르신은 유독 친구 이야기를 많이 하셨다. 국군포로 동료들을 지칭할 때도 성을 빼고 친근하게 부르셨다. 어르신은 친구들에게 각별한 감정이 있는 듯했다. 그럴 만도 하다. 어르신이 한국으로 돌아올 수 있었던 것은 가족이 아닌 친구가 어르신의 존재를 인정했기 때문이다. 외부인과 교류가 드문 여느 분들과 달리 어르신은 교류도 많아 보였다. "유공자 회장도 있고, 거기 회장 사무실이 가깝다고. 거기 오가기도 하고 2층, 12층에 잘 아는 친구도 있지." 그런 어르신의 탈출기가 이어졌다.

"제대로 왔다, 살길을 찾았다"

가는데, 초저녁에 탔는데 해가 이렇게 떴더라고. 한 10시쯤 된 거 같아. 거기서 데리고 가는 거야. 가니까 국군포로 있는 집이지 뭐. 거기서 또 한 며칠, 한 사흘 밥도 못 먹겠고 죽을 지경이야. 거기서 옷 사서 다 입히고, 그냥 밤에 (나를) 보자기로 딱 덮어서 숨만 쉬게 가장해서 차에 태워 가더라고. 영사관 문턱에서 내리더니 끌고 가는 거야. 심양^{선양}에서 생활하다 보니까 내가 잘 왔다는 걸 그때부터 느끼겠더라고. '제대로 왔다.' 생활 조건이 북한하고 하늘과 땅 차이야. 그때부터 '살길을 찾았다' 그렇게 생각했지.

댓 명이 영사관에 같이 왔는데, 다른 사람들은 3개월 만에 다 집에 갔지만 나는 아니야. "왜 나는 안 보내주냐? 안 보내주면 북한으로 보내달라" 막 싸웠지 뭐. "확인이 안 된다"는 거야. 친구 이름을 대면서 이 사람한테 물어보면 나를 기억한다고 했는데, 그 친구가 살아 있어서 내 경력을 국방부에 다 얘기해줬더라고. 그렇게 인정받아서 남으로 오게 됐지. 우리 조카들은 삼촌이 군대 나간 걸 뻔히 알면서도 나라는 사람을 모른다고 딱 잡아뗐어. 그 바람에 나는 1년을 기다렸지. 동생도 알면서 모른다고 말했다고.

결국은 여기로 넘어왔지 뭐. 국정원에 있으면서 동생이 온다길래 동생을 만나면 내 감정이 어떨까 싶은 거야. 마침 동생과 조카가 와서 이렇게 만났는데 눈물도 안 나, 모르니까. 남이나 같지. 그냥 멀뚱멀뚱 쳐다만 보고…. 제주도 가서 친구 만나니까 아, 솔직히 다 얘기했지 뭐. 나하고 죽자 사자 하는 친구인데, 그때 만나니까 눈물도 나오고 그러더라고.

전역식 그거 다 했지 뭐. 사진 찍은 거 저기 있는데. (정부지원금을) 다른 사람은 5억 그랬는데 (나는) 3억 받았어. 내가 (군인)연금이 뭔지 알았나. 돈 몇천만 원을 내놔야 예치해야 한다 그러더라고. 나는 "당장 죽겠으니 다 달라" 그랬지. 그때 연금만 내놨어도 지금 걱정 없이 사는 건데…. 먼저 들어온 사람들은 본인한테 물어보지 않고 국방부에서 연금을 떼고 줬는데, 우리부터는 고르라고 한 거야. 나중에 온 사람들은 그렇게 해서 연금도 못 받고 고통받고 있지.

국정원 끝마치고 넘어와서 국군포로가족회 6·25국군포로가족회가 하는 거기로 데려가더라고. 거기서 방 하나 해서 우리를 관리하는 거야. 둘이서 방 하나에 아주마이 하나 배치해서. 두 달 동안 밥도 잘 먹었지. 고기하고 뭐 해주더라고. 생활하면서 교육받았어. 친척집에 가지 마라, 고향집에 가면 돈 남은 거 다 사기당한다, 교육이 그거야. 제주도 조카들이 전화해도 거기 안 가겠다 했어. 지금도 조카들이 욕해. "삼촌 정신이 있나? 거기 떨어져 있어서 사기당하지 않았나?" 할 말이 있겠어?

한국 정부는 귀환 국군포로들에게 억류 기간에 대한 보수를 각각 지급했다. 귀환 국군포로는 대부분 3억~5억 원 정도를 수령한 것으로 보인다. 하지만 브로커 비용을 많게는 1억 원 가까이 부담하면서 경제적으로 어려워지기도 했다. 몇몇 국군포로는 브로커 비용을 보상해달라고 국가에 요구했지만 이는 받아들여지지 않았다. 어르신도 정부지원금의 30퍼센트 정도를 브로커 비용으로 썼다고 하셨다.

'이 아바이가 각서를 7만 달러를 썼다'

교육 기간에 국군포로가족회에서 누가 와서는 "당신네들 북한에 가서 인민군대에도 입대했고, 당^{노동당} 생활도 했고 편안하게 있지 않았나? 정부에서 준 돈을 다 받아먹겠나?" 그러더라고. 그때는 돈이 뭐 어떻게 되는지 내용을 하나도 몰랐어. 세 사람이 있었는데 한 사람이 "받는 돈 절반을 내놓겠다" 이러니까 그자가 "다 그만두고 성의만 표시하라" 그렇게 됐지. "그렇게 합시다" 하고 말았지 뭐. 나는 아무것도 모르는 상황에서 2,000만 원을 뺏기고 말았다고.

하루는 국군포로가족회 대표^{전 대표 이○○}가 나를 보자고 그래. 중국에서 건너올 적에 브로커한테 들은 게 있냐는 거야. 서울에 가면 자기한테 전화하라고 했다면서 넘어올 적에 브로커한테 들은 거 없냐 그러더라고. 그 전화번호로 전화하니까 브로커가 받아. 그때부터 브로커가 우리 대표한테 "이 아바이가 각서를 7만 달러를 썼다, 다 내라"는 거야. 그다음에 평양에 있는 우리 아들을 중국 장백에 불러다 앉혀놓고는 "7만 달러 다 내놔야 아들을 집으로 보내지" 그러더라고. 대표가 "이 아바이 국방부에서 돈이 안 나왔으니 지금 2,000만 원을 받으면 나중에 다 해주마" 이렇게 약속했어. 근데 돈이 없어서 국군포로한테 돈 2,000만 원을 빌렸다고. 2,000만 원 주고 나머지는 후에 주기로 해서 아들이 집에 갔지.

그 후에 그거마저 내놓으라고 해서 계속 말싸움질을 했지 뭐. 안 되니까 그 브로커가 우리 아들을 또 건너오라고 했다고. 대표가 "못 준다, 아들을 보위부에 신고하라" 그랬더니 말 떨어지자마자 한 시간 뒤에 체포해서 (아들이) 보위부에 끌려간 거야. 보위부에 (브로커를 통해서) 2,000만 원 주고 후에 1,000만 원을 또 주고···. 남은 돈을 받겠다고 대표하고 계속 싸움질을 하더라고. 그렇게 한국 브로커가 한 700만 원 받고 끝났어. 그때만 해도 돈 내용을 하나도 몰랐지. 나는 집에 있을 적에도 십, 백, 천, 만밖에 셀 줄 몰랐다고. (아들은) 한 달간 거기 갔다가 강원도 이천으로 이주하게 됐어. 그러다 우리 아들이 여기로 나왔지. 이제 딴 거 이야기하자.

내가 만난 대다수 국군포로는 돈 관리를 잘하지 못했다. 북한 사회에서 50~60년간 생활하다 남한으로 돌아와 자본주의 원리를 익히기란 쉬운 일이 아니었을 것이다. 실제로 어르신들은 정부지원금을 받은 뒤 친인척이나 제3자에게 사기를 당하는 경우가 많았다. 이러한 사기를 겪으면서 가족관계가 단절된 분도 꽤 있었다. 어르신도 예외가 아니었다.

"경찰서에 왔다 갔다 했지만 한 푼도 못 받았어"

내 경우에는 노친 하나 선보고 이 집으로 왔지. 그런데 노친의 아들이 카드를 내 이름으로 만든 거야. 어디 좀 잠깐 갑시다 하고 이거 적으라고 해서 시키는 대로 했는데, 결국 카드 만드느라 그랬더라고. 자동차 5,000만 원, 집세 2,000만 원, 또 얼마 해서 7,000만 원을 뽑아 갔어. 한 번은 동네 영감이 통장 내용을 확인해보라고 해서 은행에 가 통장을 찍으니까 얼마 나갔수다, 얼마 나갔수다 하는 거야. 돈이 없어졌는데 어떻게 하면 좋을까 싶어서 (노친을 소개해준) 국군포로가족회 대표한테 제기했지. 거기서 바로 대표, 부기, 뭐 노친, 노친의 아들 다 모였다고. 방법은 돈 하나 안 내놓고 "죽을 때까지 모시겠다" 노친이 (말했지). 그렇게 돈을 다 날렸어. 노친이 (내가) 한성무역에서 돈이 그렇게 되니까 못 산다며 튀었지. 도망치고 말았다고.

나는 한성무역에 한 2억 투하했어^{투자했어}. 대표가 한성무역 회장을 알게 된 뒤에 국군포로들을 한성무역에 투자하게 하라는 과업을 맡고 와서는 계속 홍보하는 거야. "회장이 북한 사람이라 북한을 위해 회사를 꾸렸는데 여기다 투자하면 걱정 없다. 마음 놓아도 된다. 1억에^{1억 원을 맡기면} 한 달에 300만 원 이자 준다." 보통 3억, 2억 가지고 있으니까 1억만 줘도 한 달에 300만 원 공짜로 들어오잖아. 거기에 속아 넘어갔지 뭐. 한 10명 된다고 투자한 사람이. 많이 탄 사람은 7억, 6억 홀라당 다 넘겨줬어. 대표가 우리 앉혀놓고는 "안심하라"고 계속 홍보했다고.

(한성무역 소송 끝나고) 경찰서에 왔다 갔다 했지 뭐. 한 푼도 못 받았어. 한성무역 회장이 징역 갔다가 나왔다고 하더라고. 한국 법이 법이 아니야. 한 번은 재판한다고 오라고 해서 갔더니, (한성무역 대표가) 넥타이 매고 시

계 차고 구두 신고 나오는데 사람들이 "야!" 막 소리 지르니까 법에서^{법정에서} 탁 틀어쥐고 조금만 말하면 내쫓고 그러더라고. (한성무역 투자를 추천한 국군포로가족회) 그 사람은 한성무역 무너지면서 영국으로 튀어버렸어. 처벌은 무슨. 도망치고 말았는데.

사기당한 그달로 (기초생활)수급자 신청해서 수급자 생활하지 뭐. 여기 (동네에서) 아는 아주마이가 소개해줘서 2015년에 이 노친을 만났는데, 진짜를 만난 거지. 노친을 안 만났으면 나는 죽었어. 군소리 없이 병원이고 약이고 다 돌봐주고, 생활은 일없다고. 허리 아파 잠을 못 자고 하니까 아들이 와서 이거 사주고…. 아들이 주는 돈은 안 받지. 우리 생활이 넉넉하니까. 물망초, 인권센터^{북한인권정보센터}, 국방부에서 많이 돌봐주고 있어. 참 고맙지.

나라에 대한 거? 대통령이 북한을 방문하면서도 국군포로에 대한 건 말 한마디 안 하고…. "(문재인) 대통령이 북한에 가면 그래도 우리 문제를 제기하겠지" 나뿐 아니라 이구동성으로 그 얘기를 했어. 근데 물망초에서 (국군포로 강제노동에 대한) 재판을 했는데 대통령이 재판하는 걸 좋아하지 않는다, 거기서 잘됐다 잘못됐다 말 한마디 안 하고 "재판한 걸 속으로 반대하고 있다"고 다들 그러더라고. 이명박 대통령도 그렇고, 박근혜 대통령도 그렇고. 선물도 주고 그랬는데, 우리 만나서 얘기도 하고 그랬는데 문재인 대통령만은 그런 게 없어. (윤석열 대통령의 6월 행사 초청은) 기분이야 말할 것도 없이 좋았지. 이런 천국에서 오래 살아야 되겠는데, 이게 마지막이 되겠구나 하는 생각도 들어.

어르신 얼굴에 화색이 도는 것은 할머니 덕분인 듯했다. 할머니는 "10년 전에는 도망친 여자가 잘 대접하지 못했다. 지금 나는 고기를 떨어뜨리지 않는다"고 말씀하셨다. 어르신은 "행복하게 살고 있다"면서도 쓸쓸한 표정을 거두지 못하셨다.

"나는 잘됐다. 한편으로는 가슴 아픈 것도 있다"
/

그게 가슴 아프지 뭐. 내가 죽는 한이 있더라도 자식들을 살려야 되는데, 나 때문에 자식들이 산골에서 헤매고 있잖아. 감시 속에서 살고 있잖아. 그게 제일 가슴 아프다고. 서로 연락이 돼서 다만 돈이라도 좀 보내주면 다 풀리겠는데, 마음이 다 풀리겠는데…. 이 3년 동안 딱 잘리고 말았으니까. 코로나코로나19 때문에 브로커가 활동을 못 하잖아. 브로커한테 돈 주면 절반이라도 갖다 줄 텐데 그것도 없어졌으니까. 딸은 교통사고로 죽어서 우리 노친북한에 있는 아내이 맡아서 생활하던데, 3년 전에는 살아 있는 거 알았는데 이제 죽었겠지 뭐. 연락은 안 되고, 생활하기 너무 곤란하니까 다 죽었을 거라고.

죽기 전에 고향 땅 한 번 밟겠다는 마음이 있었는데 이것도 다 풀리고, 친척들도 다 만나고, 내 생활도 완전히 해결됐지만, 다만 가슴 아픈 게 북한 자식들이야. 몇 년 전에 우리 아들이 혜산에 와서 전화를 했더라고. 후에 알아보니까 한 500(만 원)만 주면 될 수 있었던 건데, 지금 생각해도 가슴이 아파. 내 옆에 누가 딱 달라붙어서 못 주게 하니까. 하고 싶은 이야기가 그거지 뭐. 나는 잘됐다. 한편으로는 가슴 아픈 것도 있다.

나는 만성폐질환이 있는데, 이번에 코로나에 걸리면서 자꾸 숨이 차더라고. 코로나에 걸리면서 속으로 폐가 잘못됐다는 생각이 드는 거야. 아침밥 먹고 가까운 데 한 바퀴 돌아오고 만다고. 석 달 동안 드러누워 있었어. 어느 날 운동을 하고 일어나는데 갑자기 숨이 끊어질 정도로 움직이지 못하겠더라고.

병원에 가서 입원하고 싶어도 안 해주니까. 아들이 (의자) 이걸 사줘서 여기에 기대어 앉으면 좀 낫기는 한데 자꾸 아파. 나이를 많이 먹으면 뼈가 저절로 그렇게 된다는 거야. 그래도 지금은 괜찮아졌어.

 6·25 행사 때 (국군포로들을) 만났는데 자기 발로 걷는 사람이 2명밖에 없더라고. 이번에 가는 건 내 차례라고. 1년에 한 번씩 (제주도에) 벌초하러 다녔지만 지금은 묘지를 다 파서 한군데다 해놨어. 제주도 간 지 한 3년이 넘는데, 마지막으로 한 번 가보고 죽어야 되겠는데 못 가고 있어.

 뭐 더 들어서 득 될 게 있나? 잘 가요!

인터뷰를 하고 나오니 어르신 집 앞 정자에 비둘기 두 마리가 앉아 있었다. 어르신은 이곳에 앉아 북에 두고 온 자녀들을 그리워하시는 것은 아닐까.

부록 6·25전쟁 귀환 국군포로 관련 연표

1949년 8월 12일
'전쟁포로의 대우에 관한 1949년 8월 12일자 제네바협약' 체결
제13조 포로는 항상 인도적으로 대우되어야 한다.
제118조 포로는 적극적인 적대행위가 종료한 후 지체 없이 석방하고 송환하여야 한다.

1952년 12월 13일
국제적십자위원회 상병포로의 즉각적인 송환 조치를 요구하는 결의안 채택

1953년 4월 11일
'상병포로 교환 협정' 합의

1953년 4월 20일~5월 3일
공산 측으로 상병포로 6,670명, 유엔군 측으로 상병포로 684명 인계

1953년 6월 18일
이승만 대통령 미군 병참관구사령부 관할 하에 있던 포로수용소에서 반공포로 2만 7,388명 석방

1953년 7월 27일
한국전쟁 정전협정 체결
제3조 51. (ㄱ) 본 정전협정이 효력을 발생한 후 60일 이내에 쌍방은 그 수용 하에 있는 송환을 주장하는 모든 전쟁포로를 포로된 당시에 그들이 속한 일방에 집단적으로 나누어 직접 송환 인도하며 어떠한 방해도 가하지 못한다.
제3조 54. 본 정전협정 제51항 (ㄱ)목에 규정한 모든 전쟁포로의 송환은 본 정전협정이 효력을 발생한 후 60일의 기한 내에 완료한다. 이 기한 내에 쌍방은 그가 수용하고 있는 상기 전쟁포로의 송환을 가능한 한 속히 완료한다.

1953년 8월 5일~9월 6일
유엔군사령부는 북한군포로 총 7만 6,119명을 북한으로 송환하고, 국군포로 총 8,343명만 본국으로 송환받은 뒤 협상 종결

1954~1974년
남한 정부, 유가족 신고와 내무부 자체 조사 등을 거쳐 8만 8,466명 전사 처리

1956년 6월
북한 정부 '내각결정 제43호' 발표, 내무성 건설대에 편입된 국군포로를 사회인으로 환원 조치

1958~1960년
무궁화 청년단 소탕 작전 등으로 국군포로 장교 80~200여 명 사라짐(추정)

1974년 8월
남한 정부, 5만 5,108명 '실종자 명부' 작성

1993년 3월 19일
남한 정부, 비전향 장기수 이인모 북한 송환

1994년 10월 23일
귀환 국군포로 1명 남한 정착

1995년 3월 1일
조창호(귀환 국군포로) 자서전 《돌아온 사자》(지호) 발간

1996년 7월
남한 정부, 국군포로·실종자대책위원회 구성

1997년
귀환 국군포로 1명 남한 정착

1997년 10월
남한 정부, 최종적으로 4만 1,971명 '전사 및 실종자'로 정리해 〈6·25참전 행불자(실종자) 명부〉 작성

1998년
귀환 국군포로 4명 남한 정착

1998년 4월
남한 정부, 2만 4,000여 명 실종자 전원 전사 처리(전사 처리를 통해 가족이 보훈 혜택을 받게 조치)

1998년 4월 15일
남한 정부, 전사 처리자 중 연고자 확인된 경우 국가보훈처에 통보

1998년 11월
남한 정부, '국군포로·실종자 업무 처리규정' 마련
'국군포로 대우 등에 관한 법률' 입안

1999년
귀환 국군포로 2명 남한 정착
국방부, 《국군포로 문제: 실상과 대책》 발간

1999년 1월
남한 정부, 국군포로대책위원회 설치

1999년 1월 29일
국군포로대책위원회, '국군포로 대우 등에 관한 법률'(귀환 국군 용사 관련 최초 법안) 제정

2000년
귀환 국군포로 9명 남한 정착

2000년 6월 15일
남북공동선언문 발표(국군포로 문제 배제)

2000년 9월 2일
비전향 장기수 63명 북한으로 송환

2000년 11월 30일
이산가족 상봉 때 국군포로 1명(이정석) 대상자에 포함

2001년
귀환 국군포로 6명 남한 정착

2001년 2월 26일
이산가족 상봉 때 국군포로 2명(손원호, 김재덕) 대상자에 포함

2002년
귀환 국군포로 6명 남한 정착

2002년 10월 15일
북·일정상회담 이후 고이즈미 준이치로 총리 일본인 납북자 5명과 함께 귀국

2003년
국군포로 5명 남한 정착

2004년
국군포로 14명 남한 정착
정용봉 6·25전쟁 참전자, 미국 LA에 국군포로송환위원회(Korean War POW Affairs) 조직

2004년 2월 27일
국군포로 김 모 씨가 중국에서 체포된 뒤 한 달째 억류 중이라는 내용의 기사 보도

2004년 10월 14일
국방부 《국군포로 문제: 실상과 대책》 발간

2005년
국군포로 11명 남한 정착

2005년 4월 22일
미 국회 '억류 국군포로 문제에 대한 포럼' 개최

2005년 5월 24일
북한의 심각한 인권 침해 문제를 경고하는 결의서 HR #168, HR #234 미 하원 통과

2006년
국군포로 7명 남한 정착

2006년 3월 24일
'국군포로의 송환 및 대우 등에 관한 법률(법률 제7896호)' 제정(2007년 1월 1일 시행)
제2조 1. "국군포로"라 함은 대한민국 군인으로서 참전 또는 임무 수행 중 적국(반국가단체를 포함한다)이나 무장폭도 또는 반란집단에 의하여 억류 중인 사람 또는 억류지를 벗어난 사람으로서 대한민국으로 귀환하지 않은 사람을 말한다.

2006년 4월 27일
미 국회 '북한 인권침해 문제에 대한 청문회' 개최

2007년
국군포로 4명 남한 정착

2007년 10월
현재까지 남한 정부, 16차례 이산가족 상봉 행사를 통해 국군포로 101명 생사 확인 요청
북한은 생존 13명, 사망 12명, 확인 불가 76명 발표. 이 중 국군포로 11명, 20가족 상봉 진행

2007년 10월 4일
노무현 대통령 "남북정상회담 때 북에 국군포로 문제 제기했다"고 밝힘

2007년 10월 말
남한 정부, 생존 추정 국군포로 560명 명단 확보

2007년 11월 30일
국방부, 《조국은 당신들을 잊지 않습니다: 국군포로 문제의 실상과 대책》 발간

2008년
국군포로 6명 남한 정착

2008년 4월 17일
허재석(귀환 국군포로) 자서전 《내 이름은 똥간나새끼였다》(원북스) 발간

2008년 5월 1일
오경섭, 윤여상, 허선행 《국군포로 문제의 종합적 이해: 북한 억류 생활과 한국 생활 실태, 그리고 해결방안》(북한인권정보센터) 발간

2009년
국군포로 3명 남한 정착

2009년 9월 26일
이산가족 상봉 행사 때 국군포로 이쾌석 대상자에 포함

2009년 10월
이명박 정부 싱가포르에서 북한과 접촉해 국군포로 송환 문제 논의

2010년
국군포로 1명 남한 정착(2023년 5월 현재 총 80명 귀환)

2011년 2월
국군포로송환위원회 ICC(국제형사재판소)에 김정일 정권 전쟁범죄자로 고발

2011년 3월 15일
국가인권위원회에 북한인권침해신고센터 개소

2011년 4월 7일
국군포로송환위원회 UN(유엔) 인권위 측에 포로 송환에 대한 탄원서 제출

2011년 6월 1일
유영복(귀환 국군포로) 자서전 《운명의 두 날》(원북스) 발간

2012년
유영복 귀환 국군포로가 귀환 국군포로 60여 명과 귀환국군용사회 조직

2012년 3월 23일
귀환 국군포로 정착을 위한 '국군포로정착지원센터' 출범, 국방부의 귀환 국군포로 사회 적응을 위한 지원 사업 협력기관으로 선정된 북한인권정보센터(사단법인) 부설기관으로서 업무 시작

2013년 5월 13일
물망초(사단법인) 국군포로신고센터 설립

2013년 9월 24일
물망초 국군포로송환위원회 설립

2013년 10월 17일
2010년 탈북 뒤 중국에 머물다 북송된 국군포로 정 모 씨가 현재 함경북도 교화소에 징역 5년 형을 선고받고 3년째 복역 중이라는 기사 보도

2013년 11월 30일
귀환국군용사회(사단법인) 창립 및 1대 임원진 선출

2014년
대한민국6·25전쟁전사자유자녀회 《나는 지옥의 노예였다: 피 눈물로 쓴 6·25전쟁 국군포로 가족의 수기》(경춘사) 발간

2014년 3월 27일
귀환국군용사회, 국군 용사 10명으로부터 투자금 28억 원을 받아 잠적한 한성무역 대표 한 모 씨를 사기 등 혐의로 서울지방경찰청에 고소

2014년 4월 23일
귀환국군용사회 창립 기념 증언 및 정책 제언 세미나 개최

2014년 6월 30일
조성훈 《6·25전쟁과 국군포로》(국방부 군사편찬연구소) 발간

2015년 1월 15일
2004년 탈북 뒤 강제 북송된 국군포로 고(故) 한만택 씨 유족이 국가를 상대로 손해배상 소송 제기(2013년 6월) 후 승소
재판부는 "국가가 1억 원을 지급하라"고 판결하면서 "6·25전쟁이라는 국가적 재난에 국가 존립을 지키기 위해 참전했다가 포로가 된 사람들을 송환하는 것은 국가의 기본적 책임임에도 공무원들의 과실로 50년 넘는 기간 동안 염원했던 한 씨의 귀환과 가족 상봉이 무산돼 한 씨가 결국 사망에 이르게 됐다"고 설명

2015년 1월 25일
정부의 부적절한 대처로 중국에 머물다 2006년 강제 북송된 '국군포로 이강산 씨 일가'의 남한 가족이 국가를 상대로 손해배상 소송 제기(2013년 7월) 후 승소
재판부는 "국가가 3,500만 원을 배상하라"고 판결

2015년 6월 25일
정용봉 《메아리 없는 종소리: 국군포로는 왜 못 돌아오는가》(미주국군포로송환위원회) 발간

2015년 7월 24일
'국군포로 이강산 씨 일가' 남한 가족 항소심 패소
재판부는 "이 씨 가족이 검거된 직후 정부가 중국 외교부에 알리고 한국 송환을 요청하는 등 북송 방지를 위해 노력을 다한 점 등을 종합해보면 국가의 보호 조치에 과실이 있다고 보기 어렵다"고 판결

2015년 9월 6일
'북송 국군포로' 한만택 씨의 유족 항소심 패소
재판부는 "원고들이 2005년 1월 한만택 씨의 북송 사실을 알게 됐지만 소송은 2013년 6월에야 제기했다"며 "이는 '손해 및 가해자를 안 날로부터 3년, 불법 행위일로부터 5년'인 민법상 소멸 시효 기간이 끝난 뒤"라고 설명

2016년 4월 22일
한성무역 대표 한 모 씨 1심 재판 징역 7년형 선고

2017년 9월 29일
북한을 탈출한 국군포로 김 모 씨가 중국에 머물다 강제 북송 과정에서 "우리 정부는 한 달 동안 접촉을 시도하지 않았다"고 말한 내용이 기사로 보도

2018년 8월 20일
이산가족 상봉 때 국군포로의 아들(이달영), 아버지 사망해 이복동생들 만남

2018년 10월 16일
국정감사에 유영복 전 귀환국군용사회 회장이 참고인으로 출석해 증언

2019년 2월 28일
물망초《탈북 국군포로 증언집》(물망초) 발간(비공개 자료)

2020년 7월 7일
귀환 국군포로 2명, 북한군 포로가 돼 '내무성 건설대'에서 강제 노역을 했다며 북한 정부와 김정은 국무위원장을 상대로 손해배상 청구소송 제기(2016년 10월) 후 승소
재판부는 "이들에게 각각 2,100만 원을 지급하라"고 판결

2022년 5월 10일
대통령(윤석열) 취임식에 귀환 국군포로(3명) 최초 초청

2023년 4월 26일
한미공동성명에 '국군포로 해결을 위한 협력을 강화한다'는 내용 명시

2023년 5월 8일
귀환 국군포로 3명, 김정은 국무위원장을 상대로 손해배상 청구소송 제기(2020년 9월) 후 승소
재판부는 "북한은 강제 노동을 시키면서 억류한 반국가단체이며 북한의 이런 행위는 김 씨 등에게 고통을 준 불법행위"라면서 "북한은 이들에게 위자료 5,000만 원씩을 지급하라"고 판결

참고문헌

1. 국내 문헌

(1) 단행본

국방부. 2007. 《조국은 당신들을 잊지 않습니다: 국군포로문제의 실상과 대책》. 국방부.
김귀옥. 1999. 《월남인의 생활 경험과 정체성: 밑으로부터의 월남민 연구》. 서울대학교출판부.
———. 2008. 〈지역 사회에서 반공이데올로기 정립을 둘러싼 미시적 고찰〉. 《전쟁의 기억 냉전의 구술》. 선인.
———. 2014. 《구술사연구: 방법과 실천》. 한울아카데미.
김동춘. 2009. 《전쟁과 사회-우리에게 한국전쟁은 무엇이었나?》. 돌베개.
———. 2014. 〈전쟁·국가폭력과 한국사회의 트라우마〉. 《2014 트라우마로 읽는 대한민국: 한국전쟁에서 쌍용차까지》. 역사비평사.
김보영. 2016. 《전쟁과 휴전》. 한양대학교출판부.
김태일. 2011. 《거제도 포로수용소 秘史》. 북산책.
남북하나재단. 2020. 《2019 북한이탈주민 정착실태조사》. 남북하나재단.
대한민국6·25전쟁전사자유자녀회. 2014. 《나는 지옥의 노예였다: 피 눈물로 쓴 6·25전쟁 국군포로 가족의 수기》. 경춘사.
대한적십자사. 2005. 《이산가족찾기 60년》. 대한적십자사.
드투리 우드 외 5인. 2014. 《그들은 잊지 않았다》. 물망초.
물망초. 2019. 《탈북국군포로 증언집》. 물망초.
양영조. 2018. 〈한국전쟁의 전개 과정과 영향〉. 《한국현대사1: 해방과 분단, 그리고 전쟁》. 푸른역사.
오경섭·윤여상·허선행. 2008. 《포로 문제의 종합적 이해: 북한 억류생활과 한국 생활 실태, 그리고 해결방안》. 북한인권정보센터.
유시민. 2013. 《노무현 김정일의 246분: 남북정상회담 대화록의 진실》. 돌베개.
유영복. 2011. 《운명의 두날》. 원북스.
이명박. 2015. 《대통령의 시간 2008~2013》. 알에이치코리아.
이상호·박영실. 2011. 《6·25전쟁 소년병 연구》. 국방부 군사편찬연구소.

이용석. 2013. 《죽은 자들의 증언》. 인사이트앤뷰.

임동원. 2008. 《피스메이커: 임동원 회고록》. 중앙북스.

정용봉. 2015. 《메아리 없는 종소리 국군포로는 왜 못 돌아오는가》. 미주국군포로송환위원회.

정일준. 2016. 〈한국의 민족주의, 민족과 국가〉. 《사회사/역사사회학》. 다산출판사.

─────. 2019. 〈미국의 인권외교와 남북한의 인권: 미국무부《국가별 인권실태 보고서》를 중심으로〉. 《대한민국 인권 근현대사 1. 인권의 사상과 제도》. 국가인권위원회.

정혜경. 2015. 《화태에서 온 편지 1》. 선인.

조성훈. 2010. 《한국전쟁과 포로》. 선인.

─────. 2014. 《6·25전쟁과 국군포로》. 국방부 군사편찬연구소.

조창호. 1995. 《돌아온 死者》. 지호.

조희연. 2002. 《국가폭력, 민주주의 투쟁, 그리고 희생》. 함께 읽는 책.

진태원. 2015. 〈세월호라는 이름이 뜻하는 것: 폭력, 국가, 주체화〉. 《팽목항에서 불어오는 바람: 세월호 이후 인문학의기록》. 현실문화.

제성호. 1999. 《미귀환 국군포로문제 해결방안》. 통일연구원.

통일원. 1997. 《남북이산가족 교류협력 실무안내》. 통일원 인도지원국.

허재석. 2008. 《내 이름은 똥간나새끼였다》. 원북스.

Eric Hobsbawm. 이원기 옮김. 2008. 《폭력의 시대》. 민음사.

Johan Galtung. 강종일 옮김. 2000. 《요한 갈퉁, 평화적 수단에 의한 평화》. 들녘.

Steven Casey. 이상호·박성진 옮김. 2017. 《한국전쟁 연구의 새로운 접근》. 한국학중앙연구원출판부.

(2) 논문

강정구. 2000. "전쟁과 민간인 학살 20세기 현황과 21세기 전망". 〈한국사회학회 사회학대회 논문집〉 (12): 341-348.

김귀옥. 2001. "북한은 이산가족 문제를 어떻게 인식해왔을까". 〈경제와사회〉 (49): 124-148.

김동춘. 1997. "국가폭력과 사회계약". 〈경제와사회〉 36: 102-127.

─────. 2013. "분단이 낳은 한국의 국가폭력". 〈민주사회와 정책연구〉 23: 110-141.

김미영. 2019. "국군포로, 납북자, 탈북자 인권 문제의 현황과 해결 방법의 모색". 〈신아세아〉 26(1): 45-72.

김성례. 2001. "국가폭력의 성정치학". 〈흔적〉 2: 263-292.

김재웅. 2019. "연좌제와 출신성분의 규정력을 통해 본 해방 후 북한의 가족정책". 〈동방학지〉 187: 313-341.

김형석. 2017. "6·25전쟁 국군포로 귀환 및 전사자 유해발굴 협상방안". 〈한국보훈논총〉 16(4): 81-106.

남기정. 2015. "일본의 베트남전쟁". 〈사회와역사〉 105: 71-108.

문성훈. 2010. "폭력 개념의 인정이론적 재구성". 〈사회와철학〉 20: 63-96.

민기채·조성은·한경훈. 2019. "북한 로동능력상실년금 제도와 실태에 관한 연구". 〈문화와 정치〉. 6(1): 153-197.

박경석·박소영. 2012. "북한의 보호림과 휴양이용 제도". 〈한국산림휴양학회지〉 16(2): 93-100.

박민자. 2006. "행복가족의 요소와 의미". 〈가족과 문화〉 18(4): 183-205.

박선영. 2013. "국군포로 송환 없이는 국가안보도 없다". 〈Korean Policy〉 18: 20-24.

박선영·이근영. 2013. 12. "생환 국군포로의 한국정착과 정책과제: 전후 전쟁포로 관리에 관한 국제법적 관점에서". 국회정보위원회.

박소진. 2018. "세월호 참사를 통한 폭력과 신자유주의에 대한 재사유". 〈문화와 사회〉 26(3): 147-185.

손명아·김석호. 2017. "북한이탈주민의 가족이주에 관한 연구". 〈한국인구학〉 40(1): 57-81.

신진욱. 2004. "근대와 폭력". 〈한국사회학〉 38(4): 1-31.

여현철. 2018. "국가폭력에 의한 연좌제 피해 사례 분석". 〈국제정치연구〉 21(1): 171-191.

오수성. 2013. "국가폭력과 트라우마". 〈민주주의와 인권〉 13(1): 5-12.

오승용. 2008. "국가폭력과 가족의 피해". 〈담론 201〉 10(4): 199-238.

유영복. 2014. 4. 23. "환영사" 귀환국군용사회 창립기념 세미나 증언 및 정책제언 세미나. 8.

윤충로. 2011. "20세기 한국의 전쟁 경험과 폭력". 〈민주주의와 인권〉 11(2): 239-277.

이문영. 2014. "폭력 개념에 관한 고찰". 〈역사비평〉 2014.2: 323-356.

이용승. 2019. "정치와 폭력". 〈국제정치연구〉 22(3): 207-236.

이철수. 2009. "남북한 사회복지 "체제" 비교 연구: 거시-구조적 수준을 중심으로". 〈북한연구학회보〉 13(1): 139-174.

임순희. 2014. 《귀환국군포로 생애사 연구: 끝나지 않은 이산》. 북한대학교대학원 석사학위논문.

정근식·김란. 2016. "두 갈래길, 중국지원군 포로의 생애서사". 〈구술사연구〉 7(1): 11-55.

정근식·정호기. 2004. "민주화운동에서 국가폭력과 저항폭력의 제도적 승인". 〈한국사회학회 심포지움 논문집〉 2004.5: 103-115.

정재호·신효선. 2014. 4. 23. "귀환국군용사의 현황과 지원정책". 귀환국군용사회 창립기념 증언 및 정책제언 세미나. 17-43.

정홍주·오수성·이영호·박중규·신현균·김석웅·정명인. 2015. "한국전쟁전후 국가폭력에 의한 피해자 및 가족의 심리적 트라우마". 〈민주주의와 인권〉 15(3): 385-41.

조성환. 2011. "국군포로 문제의 해결 방안 모색". 〈통일문제연구〉 56: 299-326.

조성훈. 2009. "6·25전쟁 포로문제와 '돌아오지 못한' 국군포로". 〈본질과 현상〉 16: 142-157.

조성훈·조홍제·자벌린. 2010. "주요국가 전쟁 포로 정책 비교 연구". 국방부.

최원. 2014. "멈춰진 세월, 멈춰진 국가: 신자유주의적 통치성과 폭력의 새로운 형상". 〈진보평론〉 61: 53-70.

최정기. 2008. "국가폭력과 트라우마의 발생 기제". 〈경제와사회〉 77: 58-78.

한상열·이성연. 2011. "북한의 산림자원과 산림휴양 실태 연구". 〈한국산림휴양 학회지〉 15(4): 33-41.

한성훈. 2013. "중대한 인권침해와 국가폭력". 〈한국사회학회 사회학대회 논문집〉 2013. 12: 575-589.

(3) 언론 보도

경향신문.	"'국군포로' 매듭 풀리나" 2000년 9월 3일자.
	"'사기꾼은 잡혔지만'… 2년째 눈물짓는 탈북자들" 2016년 6월 11일자.
국민일보.	"붉은색 벤츠 영접 '평양은 축제 중'…'북에 간 장기수' 스케치" 2000년 9월 4일자.
김해뉴스.	"국군포로 유해 이렇게 푸대접할 수는 없습니다" 2013년 12월 3일자.
노컷뉴스.	"노 대통령 '납북자·국군포로 문제, 기대만큼 성과 못 내'" 2007년 10월 4일자.
뉴데일리.	"김정은, 6·25국군포로 '강제노역' 배상 승소 판결" 2020년 7월 7일자.
동아일보.	"북 억류 국군포로 송환추진위 구성" 1996년 7월 5일자.

"납북자 송환 등 합의… 北 '6억 달러 현물' 요구로 물거품"
2013년 2월 18일자.

"남재준 '국군포로 생존 알고도 행동 못 해…대한민국이 비겁했습니다'"
2013년 9월 10일자.

"北의 국군포로 유해, 탈북 딸이 중국 반출"
2013년 9월 11일자.

"손명화 '北서 짐승처럼 살다간 아버지 조국땅에…'"
2013년 9월 28일자.

"3년 전 탈북했다 강제 북송된 국군포로, 징역 5년 복역 중 영양실조로 건강악화"
2013년 10월 17일자.

"탈북 국군포로 강제 북송돼 사망… 늑장 대처한 정부, 유족에 1억 배상"
2015년 1월 16일자.

"강제북송 국군포로 가족 또 승소… '국가가 3,500만 원 배상하라'"
2015년 1월 25일자.

"포로로 평생 강제노역… 죽어서도 이름 숨기는 '43호' 낙인"
2020년 7월 22일자.

데일리NK. "귀환 국군포로 정착 위한 지원센터 23일 출범"
2012년 3월 23일자.

매일경제. "무엇이 어떻게 달라지나 안정 기대한 국민 희망 반영"
1980년 10월 23일자.

법률신문. "'국가가 허술하게 보호' 북송된 6·25 국군포로 가족, 국가 상대 소송"
2013년 7월 25일자.

서울신문. "동진호·국군포로 '특수 이산가족' 재회"
2009년 9월 28일자.

시사포커스. "전 국군포로 유영복 씨, 국감에서 국군포로 실상 증언"
2018년 10월 16일자.

신동아. "국군포로 처리 놓고 국방부, 외교부 책임 떠넘기기"
2003년 12월 26일자.

"70대 국군포로, 중국에서 체포 후 한 달째 억류 중"
2004년 2월 27일자.

"국군포로 한만택 강제 북송"
2005년 12월 27일자.

연합뉴스.　"비전향 장기수 63명 북송"
　　　　　2000년 9월 2일자.

　　　　　"국군포로 2명 평양서 가족 상봉"
　　　　　2001년 2월 26일

　　　　　"귀환국군용사회 창립기념 증언 및 정책제언 세미나"
　　　　　2014년 4월 23일자.

　　　　　"명예회복 염원 국군포로 아들 자살… '국방부 사과해야'"
　　　　　2015년 2월 27일자.

　　　　　"법원 '中서 북송 국군포로 일가에 국가 배상책임 없어'"
　　　　　2015년 7월 24일자.

월간조선.　"살아서 돌아온 국군포로 허재석의 아오지탄광 체험 증언"
　　　　　2004년 6월자.

　　　　　"귀국 과정 동행 취재기: 53년 만에 귀환한 국군포로 이완섭의 북한 최신정보"
　　　　　2004년 11월자.

　　　　　"2대째 이어지는 비극 '우린 아직도 선지피를 흘린다'"
　　　　　2020년 8월자.

　　　　　"국군포로송환위원회 정용봉 회장, 향년 95세로 타계"
　　　　　2022년 1월자.

　　　　　"대한민국 역사상 처음으로 대통령 취임식 참석한 국군포로들"
　　　　　2022년 6월자.

자유아시아방송.　"탈북 국군포로, 미 의회 증언서 국군포로 조속 송환 촉구"
　　　　　2005년 4월 22일자.

조선일보.　"'도와준 모든 분 감사' 작별인사"
　　　　　1993년 3월 20일자.

　　　　　"43년 흘렀어도 난 한국 장교"
　　　　　1994년 11월 17일자.

　　　　　"(이산상봉) 59년 만에 국군포로 형 만나"
　　　　　2009년 9월 26일자.

　　　　　"또… 국군포로 가족에 국가 3,500만 원 배상"
　　　　　2015년 9월 6일자.

　　　　　"정부 외면에… 탈북 국군포로, 中서 떠돌다 강제 북송"
　　　　　2017년 9월 29일자.

"6·25 국군포로, 김정은 상대로 소송 이겼다"
2020년 7월 8일자.

"국군포로 5명, 北 김정은 상대 2차 소송 '6억씩 배상하라'"
2020년 9월 2일자.

"한미공동성명에 '납북자·국군포로' 첫 명시"
2023년 4월 28일자.

"90대 국군포로들, 北 상대 뒤늦은 승리"
2023년 5월 9일자.

주간동아. "국군포로 500여 명 생존"
2013년 5월 24일자.

"당신 아버지나 형이 국군포로라면 무관심했겠나"
2013년 5월 27일자.

"네모골 살던 국군포로 그 자식들은 '43호'로 불렸다"
2013년 5월 27일자.

"60년 전 풀려난 국군포로 모임 '한솥회'"
2013년 5월 31일자.

중부일보. "조직적 '탈북자 전담팀' 만들어 국군포로까지…"
2014년 3월 27일자.

중앙일보. "북 국군포로 비전향 장기수와 교환해야"
2000년 7월 20일자.

"40년 노역보다 정부 무관심 더 힘들었다" 윤 취임식 온 국군포로
2022년 5월 27일자.

파이낸셜뉴스. "국가유공자 증서는 줬지만 혜택은 없다? 두 번 우는 유족들"
2018년 10월 1일자.

한겨레. "'국군포로·전시납북자' 가족 6명도 북녘 가족 만났다"
2018년 8월 20일자.

"'북한서 발굴' 국군전사자 유해 147구, 70년 만에 국내 봉환"
2020년 6월 24일자.

한국경제. "北, 국군포로·납북자 생사확인율 29%"
2007년 10월 30일자.

"남북 2009년 10월 정상회담 추진하다 무산"
2010년 2월 4일자.

한국일보.   "[베트남과 따이한](1-2) 수습 못한 국군유해 없나"
           2000년 4월 29일자.

FNK 자유북한방송. "탈북자 보호 소홀히 해 강제 북송 '국가 배상책임 인정'"
           2015년 1월 26일자.

JTBC.   "강제 북송된 국군포로… '국가, 유가족에게 배상하라'"
           2015년 1월 25일자.

MBC.   "납북 일본인 5명 24년 만의 일시 귀국 가족 상봉"
           2002년 10월 15일자.

           "'북송 국군포로' 한만택 씨, 국가 배상 항소심 패소"
           2015년 9월 6일자.

2. 기타 자료

국회사무처 제331회 국회 국방위원회의록(법률안심사소위원회) 제1호. 2015년 2월 13일자.
  21-26
귀환국군용사회 홈페이지
법제처 국가법령정보센터 홈페이지
행정안전부 국가기록원 홈페이지

아무도
데리러 오지 않았다

6·25전쟁 귀환 국군포로 9인이 들려주는 이야기

초판 1쇄 2023년 5월 31일
개정판 1쇄 2024년 2월 6일

지은이   이혜민
펴낸이   이혜민
디자인   강부경
교열   류민
제작   봉덕인쇄

펴낸곳 깊은바다 돌고래   **출판등록** 2023년 5월 4일 제2023-000021호
전화 031-792-5866   **팩스** 0504-389-5866   **전자우편** deepseadolphin@naver.com
블로그 blog.naver.com/deepseadolphin   **ISBN** 979-11-983318-0-9(03300)
정가 16,000원

잘못 만들어진 책은 구입한 곳에서 바꿔드립니다.